Introducción a la mística española

Ángel L. Cilveti

*Introducción
a la mística española*

EDICIONES CÁTEDRA, S. A. Madrid

BL
625
.C53

Índice

Prólogo 9

¿QUÉ ES LA MÍSTICA?

    I.   Definición de la mística 13
    II. Interpretación de la experiencia mística 34
    III. Simbolismo 52

EDAD MEDIA

    I.   Mística musulmana 71
    II. Mística judía 92
    III. Mística cristiana 109

EDAD MODERNA

    I.   Renacimiento y Contrarreforma 133
    II. Mística franciscana 156
    III. Mística agustiniana 169
    IV. Mística dominicana 179
    V. Mística jesuítica 190
    VI. Santa Teresa 201
    VII. San Juan de la Cruz 219

Conclusión 237

Prólogo

El propósito de este libro es ofrecer una visión de conjunto de la literatura mística española desde sus orígenes medievales hasta su decadencia en el siglo XVII. Nuestro concepto de mística española abarca no sólo la mística cristiana, sino también la árabe y la judía. La inclusión de éstas se justifica, en primer lugar, por una razón de carácter cultural: la mística del árabe Ibn Arabi y la del judío Abulafia tienen tanto derecho a figurar en el parimonio cultural español como la filosofía de Averroes y la de Maimónides, que ya figuran en él; pero por su lengua e ideología la mística y la filosofía de estos autores no es tan esencial a la cultura española como la mística de Santa Teresa y la filosofía de Suárez. Por esto damos más importancia a la mística cristiana que a la árabe y judía. En segundo lugar, la inclusión se explica por motivos de influencia literaria y de crisis religiosa: Raimundo Lulio asimiló ideas y expresiones literarias del sufismo y en su método filosófico hay huellas de la cábala; la reacción antimística de mediados del XVI provocada por el iluminismo (muy nutrido de marranos) indujo a los místicos cristianos (algunos, como Santa Teresa y Juan de Ávila de ascendencia judaica) a depurar la ortodoxia de sus escritos. De cada una de las tres manifestaciones de la mística española damos un resumen fundamental en sus aspectos histórico, doctrinal y, cuando el tema lo merece, estilístico, a base de los autores más representativos.

La primera parte del libro es introductoria y presenta las características que la mística española tiene en común con la mística universal, a pesar de las diferencias de ideología religiosa: sentimiento de objetividad (realidad) de lo divino; inefabilidad de la experiencia mística, etc... Estas características plantean problemas elementales a todo lector reflexivo: ¿Cómo saber que la experiencia mística no es ilusoria? ¿Cómo

9

funcionan las facultades del místico? ¿Cómo ha de interpretarse el simbolismo místico?

La segunda parte estudia la mística medieval árabe, judía y cristiana española por el orden cronológico en que aparecen en la historia y por la originalidad de pensamiento. Todas las grandes corrientes místicas (no sólo la española del siglo XVI) son «fruto tardío» del florecimiento cultural: al siglo XIII europeo, que marca el apogeo del ideal cristiano medieval en religión, arte y filosofía, sigue el siglo XIV, poblado de grandes místicos; igualmente el sufismo y la cábala española pertenecen a la sazón cultural de los árabes y judíos medievales; en cambio, la mística cristiana española de esa época debe su carácter balbuciente al hecho de encontrarse en proceso de asimilar elementos culturales extranjeros.

La tercera parte traza las líneas generales del desarrollo de la mística de la Edad Moderna española desde el Renacimiento hasta el comienzo de su decadencia.

Con nuestro trabajo quisiéramos contribuir a despertar en el lector el deseo de acercarse a las obras de los místicos españoles para descubrir por sí mismo la siguiente verdad: en su época de madurez las culturas árabe, judía y cristiana españolas han producido un tipo de hombre heroico, el místico, que extiende sus conquistas a la esfera del espíritu. Las obras de los místicos españoles son la culminación del misticismo árabe, judío y cristiano y el triunfo del espíritu.

¿Qué es la mística?

I. Definición de la mística

Antes de estudiar por separado las tres manifestaciones de la mística española —cristiana, mahometana, judía—, conviene adelantar una idea de la mística en general. Pero el estudio de la mística requiere conocimientos de ascética, pues, por lo común, la experiencia mística va acompañada de ascetismo. ¿Qué son la ascética y la mística?

La significación del término *ascética* (de *askésis*) es oscura. En Homero y en Herodoto significa trabajo artístico o técnico. En autores posteriores expresa ejercicio atlético (Tucídides), moral (Aristóteles) y religioso, relacionado con los *misterios* griegos y egipcios (Pitagóricos) y con la contemplación filosófico-mística (Platón). La ascesis como disposición para la vida contemplativa pasa al judío Filón (40 a. J. C.-40 d. J. C.) y a los Padres y escritores de la Iglesia primitiva (Clemente de Alejandría, Orígenes, siglos ii-iii). San Pablo lo emplea en el sentido de esfuerzo hacia la perfección cuando exhorta a los fieles de Corinto con el ejemplo del premio que aguarda al atleta vencedor. Este concepto de ascética como esfuerzo que dispone para la contemplación y la vida perfecta es esencial en la espiritualidad cristiana posterior. Aunque se admite la posibilidad de carismas místicos sin preparación ascética, el hecho es que los grandes místicos cristianos han sido también ascetas.

Entre los musulmanes, el término correspondiente a la ascética es el de *zuhd*: renunciación a todo lo que no es Dios (y el más corriente de sufismo, que conviene también a la mística). Está íntimamente ligado a la mística musulmana en una relación similar a la ascética cristiana con la mística. *Hasid* (devoto), *tahor* (puro), *yashar* (sincero) son los términos hebreos para designar al asceta. El misticismo judío requiere igualmente ejercicios ascéticos. En el hinduismo son varios los términos que se aplican al asceta, como *sannyasi* (el que abandona el mundo), *gosain* (el señor de sus pasiones) y, en general, *yogui*, que abarca también al místico.

En cuanto a la palabra *mística* (de *mystikón*), significa *secreto*. Los griegos la usaron en conexión con los misterios religiosos de Samotracia, Eleusis, etc., que imponían secreto a los iniciados. Pero *misterio* (de *mystérion*) se empleaba también en sentido no religioso, por ejemplo, en Menandro *(Fragmenmento* 695).

El término mística aparece entre los cristianos en el siglo III, referido al culto (sentido litúrgico), a la interpretación alegórica de la Escritura (sentido simbólico) y a un conocimiento de las verdades de fe más perfecto que el común de los fieles (sentido teológico). La palabra *gnosis* tenía una significación semejante. El término *Teología mística* ya se usa en el siglo IV, y el seudo-Dionisio (siglo V) contiene todos los elementos básicos de la mística cristiana posterior: conocimiento intuitivo, experimental e inefable de Dios, nacido de la unión.

Los teólogos medievales, como Gerson, heredan de él este concepto y establecen la distinción entre teología mística práctica (experiencia de Dios) y especulativa (investigación de esa experiencia), que dura hasta el presente.

Sufismo (de *suf*, lana) expresa la mística mahometana. El sufí (místico) vestía de lana en señal de desprendimiento. Pero esta explicación no nos informa sobre las características principales de la mística musulmana. La mística judía se denomina *cábala* (de *kabbalah*, tradición) porque los cabalistas identificaban su doctrina con la verdadera tradición judía. Sin embargo, la etimología oculta, en parte, el significado real, que es el de secreto en sentido doble: doctrina secreta de las relaciones de los escogidos con Dios, y doctrina que los escogidos transmiten secretamente a sus discípulos.

Con respecto al esoterismo doctrinal, hay una clara semejanza entre los misterios griegos, el sufismo y la cábala: son para una élite de adeptos y durante algunos períodos de su historia han tratado de hacerse populares. En la mística hindú *(yoga*, unión), el *yogui* (discípulo) es el que busca la unión con la divinidad, que se lleva a cabo de forma heterogénea en las diferentes escuelas de la tradición védica.

Las notas precedentes ya indican, de manera general, que las etimologías de los términos mística, sufismo, cábala y yoga distan mucho de darnos el significado histórico concreto de esos términos en el contexto del misticismo cristiano, musulmán, judío e hindú. Fuera de ese contexto, el concepto de mística se aplica con bastante frecuencia a experiencias y doctrinas de índole diversa: estéticas, religiosas, filosóficas, sociales, por ejemplo, al comunismo. Se trata de desviaciones más o menos arbitarias del significado propio de la mística: la experiencia de lo divino. Esta difinición genérica puede ser aceptada por todos los sistemas de misticismo auténtico. Importa abordarla bajo dos puntos de vista complementarios, uno descriptivo y otro interpretativo.

Descripción de la experiencia mística

Las fuentes para la descripción de la experiencia mística son las obras de los místicos. De éstos se ha dicho que «vienen del mismo país y hablan el mismo lenguaje». La opinión es inexacta: Santa Teresa habla de la unión con el Dios creador y redentor de la revelación cristiana; Plotino, de la unión con el Uno, principio de una dialéctica panteísta y extraño a la revelación. Por otro lado, ambos describen la unión como un sentimiento cierto de la presencia de Dios (o el Uno) en el alma, a la que preceden ejercicios ascéticos y acompañan ciertos fenómenos de iluminación y psicosomáticos similares. No se puede concluir de aquí ni la completa identidad ni la total diversidad entre las experiencias del místico cristiano y el panteísta, sino su semejanza. Ésta se acentúa comparando entre sí a los místicos cristianos, musulmanes y judíos que, de forma más o menos explícita, introducen el elemento sobrenatural como factor decisivo en el desarrollo de la vida mística. Pero en la mística árabe y judía faltan la terminología y las experiencias relativas a la Encarnación, inseparables de la mística cristiana.

Por tanto, al presentar la descripción del fenómeno místico en general, tomada de autores con diversa ideología religiosa, hay que poner de relieve el denominador común a todos ellos y sus diferencias. El lenguaje de los místicos dicta la distinción entre elemento común y particular en diferentes concepciones místicas.

Todo lenguaje místico expresa una relación especial entre el hombre y Dios. El concepto de Dios lo toma el místico de su credo religioso particular (o de la filosofía que profesa), en el que destaca la diversidad (tres personas) de la Trinidad cristiana, el Uno plotínico, etc. Pero la función del lenguaje no

15

acaba con esta conceptualización heterogénea de la Divinidad, sino que además pretende expresar la *actitud* del místico con respecto a ella. Es en esta actitud donde descubrimos una estrecha analogía (elemento común) entre místicos de creencias religiosas divergentes. En todos los casos son unánimes las características siguientes, aparte de otras más secundarias: 1) sentimiento de objetividad (realidad) de lo divino (Dios, el Uno, Brahma, etc.); 2) pasividad; 3) inefabilidad de la experiencia de conocimiento y amor; 4) terminología paradójica para expresar lo inefable; 5) preparación ascética.

En lo que resta del presente capítulo nos limitaremos a transcribir esas características comunes. Aquí hallará el lector los conceptos básicos de la mística, que en la segunda y tercera parte serán objeto de tratamiento específico en el contexto musulmán, judío y cristiano respectivamente. Como hilo conductor de la descripción adoptamos la terminología de los místicos cristianos, en especial la de Santa Teresa y San Juan de la Cruz por su extraordinaria calidad didáctica, ampliamente reconocida en los estudios de mística de todas las tendencias. Esa terminología coincide parcialmente con la de los místicos no cristianos y además contiene numerosos conceptos desconocidos o vagamente apuntados en la mística no cristiana.

La mayoría de los místicos concuerdan en presentarnos sus vidas como un proceso de crecimiento espiritual a través de las etapas o períodos de la *Vía Mística:* período purificativo de los principiantes, iluminativo de los aprovechados y unitivo de los perfectos. En este punto hay que advertir que los tratadistas modernos de mística católica prefieren el término *espiritualidad* para evitar el problema que les plantea la expresión *vía mística* empleada tradicionalmente por los místicos. La dificultad está en compaginar las opiniones opuestas de los teólogos católicos sobre la relación entre ascética y mística: si, como algunos de ellos sostienen, la ascética y la mística son independientes entre sí, el término *vía mística* resultaría inadecuado y confuso, ya que alude a la experiencia ascética y mística como unidad orgánica. Mas este problema, propiamente teológico, no debe detenernos ahora. Lo dejamos para el apartado en que veremos la perspectiva teológica de la mística cristiana.

Ateniéndonos a las descripciones de los místicos, los períodos se caracterizan por su continuidad y por el predominio en cada uno de ellos de fenómenos que existen en los demás: al período purificativo sigue el iluminativo y a éste el de unión; mas la *renuncia* a las criaturas, que es la actitud dominante de la etapa purificativa, implica cierto grado de iluminación y un comienzo de unión; el período iluminativo se caracteriza por la *luz*, pero ésta, a la vez que ilumina el alma, la purga y transforma en Dios (San Juan de la Cruz, *Noche*, II, 10); en la unión el *amor* transformante también purifica e ilumina. La relativa compenetración de los tres períodos da unidad a la vía mística. De forma muy característica, el misticismo oriental, y no sólo el budismo (de Buda, iluminado), designa las etapas en su conjunto con la palabra «iluminación».

Período purificativo

El período purificativo o ascético se inicia con la conversión, súbita unas veces, gradual otras. Es el despertar a una conciencia nueva de la realidad divina y de la imperfección propia, más profunda que la ordinaria e inefable: «El que experimenta esto sabrá lo que digo y se convencerá de que el alma tiene entonces una vida diferente» (Plotino, *Enéadas*, VI, 9). Es efecto de una «herida de amor» que «arrastra fuera de sí a quienes afecta» (seudo-Dionisio, *De los nombres divinos*, IV, 13). En la *Leyenda de los santos musulmanes*, la sufí Rabi'a atribuye la conversión al favor de Dios: «Si Él se vuelve a ti, tú te volverás a Él.» Este concepto está anticipado en los *Upanisadas*: «Sólo alcanza a Dios aquél a quien Dios escoge.» El alma se vuelve a Dios «con ansias en amores inflamada» y resuelta a salir de la «casa» de los apetitos «a la unión del Amado» (San Juan de la Cruz, *Subida*, I, 14).

Amor imperativo de unión con Dios, conciencia de la propia impureza y firme determinación de eliminar los obstáculos que impiden la unión son los resultados de la conversión. Como ejemplos clásicos, San Pablo y Santa Teresa: la luz, la voz de lo alto y la consiguiente transformación del primero en el camino de Damasco; el vehemente deseo de perfección de Teresa a la vista de una imagen en la Encarnación de Ávila (*Vida*, 9).

No se trata, pues, de la conversión del *pecador* a la vida moral, que puede existir en grado notable. Así, el mencionado episodio de Santa Teresa tiene lugar después de muchos años de sincera vida religiosa. Propiamente es la conversión a una ascesis heroica, que se ordena a la unión con Dios y lleva consigo el perfeccionamiento moral extraordinario. Sin la pasión por la unión y la perfección moral exigida por aquélla tendríamos la conversión en el sentido ordinario.

La ascesis consiste en el adiestramiento de los sentidos y facultades espirituales en los ejercicios que disponen a la unión. Guía de las prácticas ascéticas es la *meditación*, u oración discursiva *(vicharana* del yogui, *fikr* del sufí) propia de este período, a diferencia de la *contemplación*, que es intuitiva y pertenece a los períodos siguientes. La meditación descubre los defectos que se oponen a la unión y el modo de desprenderse de ellos, a la vez que excita sentimientos de amor a Dios. Sin este último rasgo no pasaría de ser una especie de entrenamiento intelectual.

El período ascético es esencialmente activo, de esfuerzo o *purificación activa* por parte del hombre: «El tiempo de meditación es tiempo de combate», dice el judío español Moisés de León en el *Zohar (Libro del esplendor)*. Ofrece dos aspectos: uno negativo, la *mortificación* del «hombre viejo»; otro positivo, la *libertad* del «hombre nuevo» para encaminarse a la unión.

La mortificación tiene por objeto extirpar los *apetitos (nafs* de los sufíes) que disipan las energías del alma, «de forma —dice el místico persa Algazel— que el corazón queda despojado de todo lo que no es Dios».

Apetito es el apego desordenado de la voluntad y de los sentidos a las criaturas, entendiendo por tales tanto las cosas materiales como las espirituales y divinas. El desorden consiste en buscar en ellas el propio gusto y no a Dios. Su remedio está en la *pobreza espiritual*, o desnudez de la voluntad y de los sentidos: «No tratamos aquí del carecer de las cosas, porque eso no desnuda al alma si tiene apetito de ellas, sino de la desnudez del gusto y apetito de ellas, que es lo que deja al alma libre y vacía de ellas, aunque las tenga» (San Juan de la Cruz, *Subida*, I, 3). El mismo autor enseña que la desnudez se extiende hasta el menor «asimientillo»; de otro modo, el alma «aunque más virtud tenga no llegará a la libertad de la divina unión» *(Subida,* I, 11).

En el *Tao Tê King* (colección de escritos místicos chinos anteriores a Cristo, que se atribuyen a Lao-Tsé) se lee: «El secreto (de la unión) espera la mirada de ojos limpios de deseo.» Según el *faquir* (hombre pobre) musulmán, la pobreza abarca lo temporal y lo eterno: «Ser pobre consiste en desligarse totalmente de la vida presente y de la futura y no desear nada fuera del Señor de la vida presente y futura.» El desprendimiento así practicado trae pureza de alma, libertad de las cosas y, en la misma medida, posesión de ellas en Dios: «¡Oh pobreza, alta sabiduría! No estar sujeto a nada y despreciándolo todo poseer todas las cosas creadas» (Jacoponi da Todi, *Himno*, 59). San Francisco ama, sin apetecerlos, al «hermano sol, la hermana agua, la madre tierra», sintonizando con el asceta hindú: «¡Oh madre tierra, padre cielo, hermano viento...! Hoy me transformaré en el Supremo porque mi corazón esta purificado.»

Período iluminativo

La pureza de espíritu dispone a la *iluminación (tajalli* del sufismo), que señala el ingreso en la vía mística: «El alma es como esta vidriera en la cual siempre está embistiendo esta divina luz del ser de Dios... En dando lugar el alma, que es quitar de sí todo velo y mancha de criatura... luego queda esclarecida y transformada en Dios» (San Juan de la Cruz, *Subida*, II, 5).

Mas el esclarecimiento y la transformación no son plenos al final del período purificativo porque la pureza del alma es sólo relativa: «No está aún el alma criada, sino como un niño que comienza a mamar, que si se aparta de los pechos de su madre, ¿qué se puede esperar sino la muerte?» (Santa Teresa, *Moradas*, IV, 3). Quedan por extirpar ciertas imperfecciones voluntarias y otras involuntarias o psicológicas, a las que no alcanza la purgación ascética. Unas y otras son el objeto de la *purificación pasiva*, que comprende el sentido (noche del sentido) y el espíritu (noche del espíritu). Según el gran maestro de la «noche oscura», San Juan de la Cruz, la primera tiene lugar entre el período purificativo y el iluminativo y la segunda entre el período iluminativo y el de unión (*Noche*, I, 1). Representan el lado atormentador, negativo, de la iluminación.

Por razón de claridad en la exposición las dejaremos para más adelante. Ahora vamos a fijarnos en la idea misma de iluminación y su aspecto positivo.

Característica principal de la iluminación es la *luz* infundida en el alma: «resplandor infuso» y «luz que no tiene noche» la llama Santa Teresa *(Vida,* 28); «Luz inmutable», que se percibe «con el ojo misterioso del alma» (San Agustín, *Confesiones*, VII, 16); «Luz que hace ver y objeto de la visión» (Ruysbroeck, *Adorno de las bodas espirituales*, III, 3); es Dios mismo: «Abrí mis ojos, y por la luz de su rostro que me inundaba, en cuanto mis ojos pudieron descubrir, sólo vi a Dios» (sufí Baba Kuhi de Shiraz). Tiene como efecto la *contemplación (mushahada* del sufismo), que San Agustín califica de «sabiduría» e intuición amorosa de Dios *(Enarraciones,* 135). Iluminación, conocimiento intuitivo y amor resultante de la iluminación del alma son, pues, los elementos esenciales de la contemplación (San Juan de la Cruz, *Noche,* II, 12 y 17). Se llama *infusa* con respecto a la iluminación divina que la causa, y *pasiva* y *sobrenatural* con relación al sujeto que la recibe, pues «con industria ni diligencia no se puede adquirir, aunque mucho se procure» (Santa Teresa, *Relación* 1.ª al P. Álvarez).

El período iluminativo consiste en el desarrollo de la contemplación, esto es, del conocimiento y amor infuso (lo mismo hay que decir del período unitivo, que contiene los últimos grados contemplativos). La contemplación iluminativa abarca los grados comprendidos entre la meditación y la unión extática del *desposorio*. En la clasificación teresiana, que es la comúnmente aducida en los estudios de mística por su lucidez incomparable, son los siguientes: recogimiento, quietud, sueño de las potencias, unión (llamada por algunos plena) y unión extática en el desposorio espiritual.

El momento de pasar de la meditación al recogimiento lo reconoce el místico por tres señales: incapacidad para discurrir, aversión a la representación de objetos particulares y, sobre todo, gusto «de estarse a solas con atención amorosa a Dios, sin particular consideración» (San Juan de la Cruz, *Subida*, II, 13). Cada uno de estos grados significa un avance sobre el anterior en el camino de la unión, y su correspondencia con los descritos por místicos no cristianos es sólo genérica.

Recogimiento (dhyana y *samadhi* hindú): es un entrarse de las potencias dentro del alma, «como un erizo o tortuga cuando se retiran hacia sí» (Santa Teresa, *Moradas*, IV, 3); «Recogimiento significa que Dios hace que lo descubran en el alma» (sufí Abusaid al-Kharraz).

Quietud (tanamasana hindú): su característica principal es el sentimiento de la presencia de Dios, que redunda en «gustos» espirituales y corporales. Implica unión de la voluntad, pero no del entendimiento, la memoria y la imaginación: «La voluntad es aquí la cautiva» (Santa Teresa, *Camino*, 31). El *quietismo*, que se estudiará en la tercera parte, es una interpretación desenfocada de la oración de quietud.

Sueño de las potencias: unas veces «es un soñar de las potencias, que ni del todo se pierden ni entienden cómo obran»; otras, «coge Dios la voluntad y aun el entendimiento porque no discurre, sino está ocupado gozando a Dios... y ve tanto que no sabe hacia dónde mirar». La memoria y la imaginación quedan libres, y «es para alabar a Dios la guerra que da» la segunda.

«El gusto y suavidad es más sin comparación que el pasado» (el de la oración de quietud). En esta coyuntura el místico se torna poeta del amor (Santa Teresa, *Vida*, 16-17); «La llama del amor me consume; el vino del amor me inspira» (sufí J. Rumi).

Unión plena: expresa la suspensión de todas las potencias en Dios, incluida la imaginación, y hasta cierto punto, los sentidos externos. Dura poco, a diferencia de la unión transformante del período unitivo, que es permanente, y sus efectos más notables son: sentimiento cierto de la presencia de Dios, «de manera que cuando (el alma) torna en sí, en ninguna manera pueda dudar que estuvo en Dios y Dios en ella»; conocimiento de las perfecciones de Dios, que sale «a vistas» para el futuro desposorio, y «grandísima ternura» y progreso en las virtudes (Santa Teresa, *Moradas*, V, 1 y 4; *Vida*, 19). A la oración de unión sigue la *unión extática* en que se da el desposorio. Pero entre una y otra sobrevienen, por lo común, la mayoría de los éxtasis, visiones, etc., aunque estos fenómenos extraordinarios no son exclusivos de ningún período.

El *éxtasis (wajd* del sufismo) tiene varias formas: «Querría saber declarar... la diferencia que hay de unión a arrobamiento, o elevamiento, o vuelo que llaman de espíritu, o arrebatamiento, que todo es uno... y también se llama éxtasis. Es grande la ventaja que hace a la unión» (Santa Teresa, *Vida*, 20). Consiste en la suspensión de las facultades y sentidos producida por la intensidad de la contemplación y la debilidad del sujeto (San Juan de la Cruz, *Noche*, II, 1). Cuando es violento se llama arrobamiento y rapto. Los éxtasis desaparecen en los últimos grados contemplativos, cuando el místico ya ha pasado por la purificación del espíritu: «En el éxtasis encontré deleite y descanso, pero llegó la Verdad y desapareció el éxtasis» (sufí al-Junayd).

Visiones: son percepciones visuales (visión corporal), imaginarias (visión imaginaria) e intelectuales (visión intelectual). De las primeras desconfían los místicos porque se prestan a frecuentes alucinaciones. En cambio, las visiones intelectuales no pueden ser contrahechas ni por la imaginación ni por el «demonio», aunque éste puede hacer pasar como intelectual una imaginaria. Son las más nobles porque se realizan con independencia de la imaginación (Suso, *Vida*, 54); de aquí su carácter de inefables, «no se han de saber decir» (Santa Teresa, *Moradas*, VI, 8). Tienen por objeto las sustancias corpóreas y espirituales, pero sólo las primera son percibidas con claridad por el místico en esta vida (San Juan de la Cruz, *Subida*, II, 24).

Locuciones (voces, palabras): como las visiones se dividen en corporales, imaginarias e intelectuales. Por supuesto, las dos últimas se llaman locuciones en sentido metafórico. Entre las intelectuales se encuentran las «palabras sustanciales» que causan en el espíritu aquello que significan y que el contemplativo no duda vienen de Dios (San Juan de la Cruz, *Subida*, II, 28). Más que al período iluminativo pertenecen al de unión, así como los «toques» de Dios en la «sustancia del alma», la estigmatización y transverberación.

Otros fenómenos extraordinarios son *levitación* (pérdida de la gravedad del cuerpo), revelaciones, profecías (especialmente en la mística musulmana y judía) y escritura automática. Pero es general el escepticismo de los místicos hacia la mayor parte de estos fenómenos: «Díjome Dios, respondióme Dios; y no será así, sino que ellos las más de las veces se lo dicen» (San Juan de la Cruz, *Subida*, II, 27; cfr. Santa Teresa, *Moradas*, IV, 6). Para el sufí Abul-Abbas de Murcia, la afición a los carismas «es un velo que oculta al que los concede». La consigna a seguir: «desechar estas cosas a ojos cerrados, sean de quien fueren», pues si vienen de Dios no dejarán de producir su efecto, «así como si a uno echasen fuego estando desnudo poco aprovechará no querer quemarse» (San Juan de la Cruz, *Subida*, II, 11). El criterio más seguro para discernir su origen sobrenatural, natural o diabólico se halla, pues, en los efectos.

Unión extática y desposorio: a los carismas descritos sigue el desposorio espiritual, que se realiza en medio de un éxtasis (Santa Teresa, *Moradas,* VI, 4). Consiste «en que Él, que se te dará más tarde para ser visto y poseído perpetuamente, permite ahora ser gustado para que conozcas su suavidad» (Hugo de San Víctor, *Arras del alma,* 4). El alma es revestida con arras de virtudes, conocimiento y honra de Dios, como «desposada en el día de su desposorio» (San Juan de la Cruz, *Cántico,* XIV). Implica promesa de matrimonio: «Hoy celebraré solemnemente contigo el desposorio de tu alma y, como te he prometido, te uniré conmigo en matrimonio por fe» (Santa Catalina de Siena, *Diálogo,* 79). Es la sexta morada teresiana y representa el grado de unión inmediatamente anterior al matrimonio de la séptima morada: «En este estado, digo en estas dos moradas, que ésta y la postrera se pudieran juntar bien, porque de la una a la otra no hay puerta cerrada» *(Moradas,* VI, 4). No obstante, San Juan de la Cruz advierte que la parte sensitiva queda todavía sujeta a las «raposillas» ocultas de los apetitos; el demonio procura turbar la paz espiritual comunicándose al alma con «horrenda comunicación de espíritu a espíritu»; y Dios se esconde algunas veces *(Cántico,* XVI; *Noche,* II, 23). Estos obstáculos y pruebas desaparecerán con la purificación pasiva del espíritu.

Purificación pasiva: a diferencia de la purgación activa o ascética, que implica esfuerzo personal, la pasiva o mística es consecuencia de la contemplación infusa. Versa sobre aquellos defectos que sobrepasan la ascética. Ya señalamos más arriba su división en purificación pasiva del sentido y del espíritu, así como el tiempo en que acaecen. En algunos casos pueden coexistir, pero la del espíritu nunca precede a la del sentido.

Purificación pasiva del sentido (noche del sentido): es la purgación de la parte inferior del alma (facultades orgánicas internas y externas) que los místicos designan con el término «sentido» por oposición al «espíritu» (memoria, entendimiento y voluntad). Dos clases de imperfecciones afectan al sentido: voluntarias e involuntarias. San Juan de la Cruz resume las primeras en *soberbia espiritual* (vanagloria de la propia perfección); *avaricia espiritual* (afición a las prácticas externas); *lujuria espiritual* (inclinaión a determinadas personas), etc...

Aunque por ser voluntarias parecen caer bajo el dominio de la ascética, «de estas imperfecciones tampoco, como de las demás, se puede el alma purificar cumplidamente hasta que Dios la ponga en la pasiva purgación». Entre las involuntarias se encuentran las disposiciones naturales, como pensar por medio de imágenes y «desgana» ante los deberes arduos *(Noche,* I, 1-5). Unas y otras alimentan la *devoción sensible,* que estorba la unión. Pues la unión tiene lugar en el espíritu, el cual no puede transformarse en Dios si la voluntad, la memoria y el entendimiento están embarazados por lo sensible. La finalidad de esta purificación es, por tanto, «acomodar» el sentido al espíritu. Es «común» a los principiantes y «amarga y terrible» por la *oscuridad* y *aridez* que produce: «cuando más claro a su parecer les luce el sol de los divinos favores, oscuréceles Dios toda esta luz... y así los deja tan a oscuras, que no saben por dónde ir con el sentido de la imaginación y el discurso... y déjalos tan a secas, que no sólo no hallan jugo y gusto en las cosas espirituales..., mas en lugar de esto hallan, por el contrario, sinsabor y amargura» *(Noche,* I, 8); «Al que siente dulzura espiritual en un estado... es conducta habitual de Dios para con sus amigos el turbarles o infundirles malestar» (sufí Abu-l-Hasan).

Al disgusto en las prácticas espirituales se añaden tentaciones de la carne, de blasfemia, reveses de fortuna, enfermedades. No se encuentra satisfacción ni en Dios ni en las cosas, porque esta noche «a entrambos hace perder de vista» (San Juan de la Cruz, *Noche,* I, 14 y 4). En cuanto a su duración, varía en diferentes sujetos y está entreverada de consuelos que sostienen al alma. Es el «juego de amor» de Dios con el alma, el «abandonar al alma y volver a ella» (Santa Catalina de Siena, *Diálogo,* 78), característico del tránsito de la purificación a la iluminación. Tiene como efectos el reconocimiento de las imperfecciones, antes invisibles, y la limpieza y libertad del entendimiento «para entender la verdad» que no entra por el sentido (San Juan de la Cruz, *Noche,* I, 12). Sin embargo, la purgación del sentido no termina hasta que haya sido purgado el espíritu, «porque todas las imperfecciones y desórdenes de la parte sensitiva tienen su fuerza y raíz en el espíritu» (San Juan de la Cruz, *Noche,* II, 3).

Purificación pasiva del espíritu: completa, intensificándola, la purgación del sentido y dispone el espíritu para la unión transformante. En comparación con la anterior es «horrenda y espantable» y «de muy pocos». Señala el paso del período iluminativo al de unión y tiene que ver con las imperfecciones inconscientes, que al místico «no se le parece ni las echa de ver». Tales son los defectos naturales (rudeza mental), adquiridos (reliquias de vicios pasados) y actuales (gusto en los favores místicos). Se lleva a cabo por «una influencia de Dios en el alma... sin ella hacer nada ni entender cómo». Esa influencia es la misma «contemplación infusa» que la regalaba con maravillosas mercedes y que ahora va a purificarla con oscuridad y tormento. De aquí el nombre de «noche» y «rayo de tiniebla» que le dan el seudo-Dionisio y San Juan de la Cruz (*Noche*, II, 2 y 5), o «martirio» (Tauler) y «purgatorio» (Ángela de Foligno).

Comienza con la extinción de la luz y las experiencias del período iluminativo: Dios desaparece dejando la impresión de que no volverá más; «Actúa como si entre Él y nosotros se alzara un muro» (Eckhart, *Sermón*, 57); «He sido abandonado y no puedo hallar mi estado anterior» (sufí Jumi).

San Juan de la Cruz distingue seis clases de penas que atormentan al alma: sentimiento de que Dios está contra ella a causa de su impureza; profunda depresión bajo una «inmensa carga»; sentirse «deshacer» en la propia sustancia, como el madero atacado por el fuego; total vacío de las potencias y sentidos; angustia al comparar la felicidad del período iluminativo con la miseria presente, y convicción de que Dios no la escucha. La impotencia del alma es «como el que tienen aprisionado en una oscura mazmorra atado de pies y manos, sin poderse mover ni ver ni sentir algún favor de arriba ni de abajo». Lo único perceptible en tal «abismo» es «un fondo (el del alma, donde ha de verificarse la unión transformante) descansando sobre sí mismo», en completa desolación (Tauler, *Sermón de San Mateo*).

De la misma experiencia da Santa Teresa una estremecedora descripción (*Vida*, 30). Esta tortura, que el místico cambiaría por «el morir» y que inspiraba a Suso tentaciones de desesperación (*Vida*, 23), dura años, hasta que el espíritu «se ponga tan sutil y delgado, que pueda hacerse uno con el espíritu de Dios» (San Juan de la Cruz, *Noche*, II, 5-7). Es la condición del «hombre nuevo» iniciada en el período ascético y que ahora culmina en una iluminación inefable de las potencias y sentidos por el «divino fuego»; de manera que el entendimiento «de entendimiento humano se haga divino», y así puede conocer sin ayuda de los sentidos («ver sin ver», dice el autor de *Tao Tê King*); que la voluntad «ya no sea voluntad menos que divina», ardiendo en amor incontenible a Dios y a las criaturas, pues «para el alma pura —dice Eckhart— las criaturas son puras, porque goza las criaturas en Dios y a Dios en ellas»; los sentidos quedan como espiritualizados, «todos mudados y vueltos según Dios divinamente» (San Juan de la Cruz, *Noche*, II, 13). Para los sufíes es el preludio inmediato del *fana* (total aniquilamiento) y *baga* (subsiguiente vida en Dios).

Período unitivo

Con la purificación pasiva del espíritu queda el místico dispuesto para la *unión transformante*, o *matrimonio espiritual* característico de este período y consumación de la vida espiritual. Como las otras formas de unión descritas en el período iluminativo, el matrimonio es un sentimiento cierto e inefable de la presencia de Dios en el alma; pero se distingue de ellas por su permanencia y por los superiores efectos que produce.

Matrimonio espiritual «es una transformación total en el Amado, en que se entregan ambas partes por total posesión de la una a la otra, con cierta consumación de unión de amor, en que está el alma hecha divina y Dios por participación» (San Juan de la Cruz, *Cántico*, XXII, v. 1). Compárese con la siguiente descripción de Plotino: «El alma ve, de pronto, al Uno en sí mismo, pues nada hay que los separe, ni son ya dos, sino uno...; es aquella unión en cuya comparación la unión de los amantes terrestres, que desean fundir sus seres en uno, no es más que una copia. El alma... busca a Dios para unirse con Él por amor, como una noble virgen desea unirse a un noble Amor» *(Enéadas*, VI, 7).

Entre los cristianos, una característica frecuente del matrimonio es que se realice en alguna visión, con símbolos. Acaece en el «fondo» o «sustancia del alma», donde mora la Trinidad.

En este punto la audacia de las comparaciones no puede por menos de sugerir la idea de identidad del hombre y Dios. Es aquí donde la semejanza de la mística de Oriente y Occidente aparece más pronunciada: «Así como los ríos desaparecen en el océano perdiendo nombre y forma, así el conocedor, libre de nombre y forma, se pierde en la Persona celestial» *(Upanisadas)*; Santa Teresa trae los símiles del agua del cielo y de un río juntas, el arroyo y el mar, etc... *(Moradas*, VII, 2); «El Espíritu se mezcla con mi espíritu como el vino con el agua pura» (sufí al Hallaj); «Si he de conocer a Dios directamente debo transformarme por completo en Él y Él en mí: de forma que este Él y este yo se hacen y son un yo» (Eckhart, *Sermón*, 57); «Comer y ser comido, esto es unión» (Ruysbroeck, *Reino de los amantes de Dios*, 22).

La semejanza de lenguaje de cristianos y no cristianos no sólo es metafórica, sino también de concepto (intuición de Dios, aniquilamiento del alma, conciencia de unidad con el Todo): «Metida el alma en la séptima morada, por visión intelectual... se le muestra la Santísima Trinidad... De manera que lo que teníamos por fe, allí lo entiende el alma, podemos decir, por vista» (Santa Teresa, *Moradas*, VII, 1); o bien, el alma sale de sí y se pierde en la Trinidad (Ángela de Foligno).

Los *Upanisadas* hablan de «conciencia de unidad pura, con total vacío del mundo y de toda multiplicidad. Es paz inefable. El Supremo Bien. El Uno sin segundo. El Yo Universal». Para Suso, cuando el espíritu «se libra de los obstáculos para la unión y de sus propiedades individuales, se aniquila en Dios... En este sumergirse de sí mismo en Dios el espíritu se aniquila» *(Vida*, 54).

Según Ruysbroeck el alma se sumerge «en un abismo sin camino de inconmensurable beatitud, donde la Trinidad de las divinas Personas posee su naturaleza en esencial unidad... Esta beatitud es tan simple y difusa, que desaparece cualquier distinción de criaturas» *(Libro de la Suprema Verdad*, 12).

En uno de los párrafos más citados de Eckhart se lee que el alma se une a la Trinidad vaciando la conciencia de noticias particulares (como San Juan de la Cruz), pero «puede llegar a ser más dichosa avanzando hasta el vacío de la Divinidad, de la que la Trinidad es una revelación. En este vacío de la Divinidad ha cesado toda actividad y el alma será más perfecta cuando sea arrojada al desierto de la Divinidad, donde no hay actividad ni formas, de manera que quede sumergida y perdida en este desierto donde su identidad es destruida».

En la *Restauración de las ciencias religiosas* Algazel enseña que «cuando el místico entra en la absoluta unicidad del Uno» ha alcanzado el fin de la subida, «pues no hay subida superior a ésta, porque subida implica multiplicidad..., y cuando la multiplicidad ha sido eliminada se establece la unidad y cesa toda relación». Por su parte, San Juan de la Cruz en el último párrafo de la *Llama* protesta que «no querría hablar, ni aun quiero, porque veo claro que no lo tengo de saber decir». Sin embargo, prosigue: «Porque es una aspiración que hace al alma Dios, en que... la aspira el Espíritu Santo con la misma proporción que fue la inteligencia y noticia de Dios, en que la absorbe profundísimamente... en los profundos de Dios.» Y en el comentario a la canción tercera de la misma obra escribe: «el alma está hecha Dios de Dios por participación de Él y de sus atributos».

No obstante, los místicos cristianos niegan la identidad: «Hay distinción esencial entre el ser del alma y el ser de Dios» (Ruysbroeck, *Samuel*, 11); «Consumado este espiritual matrimonio entre Dios y el alma, son dos naturalezas en un espíritu y amor» (San Juan de la Cruz, *Cántico*, XII, v. 2). El mismo Eckhart, acusado de enseñar la unión identificativa, afirma que el alma «se reconoce como criatura». Lo propio acontece con los judíos y mahometanos, aunque no faltan excepciones, como las de Abulafia (judío) e Ibn Arabi (mahometano), ambos españoles.

En general, el lenguaje de los místicos cristianos, judíos y musulmanes, cuando declaran la unión, se inspira en la ortodoxia «teísta»; el de los místicos hindúes, por el contrario (al menos en la mayoría de los casos), se inspira en la ortodoxia «panteísta», pues la unión identificadora con Brahma constituye el núcleo de su ortodoxia religiosa.

Otra característica fundamental de los místicos teístas es el enorme énfasis que dan al amor. La unión transformante es *consumación de amor:* «Por el amor el alma adquiere las cualidades del Amado, que es el alma de las almas» (sufí J. Rumi); «Él nos muestra el uso y propósito de nuestro trabajo y de toda nuestra vida, a saber, la unión de amor con nuestro Amado» (Ruysbroeck, *Adorno de las bodas espirituales*, III, 3); «Que ya sólo en amar es mi ejercicio», canta San Juan de la Cruz; y J. Rumi se siente «como flauta en tus labios, como laúd reclinado en tu pecho».

En la cábala la nota del amor es menos insistente y apasionada, pero existe: «La unión con Dios se alcanza sirviéndole con amor» *(Zohar)*.

A la mística hindú se la califica, a veces, de fríamente intelectualista. No es difícil, sin embargo, encontrar en ella expresiones como ésta tomada de las Escrituras *(Tantras)* de la religión *Sikh* (discípulos): «Mi Amado me ha hecho su esposa y ha colmado el fuego de mi corazón. Hice bien en invitar a mi Amado, pues así he conocido que la paz y la felicidad están en Él.»

También para Plotino, un místico sin filiación religiosa explícita, la consumación de la unión se halla en el amor: «Sólo por el amor puede ser Él alcanzado y poseído, nunca por el pensamiento» *(Enéadas*, VI, 9); «La vida plena es amor pleno... En la visión del Uno el espíritu está enamorado, embriagado e intoxicado de amor» *(Enéadas*, VI, 7).

Lo específico del misticismo cristiano es que concibe los los elementos constitutivos de la unión (intuición y amor) en la doctrina teológica de la Trinidad: «Las tres Personas de la Santísima Trinidad, Padre, Hijo y Espíritu Santo son las que hacen en ella (el alma) esta divina obra de unión» (San Juan de la Cruz, *Llama*, II). La transformación en Dios se atribuye al Padre, que la lleva a cabo por el Espíritu Santo —«infinito fuego de amor»— y por el Verbo —«sabiduría del Padre»— *(Ibíd.)*. Con respecto al Espíritu Santo, el alma es «una brasa ardiendo en el corazón del Amor infinito... El Espíritu de Dios nos espira para que podamos amar... y nos inspira dentro de sí para que descansemos en el gozo... de modo similar a como nuestra vida mortal subsiste por la espiración e inspiración de nuestro aliento» (Ruysbroeck, *Los siete grados de amor*, 14). En el Verbo el alma descubre el orden de la Redención y del mundo: «Es un movimiento que hace el Verbo en la sustancia del alma... que por cuanto todas las cosas en Él son vida y en Él viven y son y se mueven, de aquí es que moviéndose Él todas a una parecen moverse» (San Juan de la Cruz, *Cántico*, XXIII; *Llama*, IV). Según éste, la consumación de amor lleva consigo la «confirmación en gracia», la impecabilidad *(Cántico*, XII, v. 1); afirmación a la que los teólogos católicos no conceden certidumbre absoluta de perseverancia final. Santa Teresa, en cambio, parece admitir la posibilidad de que el alma en este estado peque y se condene *(Moradas*, VII, 4).

Señalemos como última propiedad del matrimonio la *comunicación de bienes*: «los bienes de entrambos (Dios y el alma), que son la divina esencia, poseyéndolos cada uno libremente» (San Juan de la Cruz, *Llama*, II, v. 7).

Efectos del matrimonio: abandono en Dios, «porque está la voluntad y apetito tan hecho uno con Dios, que tiene por su gloria cumplir lo que Dios quiere» (San Juan de la Cruz, *Llama*, I, v. 5); inocencia, «en cierta manera como Adán en la inocencia... porque no tiene en sí hábito del mal» *(Cántico*, XXVI, v.4); paz, pues «ni demonio, ni carne, ni mundo, ni apetitos molestan, gozando ya el alma de una ordinaria suavidad, que nunca se pierde ni le falta» *(Cántico*, XXIV, v. 2). Paz «de lo esencial de su alma», aclara Santa Teresa, ya que los sentidos y potencias están expuestos a trabajos y sufrimientos pasajeros *(Moradas*, VII, 1-3); desaparición de los éxtasis y fortalecimiento corporal derivado del «vino» de la bodega del Amado *(Moradas*, VII, 3-4); transverberación o llaga de amor, que puede ser espiritual, o a la vez espiritual y corporal (estigmatización de diferentes miembros, o sólo del corazón, como en Santa Teresa); toques sustanciales, «de sustancia de Dios a sustancia del alma», sin intervención de los sentidos y de forma inesperada (San Juan de la Cruz, *Llama*, II, v. 4; *Subida*, II, 32). Pero el efecto más importante son las obras: «De esto sirve este matrimonio espiritual, de que nazcan siempre obras, obras», en servicio de Dios y del prójimo, aunque cueste la vida (Santa Teresa, *Moradas*, VII, 4 y 3).

La «fecundidad espiritual», la vida activa, corresponde al cuarto grado de amor que Ricardo de San Víctor pone después del matrimonio *(Cuatro grados de violenta caridad*, 196); «Soy el Esposo del alma. Si ella no produce el hijo de virtud en el amor a su prójimo... en verdad no ha concebido virtud» (Santa Catalina de Siena, *Diálogo*, 11). En este estado, todos los místicos se sienten revestidos de energía sobrehumana, agentes de la vida divina que los inunda: «Vive en Dios y se dirige a todas las criaturas en espíritu de amor, virtud y obras justas. Y esta es la cima de la vida espiritual» (Ruysbroeck, *Adorno de las bodas espirituales*, III, 65). Así San Francisco de Asís, «el trovador de Dios»; San Ignacio de Loyola, «el caballero de Nuestra Señora»; Santa Teresa, la «fémina inquieta y andariega»; San Juan de la Cruz, el «frailecico incandescente», y muchos otros que tan profundamente contribuyeron a la transformación espiritual de su tiempo como fundadores y reformadores de órdenes religiosas.

Algo similar cabe decir del sufí que alcanza el estado de *Hombre Perfecto*: «Hace de la Ley su vestidura externa, y de la *Vía Mística* la interna», revelando a los hombre la Verdad en el cumplimiento de la ortodoxia religiosa. Y la cábala posterior a la expulsión de los judíos de España en 1492 ve en la unión con Dios el recurso infalible para acelerar la redención de Israel y del mundo.

En resumen, el material reunido en este capítulo confirma suficientemente las características comunes esenciales que más arriba se asignaron a la experiencia mística en general: sentimiento de objetividad (realidad) de lo divino, pasividad e inefabilidad del conocimiento y amor, lenguaje paradójico y preparación ascética.

El sentimiento de la *realidad* de Dios está presente en las etapas ascética y mística desde la conversión, y se cifra en la afirmación de Santa Teresa: «en ninguna manera pueda dudar (el alma) que estuvo en Dios y Dios en ella». La *pasividad* de la experiencia mística la expresa también la santa abulense: «con industria ni diligencia no se puede adquirir». La característica de la *inefabilidad* del conocimiento y el amor es la más saliente a causa del lenguaje *paradójico* a que da lugar: por el lado del conocimiento, San Juan de la Cruz reitera que «no querría hablar, ni aun quiero, porque veo claro que no lo tengo de saber decir» (el secreto de la unión), pero continúa: «Porque es una aspiración que hace al alma Dios...»; y por lo que hace a lo inefable del amor, este chocante arrebato de Ruysbroeck: «Comer y ser comido, esto es unión... Puesto que su amor no tiene medida, no me asombra ser devorado por Él.» Finalmente la *preparación ascética*, el «tiempo de combate» *(Zohar)* es rasgo común en la historia de la mística.

Los casos de experiencia mística sin ascesis que la preceda y acompañe son excepción: «algunas veces, pocas, y dura poco» (Santa Teresa, *Camino*, 16). Ahora bien, la descripción de las características generales de la mística nos remite a la *interpretación* de las mismas, siguiendo el ejemplo de los místicos, los cuales incurren en la paradoja de querer comunicarnos lo mismo que declaran incomunicable.

BIBLIOGRAFÍA

Para la etimología de los conceptos de ascética y mística y sus correspondientes árabe, hebreo e hindú cfr.:

PRAT, F., *La théologie de Saint Paul*, París, 1929.

ZIMMERMAN, O., *Lehrbuch der Aszetik*, Freiburg, 1929.

GUIBERT DE, J., «La théologie spirituelle», en *Leçons de théologie spirituelle*, Toulouse, 1964, trad. española *Lecciones de teología espiritual*, Madrid, 1953.

SHAH, I., *The Way of the Sufi*, Nueva York, 1969.

GINSBURG, Ch. D., *The Kabbalah*, Londres, 1955.

SCHOLEM, G. G., *Major Trends in Jewish Mysticism*, Nueva York, 1961

BOUQUET, A. C., *Hinduism*, Londres, 1948.

OTTO, R., *West-Oestliche Mystik*, Gotha, 1926.

MARÉCHAL, J., *Études sur la psychologie des mystiques*, Bruselas, 1924-1937.

MARQUETTE DE, J., *Introduction to Comparative Mysticism*, Nueva York, 1949.

UNDERHILL, E., *Mysticism*, Nueva York, 1961.

BUTLER, D. C., *Western Mysticism*, Nueva York, 1968.

Los textos citados en este capítulo están tomados de las obras siguientes:

PLOTINO, *Plotinus. The Enneads*, ed. B. S. Page, Londres, 1962.

SEUDO-DIONISIO, «Opera omnia», en *Migne, Patrologia graeca*, t. 3-4, París, 1855.

NICHOLSON, R. A., *The Mystics of Islam*, Londres, 1914, trad. española *Los místicos del Islam*, México, 1945.

ASÍN PALACIOS, M., «Un precursor hispanomusulmán de San Juan de la Cruz», en *Huellas del Islam*, Madrid, 1941.

LAO-TSÉ, *Tao Tê King (The Book of the Way and its Virtue)*, transl. by R. B. Blakney, Nueva York, 1955.

SMITH, M., *Readings from the Mystics of Islam*, Londres, 1950.

ARBERRY, A. S., *The Doctrine of the Sufis*, Lahore, Pakistán, 1966.

JUAN DE LA CRUZ, San, *Vida y obras*, Madrid, B. A. C., 1950.

TERESA DE JESÚS, Santa, *Obras completas*, Madrid, B. A. C., 1962.

LEÓN, Moisés de, *The Zohar*, transl. by H. Sperling, M. Simon, P. Levertoff, Londres, 1931-34.

ABELSON, J., *Jewish Mysticism*, Londres, 1913.

HUME, R. E., *The Thirteen Principal Upanishads*, Oxford, 1931.

BOUQUET, A. C., *Hinduism*, Londres, 1948.

FERRI, G., *Laude di fratre Jacopone da Todi*, Bari, 1915.

AGUSTÍN, San, *Obras*, t. II y XIV, Madrid, B. A. C., 1950-58.

RUYSBROECK, *Œuvres de Ruysbroeck l'Admirable*, ed. Bénédictins de Saint Paul de Wisques, Bruselas, 1912.

QUINT, J., *Textbuch zur Mystik des deutschen Mittelalters: Meister Eckhart, Johannes Tauler, Henrich Seuse*, Tübingen, 1957.

BIZET, J., *Mystiques Allemands du XIV siècle*, París, 1957.

SAN VÍCTOR, Hugo de, «Opera omnia», en *Migne, Patrologia latina*, t. 175-177.

SAN VÍCTOR, Ricardo de, «Opera omnia», en *Migne, Patrologia latina*, t. 196.

FOLIGNO, Ángela de, *Le livre de l'experiènce des vrais fidéles de Ste. Angèle de Foligno*, trad. del original latino por M. J. Ferré, París, 1927.

CATALINA DE SIENA, Santa, *Obras de Santa Catalina de Siena*, Madrid, B. A. C., 1963.

II. Interpretación de la experiencia mística

La experiencia mística puede ser objeto de la interpretación del místico y del estudioso de la mística. En ambos casos la interpretación está condicionada por la *inefabilidad* de la experiencia mística. El tema de la inefabilidad será tratado en el capítulo próximo al estudiar el simbolismo. En el presente nos limitaremos a ver el criterio que siguen los místicos y los estudiosos de la mística en sus interpretaciones de la experiencia mística, que consideran inefable.

Buen ejemplo de los primeros es Santa Teresa cuando habla de la unión. La Santa califica la unión de inefable: «No se ha de saber decir ni el entendimiento lo sabe entender ni las comparaciones pueden servir de declararlo» *(Moradas,* V, 1). Sin embargo, se arriesga a describirla con fines pedagógicos: «Enviad, Señor mío, del cielo luz para que yo pueda dar alguna a estas vuestras siervas... para que no sean engañadas» *(Ibíd.).* Esto indica que Teresa confía, hasta cierto punto, en la eficacia del lenguaje que emplea. La descripción primeramente pone de relieve lo inefable de la unión: «ya veis esta alma... que ni ve ni oye ni entiende en el tiempo que está ansí» *(Ibíd.)* Luego emplea conceptos que la *interpretan:* «Fija Dios a sí mesmo en lo interior de aquel alma de manera que, cuando torna en sí, en ninguna manera pueda dudar que estuvo en Dios y Dios en ella» *(Ibíd.).*

En efecto, los conceptos de alma, Dios, estar el alma en Dios y Dios en el alma son una interpretación del fenómeno de unión en el ambiente cultural y religioso cristiano, donde esos conceptos ya expresan un significado inteligible, no totalmente inefable. La interpretación representa, pues, una añadidura conceptual a la experiencia «pura», inefable. Pero resulta difícil determinar qué parte de la descripción teresiana corresponde a la experiencia y qué parte a la interpretación. Una y otra son distinguibles, pero no completamente separables: «¿Cómo lo vio o cómo lo entendió, si no ve ni entiende (durante la unión)? No digo que lo vio entonces, sino que lo ve después claro, y no porque es visión, sino una certidumbre que queda en el alma que sólo Dios la puede poner» *(Ibíd.)*.

Al tratar del simbolismo místico veremos que la «certidumbre» en cuestión es consecuencia de la actividad de los «sentidos espirituales». Semejante certeza es el nervio (si así puede hablarse) que distingue y a la vez une experiencia e interpretación; las distingue tocando con un extremo el fenómeno inefable y con el otro el concepto o imagen que intenta expresarlo y las une estableciendo continuidad entre el fenómeno y su expresión conceptual. Dicha certeza sostiene, igualmente, la paradoja del lenguaje de Santa Teresa, que se repite en los grandes místicos: afirmación de lo inefable de la experiencia mística e interpretación de la misma con intención didáctica, ya sea a escala universal (por ejemplo, en San Agustín, Ibn Arabi, Buda, Plotino), o restringida a determinados grupos y personas (San Bernardo, San Juan de la Cruz, etc.) dirigiéndose con preferencia a los miembros de sus respectivas órdenes. Mas la interpretación no traduce la experiencia de primera mano: «Porque como aquella sabiduría interior... no entró al entendimiento envuelta ni paliada en alguna especie o imagen sujeta al sentido, de aquí es que... no saben dar razón ni imaginarla para decir algo de ella» (San Juan de la Cruz, *Noche*, II, 17).

Por esto, el estudioso de la mística no pretende descorrer el velo de lo inefable. Su papel se limita a investigar la experiencia de segunda mano que las declaraciones del místico le suministran, es decir los conconceptos, imágenes, inferencias e hipótesis de que el místico se vale para «dar alguna luz general» sobre lo indecible (San Juan de la Cruz, Prólogo al *Cántico*).

Al hacer esto, el místico desciende al plano del filósofo, el psicólogo, el teólogo y el crítico literario. Cuando Santa Teresa dice que «en ninguna manera pueda durar (el alma) que estuvo en Dios y Dios en ella», está emitiendo un juicio sobre el valor objetivo de la experiencia de unión, que contiene, entre otras, esta verdad: Dios es un ser real, distinto del alma. La afirmación de la existencia de Dios como realidad distinta del sujeto que la concibe es un juicio estrictamente *filosófico* (aunque no exclusivamente filosófico).

35

Al mismo tiempo, el fenómeno de la presencia de Dios en el alma plantea preguntas acerca de las intuiciones, conceptos e imágenes que pretenden representarlo, pertenecientes a la *psicología*. Cuando la Santa de Ávila asegura que la experiencia mística «con industria ni diligencia no se puede adquirir» alude a la función de la gracia, que es jurisdicción de la *teología*. San Juan de la Cruz, al describir uno de los rasgos de la unión en términos de «aspiración que hace al alma Dios», suscita la curiosidad del crítico *literario*, que se ocupa del lenguaje figurado. En general, las obras de los místicos abundan en expresiones de matiz filosófico (las cosas son nada, el tiempo es ilusión), psicológico (sentido, alma, espíritu), teológico (gracia, virtudes), poético (fondo del alma, esponsales).

Perspectiva filosófica

Esta consideración tiene en cuenta la característica de *objetividad* de la experiencia mística. El objeto de la experiencia mística ¿es una realidad distinta del sujeto que la tiene? Los demás problemas filosóficos mencionados, como la naturaleza de las cosas, el tiempo, etc., dependen de la solución que se dé a esta pregunta. Pues si la experiencia mística fuera ilusoria, habría que concluir que las opiniones del místico (en cuanto tal) acerca del mundo son también ilusorias.

Pues bien, para responder a la pregunta sobre la objetividad de la experiencia mística precisamos saber por qué estima el místico que sus experiencias son válidas (el *criterio* de objetividad de la experiencia mística), cuál es su contenido (el *objeto* de la experiencia mística) y el *modo* de realizarse.

Tomando la experiencia que se juzga más puramente mística, la unión, comprobamos que su criterio de objetividad es la «certidumbre», porque el sentimiento de la realidad de Dios es parte de la experiencia de unión: «Una certidumbre que queda en el alma que sólo Dios la puede poner... y quien no quedare con esta certidumbre, no diría yo que es unión de toda el alma con Dios» (Santa Teresa, *Moradas*, V, I). Por modo semejante, Pascal al recordar su famosa experiencia mística: «Dios de Abraham, Dios de Isaac, Dios de Jacob, no de los filósofos y sabios. Certeza. Gozo. Certeza» (*Memorial*).

Es obvio que la certidumbre del místico no sirve de norma de objetividad para quien carece de la experiencia de unión.

¿Cómo saber que este fenómeno no es alucinatorio? Si creemos en la objetividad de la experiencia mística es por el acuerdo general de quienes dicen tenerla y en cuya honestidad confiamos, los místicos. Pero ¿existe, de hecho, acuerdo entre los místicos acerca del objeto y del modo de verificarse la experiencia mística?

En el lenguaje de los místicos cristianos la experiencia mística consiste en la unión o se ordena a la unión del alma con Dios por *semejanza*, no por identidad, de modo que el alma y Dios conservan su individualidad y el Dios con quien se une el alma es la Trinidad cristiana. En cambio para los hindúes el alma se une con Brahma (el espíritu universal) por *identidad*.

A juzgar por el lenguaje de estos dos ejemplos no hay acuerdo universal sobre la experiencia mística. Sin embargo, en el lenguaje de los místicos cabe distinguir un significado característico de la cultura que los rodea y otro más amplio que enlaza con el lenguaje de los místicos de otras culturas. Así, la unión con la Trinidad por semejanza tiene presente la doctrina cristiana de la esencial distinción entre el hombre y Dios. Pero hay descripciones de místicos cristianos que, en su sentido literal, no ofrecen discrepancia apreciable con las de místicos no cristianos.

Esto puede verse trayendo algunos ejemplos de los dos tipos fundamentales de experiencia mística: experiencia de extroversión y experiencia de introversión. Ambas tienen por meta la percepción y goce de Dios, el Uno, etc. Se diferencian en que la primera percibe a Dios en las cosas, a las que llena con su presencia, y la segunda lo percibe en el fondo del alma, en vacío total de formas sensibles e intelectuales. La de extroversión representa una etapa preliminar de la de introversión. Se dan en todos los místicos en varios grados.

Experiencia de extroversión

Notable muestra de la experiencia de extroversión es la descrita por Ángela de Foligno en *El libro de la experiencia de los verdaderos fieles:* «Se abrieron los ojos de mi alma y contemplé la plenitud de Dios, donde comprendí el universo entero, aquí y al otro lado del mar, y el abismo y el océano y todas las cosas. En todas las cosas sólo vi el divino poder de manera indescriptible; de forma que en el colmo de la maravilla el alma gritó en alta voz: El mundo está lleno de Dios.» San Francisco veía a Dios en el halcón, el faisán, etc. *(Florecillas)*. En el *Cántico* de San Juan de la Cruz las criaturas responden a la pregunta de la esposa por el Amado: «Con sola su figura / vestidos los dejó de hermosura.» Del místico protestante J. Böhme dice uno de sus biógrafos que «veía a Dios en la hierba y en las plantas». El famoso hindú Ramakrishna se expresa en términos un tanto curiosos: «Descubrí que cuanto había en la habitación estaba como empapado en la gloria de Dios... Por eso alimenté un gato con la comida destinada a la Divina Madre (Kali). Percibí claramente que todo cuanto veía era la Divina Madre, incluso el gato.» Por último, Plotino, místico extraño al credo religioso: «Cada uno es todo y todo cada uno» *(Enéadas*, V, 8).

Los textos pueden multiplicarse indefinidamente a través de religiones y edades diferentes. La idea común que los une es la siguiente paradoja: todo es uno, en el sentido de que el uno (Dios, el Amado, Kali) es aprehendido en la multiplicidad de las cosas. Esta idea paradójica adquiere toda su fuerza expresiva vista desde la experiencia de introversión en que culmina: «echa allí (en la unión) de ver el alma cómo todas las criaturas de arriba y de abajo tienen su vida y fuerza y duración en Él» (San Juan de la Cruz, *Llama*, IV). Cierto que los autores cristianos no defienden la identidad, como los hindúes o Plotino, pero su lenguaje («en todas las cosas sólo vi el divino poder», «veía a Dios en la hierba y en las plantas», «las criaturas tienen su vida y fuerza y duración en Él») no excluye la identidad.

Ahora bien, la identidad admitida por el místico cristiano no es panteísta, como puede verse leyendo con atención el siguiente pasaje nada sospechoso de heterodoxia: «Y aunque es que echa allí (en la unión) de ver el alma que estas cosas son distintas de Dios en cuanto tienen su ser criado, y las ve en Él con su fuerza, raíz y vigor, es tanto lo que conoce ser Dios en su ser con infinita eminencia todas estas cosas, que las conoce mejor en su ser que en ellas mismas» (San Juan de la Cruz, *Ibíd.*). Lo que aquí se dice es que Dios es diferente de las cosas en el ser empírico (espacio-temporal para las materiales, temporal para las espirituales) de éstas, no en el ser que tienen en Dios. En este nivel Dios *es* las cosas con infinita eminencia sobre el ser empírico de las mismas. La mirada del místico capta la identidad de Dios con las cosas en el ser metaempírico (eminente) que tienen en Él. Percibe también la diferencia entre Dios y el ser empírico de las cosas y la expresa en el lenguaje filosófico y teológico cristiano: criatura-Criador.

Puesta en la forma de la teología tradicional, la identidad entre las cosas y Dios admitida por el místico cristiano queda así: en su ser no empírico las cosas se identifican *totalmente* con Dios (con las ideas ejemplares divinas); pero no afirma, como el hindú o Plotino, que además Dios se identifica con el ser empírico de las cosas.

En resumen, la experiencia mística de extroversión de culturas diferentes presenta un elemento común: todo es uno, con identidad total o sólo parcial. El uno (Dios, Brahma, etc.) es la vida, la fuerza, el ser de las cosas. Esta característica descansa en la certidumbre intuitiva de que se percibe lo divino y va acompañada de los sentimientos de pasividad e inefabilidad. Su forma de expresión es la paradoja.

Experiencia de introversión

Tiene su fórmula más general en la famosa expresión de San Agustín: «¡Dios y el alma! ¿Nada más? Nada, en absoluto.» En el pasaje de los *Upanisadas* que describe el estado de unión presenta esta forma: «conciencia de unidad pura, en completo olvido del mundo y de toda multiplicidad. Es paz inefable, el Sumo Bien, el Uno sin segundo, el Yo Universal». Un estudio de este texto comenta: conciencia de «unidad» porque carece de multiplicidad; «pura», porque está exenta de contenido empírico. Se trata, pues, del «Uno sin segundo», que se identifica con el Yo Universal, Brahma. Pero éste es la esencia misma *(atman)* del yo individual. La paradoja de la experiencia de introversión queda patente: es a un tiempo experiencia negativa (carencia de contenido empírico) y experiencia positiva (el Yo Universal, idéntico al yo individual).

El comentario podría completarse observando que, en definitiva, la experiencia mística de introversión de los *Upanisadas* consiste en la unión del hombre consigo mismo, es decir, del yo individual con Brahma, que es el yo. La «unidad pura» es ambos.

Ruysbroeck no es tan terminante, pero su lenguaje se presta a una interpretación similar: «El hombre que ve a Dios... puede entrar siempre, desnudo y desembarazado de imágenes, hasta lo más recóndito de su espíritu. Allí se le revela la Luz Eterna. El espíritu permanece indiferenciado e indistinto y, por tanto, sólo siente la unidad» *(Libro de la Verdad Suprema, 9)*.

¿Son idénticos o diferentes la «Luz Eterna», el «espíritu indiferenciado e indistinto» y la «unidad»? Incluso describe la unión como un *perderse* del espíritu en la unidad esencial de Dios: «El abismo sin camino de Dios es tan oscuro e incondicionado que absorbe en sí todas las maneras de actividad divina y todos los atributos de las Personas en el rico ámbito de la unidad esencial... Este es el oscuro silencio en que se pierden los amantes» *(Adorno de las bodas espirituales, II, 4)*.

San Juan de la Cruz, de temple menos especulativo, subraya también la unidad indiferenciada del espíritu en el acto contemplativo: «Porque cuanto el alma se pone más en espíritu, más cesa en obra de las potencias en actos particulares, porque se pone ella más en un acto general y puro» *(Subida, II, 12)*. En el «acto general y puro» acaece la transformación, que el místico español describe con una de sus más audaces paradojas: «la transformación del alma en Dios es indecible. Todo se dice en esta palbra, y es que el alma está hecha Dios de Dios por participación de Él y de sus atributos» *(Llama, III)*. El modo de hacerse el alma «Dios de Dios» es por la «aspiración que hace al alma Dios... que la absorbe profundísimamente en el Espíritu Santo», el cual la enamora «sobre toda lengua y sentido en los profundos de Dios» *(Ibíd., IV)*.

Unidad indiferenciada del alma, unidad esencial, abismo, profundos de Dios, absorción, son expresiones que no repugnan con el concepto de identidad con Dios y finalmente de *auto-unión* enseñado por los *Upanisadas* y por Plotino, el místico independiente: «Nuestra autovisión es una comunión con el yo restaurado a su pureza...; en vez de hablar de vidente y objeto de la visión deberíamos hablar claramente de unidad simple. Pues en esta visión ni distinguimos ni hay dos para ser distinguidos. El hombre se funde con el Supremo, se hace uno con Él..., se convierte en unidad, sin diversidad en relación a sí mismo o a otra cosa» *(Enéadas, VI, 9)*. Comparable a ésta es la terminología de algunos musulmanes. Por contraste, los judíos son más parcos al hablar de unión y, sobre todo, de identidad con Dios, aunque hay excepciones.

Tomando la «unidad indiferenciada» o el «acto general y puro» como denominador común de la experiencia mística de introversión, parece desprenderse una conclusión razonable: la ausencia de multiplicidad elimina toda distinción entre sujeto y objeto, entre el hombre y Dios. Mas esta conclusión no la acepta el místico teísta. Así, Suso dirá que en la unión el espíritu humano pierde sus propiedades y se aniquila en Dios pero advirtiendo que, no obstante, el hombre «no se convierte en Dios por naturaleza».

Una objeción frecuente a esta clase de aclaraciones es que no se desprenden de la descripción de la experiencia mística, a la que contradicen, sino que obedecen a exigencia del dogma y a la censura eclesiástica. A título de confirmación suelen aducirse numerosos ejemplos, desde la ejecución de Mansur al-Hallaj en 922 en Bagdad por haber enseñado que la unión consiste en la identificación con Dios, hasta la suspicacia inquisitorial con los escritos de Santa Teresa y San Juan de la Cruz. La objeción no es terminante. En primer lugar no consta que el místico tergiverse la interpretación de su experiencia por temor a la censura. Tampoco puede probarse que las declaraciones contradictorias (aniquilarse en Dios-conservar la individualidad) del místico expresan una experiencia mística contradictoria. Ésta no existe si el «aniquilarse» en Dios alude a la unión por *semejanza*, tan recalcada por los místicos teístas. La manera de averiguarlo habría de consistir en el examen de la correspondencia de primera mano entre experiencia mística e interpretación, que es el gran secreto escondido en la paradoja del místico. Por tanto, si el lenguaje de los místicos expresa algo de sus experiencias, la opinión más plausible sobre la experiencia de introversión parece ser la siguiente frase como «el hombre se funde con el Supremo» (Plotino) y «se aniquila en Dios sin convertirse en Dios por naturaleza» (Suso) indican experiencias diferentes. Diferencia en el objeto (el Uno, la Trinidad cristiana) y en el modo (unión por identidad, unión por semejanza).

En resumen, de los tres elementos que determinan la objetividad de la experiencia mística (certidumbre, objeto y modo) los dos últimos son diversos para el místico teísta y panteísta. Como vínculo común sólo queda la «certidumbre» absoluta de la realidad de Dios, el Uno, Brahma, sobre todo en la unión, más las características de pasividad, inefabilidad y expresión paradójica. Son también los caracteres de la experiencia de extroversión, ya señalados. Pero cabe distinguirlos entre sí por la diferente jerarquía que ocupan en la experiencia mística total: los de la experiencia de extroversión corresponden a la aprehensión de lo divino en las cosas; los de la experiencia de introversión a la aprehensión de lo divino en el alma. La percepción de Dios en las cosas culmina en la percepción de Dios en el alma, según el texto de San Juan de la Cruz: «echa allí (en la unión) de ver el alma cómo todas las criaturas de arriba y de abajo tienen su vida y fuerza y duración en Él» *(Llama*, IV). Otra semejanza digna de notarse es que en el lenguaje de la experiencia de extroversión hay cierta tendencia al panteísmo absoluto (todo es Dios); en el de introversión, al panteísmo relativo (el alma es Dios).

Perspectiva psicológica

El punto de vista psicológico de la mística descansa en la semejanza que los fenómenos psicológicos no místicos guardan con los descritos por el místico: por ejemplo, ciertas alucinaciones con las visiones místicas. Mas, a partir de aquí, la psicología naturalista y la psicología de orientación religiosa dan explicaciones diversas del fenómeno místico.

Con el título de psicología naturalista de la mística aludimos a la que ve en ésta una manifestación puramente natural y por psicología de orientación religiosa entendemos la que considera que los fenómenos propiamente místicos trascienden el poder de la naturaleza humana. Una y otra cuentan con psicólogos pertenecientes a escuelas diferentes (psicología racional, psicoanálisis, etc.). M. Delacroix expresa bien el criterio de la primera: «Los estados más sublimes del misticismo no exceden el poder de la naturaleza humana; el genio religioso se basta para explicar sus grandezas, así como la enfermedad explica sus flaquezas.»

J. Maréchal representa la segunda: la vida mística consiste en el desarrollo del «deseo natural» de Dios, ayudado por la gracia.

Los estudios psicológicos sobre mística se iniciaron en el siglo pasado, como consecuencia de los primeros intentos de explicar las «realidades íntimas» con método científico. Uno de los principales inspiradores de ese método, Maine de Biran, se proponía estudiar la vida íntima con la misma objetividad científica con que se estudian los fenómenos de los sentidos externos, es decir, siguiendo el modelo de las ciencias naturales. A manos de la escuela escocesa y de la escuela asociacionista, semejante procedimiento dio origen a la llamada «psicología sin alma»: el espíritu es un «epifenómeno» de la materia; el pensamiento, «secreción cerebral»; los éxtasis, manifestaciones de desequilibrio orgánico, y Santa Teresa, «la santa patrona de los histéricos».

El psicologismo materialista cayó en descrédito a finales del siglo XIX, sin embargo, el optimismo científico de ese siglo continúa influyendo en muchos psicólogos de la mística. Uno de los más conocidos, J. H. Leuba, expone lo que se podría llamar el manifiesto de la psicología naturalista en relación a la mística: los fenómenos místicos pueden ser explicados «en el mismo sentido, con la misma extensión y con los mismos principios generales que cualquier otro hecho de conciencia». La explicación comienza con los fenómenos secundarios.

Fenómenos secundarios

Mucho se ha escrito sobre los desórdenes nerviosos que aquejan a los místicos, incluido el histerismo. Síntomas frecuentes de histerismo son: anestesia, hiperestesia, parálisis, contracción... La anestesia puede dar lugar a prolongados períodos de ayuno; la hiperestesia, a violentos ataques, próximos a la epilepsia. Manifestaciones histéricas son también las alucinaciones de color, olfato y gusto, momentos de vacío mental, fuertes dolores de cabeza y en torno al corazón. De ordinario el histerismo se desarrolla sobre una base temperamental favorecida por las circunstancias, como cansancio mental y físico y choques emocionales.

Los místicos parecen predispuestos al histerismo; su organización es intensamente impresionable, nerviosa, tensa y activa en lo físico y psíquico. A esto se añaden las circunstancias de su vida, la ascesis, en especial la represión sexual, fuente de neurosis. A título de ilustración se aducen casos de místicos eminentes, como Santa Teresa. Durante los primeros años de su vida conventual, a pesar de la intensa felicidad que sentía viéndose monja, padeció «mal de corazón tan grandísimo que ponía espanto a quien le vía», repugnancia a la comida, privación de los sentidos, en particular, «cuatro días de parajismo..., la lengua hecha pedazos de mordida» *(Vida*, 4-6). En el prólogo a las *Moradas* se lamenta «por tener la cabeza tres meses ha con un ruido y flaqueza tan grande que... escribo con pena». Tauler en uno de sus sermones advierte: «Quien supiere mucho de tan altos misterios (de la mística) tendría que guardar cama con frecuencia, pues la hechura de su cuerpo no lo podría soportar.» Ahora bien, los síntomas de desorden nervioso no identifican al místico con el psicópata ordinario; más bien van unidos a características propias del genio religioso y artístico. H. Delacroix observa: «Aunque los grandes místicos no han escapado a las taras neuropáticas que estigmatizan a casi todas las organizaciones excepcionales, hay en ellos un poder creador..., un genio que es, en verdad, lo esencial.» Del genio religioso que caracteriza al místico da cuenta, sobre todo, la teoría del «subconsciente», diversamente interpretada por los psicólogos naturalistas y por los psicólogos de tendencia religiosa. Antes de pasar a ella, señalemos otros fenómenos secundarios:

Visiones corporales (o sensibles): caen en la categoría de sensaciones normales o de alucinaciones. Llevan consigo el sentimiento de la presencia del objeto (por ejemplo, Cristo), pero tienen poco interés para la psicología de la mística porque los místicos desconfían de ellas.

Visiones imaginarias: proporcionan la imagen de un objeto, pero no el sentimiento de la realidad actual del mismo. En ocasiones el místico no las puede distinguir de la visión corporal: «Bien me parecía en algunas cosas que era imagen lo que vía, mas por otras muchas no, sino que era el mesmo Cristo... porque si es imagen, es imagen viva» (Santa Teresa, *Vida*, 28). Algunas de las visiones llamadas *intelectuales* se relacionan con las imaginarias por el elemento espacial que implican. Así, la del P. Baltasar Álvarez, contada por su biógrafo Luis de la Puente: vio a Cristo «allí presente» en visión que no era de los ojos ni de la imaginación. Compárese con el siguiente caso de alucinación relatado por W. James: «Tengo siempre el sentimiento de una presencia extraña... A veces está tan caracterizada que podría señalar su parecido exacto.» El psicólogo no ve diferencia entre uno y otro caso y opina que pueden ser atribuidos «tanto a una acción sobrenatural como al simple juego del mecanismo alucinatorio». Éste consiste en la inserción de una representación (imagen o idea) en el espacio y en tomar en serio tal localización (J. Maréchal).

Otros fenómenos no específicamente místicos son: suspensión de los sentidos, palabras interiores, *levitación*, estigmatización, clarividencia, automatismo verbal o gráfico, curas milagrosas, etc...

Fenómenos principales

Los fenómenos que caracterizan los estados propiamente místicos descritos en el capítulo anterior han sido uno de los temas predilectos de la psicología del «subconsciente». Este concepto tiene un precedente en la «mens» (San Agustín), el «abismo», el «fondo», el «ápice» del alma, el «espíritu del alma» de los místicos, que el benedictino Blosio (1506-65) describe al final del *Libro de la instrucción espiritual*: «Pocos conocen el ápice del espíritu y el fondo escondido y profundo del alma. Es más íntimo y sublime que las tres facultades del alma, pues es el origen de ellas. Es totalmente simple, esencial y uniforme, de modo que no hay multiplicidad en él, sino unidad, y en él las tres facultades son una cosa... Por esta profundidad en que se esconde la Divinidad somos deiformes..., pues el reino de Dios está en ella... perpetuamente adherida a Dios, su principio; pero esencialmente en nosotros, pues es el alma del alma y su esencia más íntima.»

La psicología del subconsciente la traduce como «sentido místico», «órgano de la conciencia mística», punto de contacto de la vida humana con la divina. Una aplicación todavía rudimentaria de la teoría del subconsciente a la mística es la de W. James: los fenómenos místicos surgen de la región «subliminal o transmarginal» de la conciencia, donde cohabitan el genio, el «serafín y la serpiente». La experiencia mística toma apariencias objetivas y sugiere al yo consciente un control externo (Dios, Brahma, etc.), que los místicos adoptan para autorizar sus creencias respectivas. De hecho, el control lo ejerce el subconsciente, que guarda continuidad con la conciencia. Por esto, el sentimiento de unión con un poder superior es un sentimiento de realidad verdadera.

H. Delacroix ofrece una hipótesis más elaborada: el subconsciente es un poder de unificación y organización de la vida psíquica, que primero aparece como extraño al yo y que progresivamente invade y sustituye a las formas de pensamiento y acción de la conciencia personal hasta asimilarlas por completo y constituirse como absoluto, como «lo divino». Así, los fenómenos místicos elementales, como visiones y palabras interiores, traducen para la conciencia las sugestiones del subsconciente: por ejemplo, la visión imaginaria que Santa Teresa tuvo de Cristo «con mucho rigor», traduce el juicio subconsciente que condenaba ciertas amistades de la Santa (*Vida*, 7).

La expresión plena de lo divino tiene lugar en los estados místicos superiores (quietud, unión extática, etc.) regidos por las leyes psicológicas de la intuición y la pasividad. La intuición mística es una aprehensión directa de lo divino. No obstante su vacío intelectual, hay en ella una actividad subconsciente que se ordena a «organizar a Dios», a ser Dios. El vacío intelectual de la intuición mística (tan reiterado por los místicos) inclina a interpretarla como una serie de estados afectivos relacionados con los dogmas religiosos (Leuba) y comprende conocimiento y unión con Dios. Como conocimiento es «iluminación ilusoria, frecuente en los sueños, nacida de la exclusión de opuestos mentales y de un sentimiento de felicidad y poder». En cuanto unión con Dios, no pasa de interpretación que identifica sensaciones, imágenes y deseos con la esencia divina. En el éxtasis el pensamiento se debilita gradualmente y al fin desaparece en la inconsciencia. Pasado el éxtasis, este vacío o «nada» de la conciencia se hace objeto del pensamiento convirtiéndose en «la nada que existe». Es la divinización de la inconsciencia. En cuanto al sentimiento de pasividad, el místico lo estima efecto de la acción divina, persuadido de que la naturaleza es incapaz de producir las características de espontaneidad, inevitabilidad, eficacia, etc., de los estados y fenómenos místicos. En opinión de Delacroix, sin embargo, «la hipótesis de una actividad subconsciente sostenida por ciertas disposicones naturales (capacidad de intuición) y regulada por un mecanismo director (doctrina, ascetismo), desempeña exactamente el papel de esta causa extraña y explica enteramente ese sentimiento de pasividad y exterioridad».

El inconveniente con estas hipótesis está en que no puede probarse su correspondencia con las descripciones de los místicos. Por ejemplo, la conjetura de la «inconsciencia», de la «nada» en que termina la intuición mística se opone al siguiente texto teresiano, que habla del éxtasis: «ni aun la mesma alma entiende de manera que lo pueda después decir, aunque no está sin sentido interior; porque no es como a quien toma un desmayo u parajismo... Lo que yo entiendo en este caso es que el alma nunca estuvo tan despierta para las cosas de Dios ni con tan gran luz y conocimiento de Su Majestad» (*Moradas*, VI, 4). Ni puede llevarse muy lejos la analogía entre la intuición del «genio» (el poeta, el músico) y la del místico. La primera no prescinde por completo de imágenes y conceptos, mientras que los místicos de todas las religiones insisten en la ausencia total de representaciones en la unión, «donde no puede llegar el demonio, ni el sentido, ni el entendimiento» (San Juan de la Cruz, *Noche*, II, 17).

Sopesando de estas dificultades, los psicólogos católicos niegan resueltamente la competencia de la psicología en los estados más altos de la mística, y substituyen la hipótesis del subconsciente por otra hipótesis extraída de la filosofía y teología escolástica: la vida mística consiste en el «deseo natural» del Absoluto con la ayuda de la gracia. El misticismo cristiano pasa por todas las etapas psicológicas del misticismo natural, que es disposición para recibir la plenitud de la vida espiritual. Es admisible, incluso, el valor sobrenatural del misticismo no cristiano, pues Dios no niega su gracia al hombre de buena voluntad. La unión representa el momento psicológico culminante en que el espíritu humano toca el fin, Dios, que provoca y dirige el proceso entero (J. Maréchal).

Como se acaba de ver, en el contexto de la psicología naturalista, la hipótesis de Dios y de la gracia no tiene más apoyo experimental que las funciones del subconsciente. No parece, pues, posible el acuerdo entre estas dos concepciones.

Psicoanálisis

El psicoanálisis intenta dar una explicación del subconsciente más empírica que las anteriores. Pero también aquí la divergencia de los psicólogos es profunda. Para S. Freud, su fundador (bajo la inspiración de psiquiatras como P. Janet y Charcot y de filósofos como Leibnitz y Schopenhauer), el subconsciente, esquemáticamente, está constituido por las experiencias, sentimientos y deseos que no han sido satisfechos porque la «censura» social les prohíbe traspasar el «dintel» de la vida consciente. Tiene carácter dinámico y recibe su energía del instinto fundamental, la «libido» o tendencia sexual, fuente de toda la vida psíquica. «Sublimación» es la aptitud de reemplazar la finalidad sexual primaria de la libido por actividades artísticas, religiosas, heroicas. La vivencia religiosa es una neurosis obsesiva provocada por el conflicto entre libido inconsciente y conciencia, es decir, por el complejo de Edipo. Éste simboliza el drama que se desarrolla en el subconsciente de todo hombre (el atentado del varón contra el padre para poseer a la madre, o a la inversa, tratándose de mujer). Mas la represión que ejerce el «super yo» por medio de los «tabúes» morales le impide cometer el incesto a que su libido tiende normalmente. De aquí el sentimiento inconsciente de culpabilidad frente a la imagen paterna. Cuando el niño, al crecer, descubre que ha de necesitar siempre protección contra poderes soberanos y desconocidos, reviste esos poderes con las características de la imagen del padre, inventa la imagen del Dios-Padre, todopoderoso y dispuesto a la venganza y trata de hacerlo propicio. La religión no es, pues, otra cosa que una proyección sublimada del conflicto sexual. El místico proyecta su insatisfacción sexual en Dios o la Virgen María en símbolos como «esponsales» y «matrimonio», y en su infantil dependencia de Dios, característica de la «tríada oral» del niño (alimento, sueño, entrega a la madre), etc...

Los psiquiatras de orientación espiritualista y religiosa rechazan el «pansexualismo» de la libido y su aplicación a la mística. Su representante más destacado es Jung, el cual entiende por libido la energía de todas las tendencias relativas al amor humano en todas sus formas: sexual, paternal, de amistad, de cosas, de ideas. Es la energía psíquica *indiferenciada* originaria del subconsciente, que se reparte en actividades diferentes según las aptitudes y decisiones del individuo. Así, el místico controla su vida sexual porque la actividad mística de la *psique* exige un uso espeicialmente concentrado de libido proveniente de la función del sexo. La castidad perfecta no sólo no daña el equilibrio psíquico del místico, sino que es condición del mismo al proporcionar el «combustible» necesario para una actividad espiritual intensa. Por esto, aunque no puede verse en la mística una simple reorientación del instinto sexual, hay conexión entre ambos. No es mera casualidad el que un San Juan de la Cruz o una Santa Catalina de Siena empleen imágenes de clara reminiscencia sexual (matrimonio, unión, etc.) en sus descripciones de la relación del alma con Dios. Basta recordar que, con frecuencia, se inspiran en el *Cantar de los Cantares*, que puede pasar a la vez como poema de amor profano y religioso.

Un psicólogo católico, R. C. Zaehner, resume esta posición de forma vigorosa y gráfica: el alma «debe representar la mujer porque, en sus relaciones con Dios, es enteramente pasiva y receptiva... Es, pues, comparable a la virgen que se enamora violentamente y nada desea tanto como ser poseída y asimilada por el amado. No hay que extrañarse de que los raptos de los místicos sean tan semejantes a los transportes de la unión sexual, si el alma desempeña el papel femenino y Dios el masculino... Si el hombre ha sido hecho a imagen de Dios es natural que el amor de Dios se refleje en el amor humano, y que el amor del hombre hacia la mujer refleje el amor de Dios al alma... Además, la imagen sexual es particularmente apta porque el hombre a la vez abraza y penetra a la mujer, está fuera y dentro de ella, de forma semejante a Dios, que habita en lo más profundo del alma, la abraza y proteje con su amor infinito». La mejor imagen del alma mística es «María, protegida y poseída por el Espíritu Santo del que concibe la Eterna Sabiduría de Dios». Semejante lenguaje no es del agrado de algunos teólogos, que lo consideran poco edificante. A esto replica J. Lepp, psiquiatra y sacerdote: «Consultando la revelación de la Escritura no puede por menos de llamar nuestra atención el hecho de que la poesía de los místicos se halla infinitamente más próxima a la verdad que una teología que considera la relación entre Dios y el hombre a la luz de la relación entre el relojero y el reloj.» Sin embargo, este tipo de psicología nada dice acerca de Dios, el alma, la unión, etc., en *sí mismos*. Se limita a estudiar la función psicológica de esos conceptos sin afirmar o negar la realidad objetiva correspondiente. Esta tarea la cede al filósofo y al teólogo. Ya conocemos la opinión del filósofo. La del teólogo no puede ser estudiada bajo un título que convenga a todos los tipos de mística sin caer en simplificaciones arbitrarias. Cada mística tiene su teología específica, como se verá en la segunda y tercera parte.

BIBLIOGRAFÍA

Para el punto de vista filosófico de la mística cfr.:

DELACROIX, H., *Essai sur le mysticisme spéculative en Allemagne au XIV siècle*, París, 1900.
BUCKE, R. M., *Cosmic Consciousness*, Filadelfia, 1905.
EUCKEN, R., *Hautprobleme der Religionsphilosophie der Gegenwart*, Berlín, 1907.
INGE, W. R., *The Philosophy of Plotinus*, Londres, 1918.
MARITAIN, J., *Introduction générale à la philosophie*, París, 1920.
— *Distinguer pour unir ou les Degrés du Savoir*, París, 1932.
WATKIN, E. J., *The Philosophy of Mysticism*, Nueva York, 1920.
OTTO, R., *West-Oestliche Mystik*, Gotha, 1926.
BROAD, C. D., *Religion, Philosophy, and Psychological Research*, Nueva York, 1953.
ZAEHNER, R. C., *Mysticism, Sacred and Profane*, Oxford, 1957.
MARTENSEN, H. L., *J. Bohme. Theosophische Studien*, Grafenhainiche, 1882.
NIKHILANANDA, S., *Ramakrishna, Prophet of New India*, Nueva York, 1942.
MOROT-SIR, E., *Philosophie de l'experience mystique*, París, 1952.
STACE, W. T., *Mysticism and Philosophy*, Filadelfia y Nueva York, 1960.

Sobre la psicología de la mística cfr.:

JANET, P., *L'état mentale des hystériques*, 2 vols., París, 1893-94.
RÉCÉJAC, E., *Essai sur les fondements de la connaissance mystique*, París, 1896.
MURISIER, M., *Les maladies du sentiment religieux*, París, 1901.
FARGES, A., *Les phénomènes mystiques et leur contrafaçons humaines et diaboliques*, París, 1924.
LEUBA, J. H., *The Psychology of Religious Mysticism*, Londres, 1925.
MARÉCHAL, J., *Études sur la psychologie des mystiques*, 2 vols., Bruselas, 1924-37.
DE SANCTIS, S., *Religious Conversion: A Bio-Psychological Study*, Nueva York, 1928.
SUZUKI, D. T., *Zen Buddhism*, Nueva York, 1956.

Para la influencia de ciertas drogas, como la *mescalina*, en el fenómeno de unión cfr.:

Huxley, A., *The Doors of Perception*, Nueva York, 1954, y la crítica
que le hace R. C. Zaehner, en *Mysticism...*, págs. 1-29, 208-226.
De S. Freud cfr. especialmente *Totem y tabú* y *El futuro de una ilusión*, y de C. G. Jung su *Psicología y religión*, disponibles en varias
traducciones españolas.
Leónard, A.: «Recherches phenoménologiques autour de l'expérience
mystique», en *Supplément de la Vie Spirituelle*, 1952, pág. 23.
Lepp, I., *Clartés et Ténebrès*, París, 1965.

Para una información al día de la psicología de la mística son particularmente recomendables los volúmenes anuales de *Études carmélitaines* (París-Brujas, Desclée de Brouwer).

III. Simbolismo

Las interpretaciones del capítulo pasado tienen valor en la medida en que se ajustan a las declaraciones del místico y, finalmente, en la medida en que dichas declaraciones manifiestan la experiencia mística. Pero ninguno de estos dos requisitos puede ser satisfecho si la experiencia mística es inefable. ¿En qué consiste la inefabilidad de la experiencia mística? Es bastante común definirla con la siguiente comparación: así como el vidente no puede comunicar la naturaleza del color al ciego de nacimiento, tampoco el místico puede comunicar sus experiencias al no místico. Y según la leyenda, Mahoma comparó al filósofo que discurre sobre mística con un jumento cargado de libros. El vidente sería el místico; el ciego (y el filósofo del cuento), el no místico. La comparación es incompleta, pues la ceguera afecta también al místico, que se reconoce incapaz de entender sus propias experiencias: «ni el entendimiento lo sabe entender» (Santa Teresa, *Moradas*, V, 1). Y porque no comprende resulta que «no se ha de saber decir... ni las comparaciones pueden servir de declararlo» *(Ibíd.)*. La inefabilidad de la experiencia mística consiste, pues, en que no puede ser comprendida ni comunicada por el místico. De esto se sigue que el no místico, aparte la ceguera natural, no tiene la oportunidad de entenderla. En cambio puede investigar cómo funciona el lenguaje místico.

El punto de partida de la indagación es que los fenómenos místicos pueden ser experimentados, pero no conceptualizados. Mas, si las palabras corresponden a conceptos, no habrá lenguaje donde no hay conceptos. Por tanto, la inefabilidad no es sólo de grado, sino absoluta. ¿Por qué no puede ser aprehendida la experiencia mística por medio de conceptos? Porque es unitaria y los conceptos versan sobre lo múltiple: «Pues el entendimiento procede por conceptos y el concepto es múltiple, y el alma pierde el Uno cuando cae en el número y la pluralidad. Debe (el alma) sobrepasar el entendimiento» (Plotino, *Enéadas*, VI, 9). San Juan de la Cruz: «Porque aquella sabiduría interior es tan sencilla, tan general y espiritual, que no entró al entedimiento envuelta ni paliada en ninguna especie» *(Noche*, II, 17). En consecuencia, el lenguaje místico, no obstante las apariencias en contra, no es descriptivo porque la experiencia mística es totalmente indescriptible. Es un lenguaje simbólico, sugestión del «no sé qué» (San Juan de la Cruz, *Cántico*, VII) de la experiencia mística. El sufí Ibn al-Arabi lo circunscribe a la competencia de los iniciados: «Los místicos no pueden comunicar sus sentimientos a otros hombres; sólo pueden sugerirlos simbólicamente a quienes han comenzado a experimentarlos.» Es la opinión de San Juan de la Cruz en el Prólogo al *Cántico*.

El gran representante del método del simbolismo místico en Occidente es el seudo-Dionisio, un neoplatónico (para Platón el mundo sensible es copia imperfecta de las Formas o arquetipos de las cosas): «Las cosas más altas percibidas por los ojos del cuerpo o de la mente no son más que el lenguaje simbólico de cosas subordinadas a Aquél que las trasciende» *(Teología mística*, 1) y por tanto a Dios «no se le puede aplicar la afirmación o la negación». Muchos siglos antes, en la India, los *Upanisadas* habían enseñado que el Supremo «no es esto ni aquello». En *Los nombres divinos* el seudo-Dionisio explica cómo funcionan las palabras referentes a la Divinidad; aunque Dios trasciende todos los predicados (por ejemplo, uno, bueno, amor), con todo, los atributos que de Él se predican son atributos de sus «emanaciones» o manifestaciones (las cosas finitas o creadas). Así, llamamos a Dios Uno y Unidad porque nuestras facultades son unificadas por Él y nos unimos a Él en la iluminación mística; es sabio, etc., en tanto que causa la sabiduría creada. En general, Dios «es la causa de todas las cosas, pero Él no es nada, pues trasciende superesencialmente todas las cosas». Pues bien, la causalidad y trascendencia de Dios constituye el punto de arranque del simbolismo empleado por el místico. Éste tiene una percepción inmediata, experimental, de la acción divina en el alma y de su trascendencia e intenta expresarla por medio de la analogía con lo sensible: los fenómenos espirituales guardan entre sí una relación semejante a la que se observa entre fenómenos sensibles. Por ejemplo, Dios es para el alma lo que el sol para los ojos, a saber, fuente de conocimiento. El símbolo (sol) sirve de medio interpretativo de la experiencia mística; el místico lo concibe en función de ella. El símbolo místico intenta, pues, dar una visión de la actividad mística, que es espiritual, en la pantalla de lo sensible. De aquí su fórmula general: «Como lo superior (actividad mística), así lo inferior (representación sensible).»

La correspondencia, sin embargo, no es perfecta porque el símbolo no acapara la significación plena de la intuición mística. Por eso se reproduce en nuevas imágenes, a veces intraducibles, como la «noche» de San Juan de la Cruz, que se convierte en «luz», «llama», «lámparas de fuego». A la vista de este caso ejemplar, podría definirse el simbolismo místico en general diciendo que es una intuición de la experiencia de Dios renovada por medio de imágenes que revelan cada vez más y más la riqueza de su contenido, sin agotarlo nunca. La mente del místico va siempre de lo superior a lo inferior, de la intuición a la imagen. Por tanto, la clasificación del simbolismo místico ha de hacerse atendiendo a las diferentes maneras en que la experiencia mística es percibida por el místico. Básicamente son tres: intuición de presencia, intuición de progreso e intuición de unión. La primera guarda semejanza con las experiencias sensoriales y da lugar al simbolismo de los *sentidos espirituales*, por ejemplo, los «toques» en la sustancia del alma; la segunda, con procesos y da origen al simbolismo de *desarrollo*, como las *Moradas* teresianas; la tercera, con relaciones entre personas e inspira el simbolismo de *unión*, como el «matrimonio».

Esta clasificación trae a primer plano la nota predominante de las diferentes intuiciones místicas. Pero en cada uno de los simbolismos que las traducen hay características comunes a las tres. Así, el simbolismo de los sentidos espirituales destaca la *actualidad* del objeto, Dios, pero implica percepción del desarrollo de la vida espiritual y de unión, porque el fenómeno de la presencia de Dios implica algún grado de desarrollo espiritual y unión. El simbolismo de desarrollo resalta el *progreso* de la vida espiritual, mas como ésta se realiza a base de la presencia de Dios y unión con Él, resulta que el simbolismo de desarrollo contiene en alguna medida al simbolismo de los sentidos espirituales y al de unión. El simbolismo de unión subraya la característica *transformante*, que supone desarrollo de la vida mística y presencia de Dios; por tanto, el simbolismo de unión contiene a los anteriores.

La siguiente caracterización puede ayudar a la imaginación del lector. El simbolismo de los sentidos espirituales es eminentemente dinámico: la visión, el tacto, el gusto, etc., de Dios, ponen en movimiento al simbolismo de desarrollo de la experiencia mística y lo llevan a su culminación en el simbolismo de unión. El de desarrollo es el mapa de la vida espiritual en su conjunto. El de unión, es el más profundo y comprehensivo, contiene a los anteriores, porque el desarrollo de la vida mística acaba en la unión y los sentidos espirituales activan y certifican el desarrollo y la unión. Finalmente hay que consignar el carácter *arquetípico* de este simbolismo: el hecho de que «el sentido espiritual» y «los sentidos espirituales», el «progreso» del alma y la «unión» del alma con Dios revisten anhelos subconscientes colectivos, repetidos en todas las tradiciones, religiones y culturas en varias formas, lo cual no quiere decir que los arquetipos psicológicos basten para dar cuenta de la experiencia mística, sino que revelan una disposición natural para recibir la influencia religiosa que da cuenta de la vida mística. En esta acepción, el «atman» del hinduismo, el «sirr» de los sufíes, la «neshamah» de los cabalistas y la «parte superior» del alma de los cristianos designan la facultad de comunicación con Dios, el sentido espiritual. El «carro», el «auriga» y los «caballo» de los *Upanisadas* y del *Fedro* de Platón; el «carro» de la *Cábala*, la «escala» y la conquista del «Santo Grial» de los místicos y caballeros cristianos aluden al caminar del alma en busca de su Dios, el progreso. El consorcio con los dioses en la «ambicionada corona» de los misterios órficos (región «iperurania» de Platón, «Empíreo» de Dante); los «besos de amor» del Rey Celestial en el Palacio del Amor de los místicos cabalistas, y el «matrimonio» de la séptima morada teresiana sugieren una tendencia a la unión con Dios. En el contexto de la psicología de Jung este simbolismo vendría a ser la representación de una actitud psíquica original: el esfuerzo por pasar del caos al orden, de la tiniebla a la luz, del pecado a la gracia.

Sentidos espirituales

Los sentidos espirituales son diversos aspectos de la percepción inmediata de la presencia de Dios. Pertenecen a la «parte superior» del alma: «Así como la experiencia de las cosas corporales se obtiene por los sentidos corporales, así la experiencia de las cosas espirituales se obtiene en la parte superior del alma por los sentidos espirituales» (San Buenaventura, *Los siete caminos de la eternidad*, 6). San Juan de la Cruz habla de «la sed y hambre y ansia del sentido espiritual» *(Llama,* III). Entre los místicos cristianos es clásico el texto de San Agustín: «¿Qué es lo que amo cuando te amo? No la belleza de los cuerpos..., ni el resplandor de la luz..., ni suaves melodías..., ni el fragante aroma de las flores... Y, sin embargo, amo una especie de luz, melodía, fragancia, alimento y abrazo cuando amo a mi Dios, luz, melodía, fragancia, alimento y abrazo de mi hombre interior» *(Confesiones,* X, 7).

El «sentido espiritual», que padece hambre, sed y ansia de Dios (San Juan de la Cruz) es lo que la psicología llama «sentido místico». En tanto que designa la elevación de la vida mística sobre la vida natural es la «parte superior» del alma (San Buenaventura), la «mens» (San Agustín), el «ápice», la «chispa» espiritual. Como «abismo», «fondo» *(sirr* de los sufíes) y «centro» del alma, indica la dimensión espiritual del contacto con Dios. Es, pues, el sentido de la presencia de Dios, y se especifica en los sentidos espirituales, por semejanza con el «sensorio» o capacidad sensitiva corporal, que se manifiesta en los cinco sentidos.

A. Farges caracteriza así los sentidos espirituales: «La vista es el sentido más luminoso; el tacto, el más oscuro, pero el más seguro y convincente de la presencia de un objeto; la audición de palabras es la más instructiva; gusto y olfato son los más suaves y agradables. Todos tienen en común una intuición inmediata, experimental de la presencia de Dios, que permite a los santos decir que Dios es visto, oído, gustado, respirado y poseído en un dulce abrazo.»

Vista: es el sentido del «misterioso ojo del alma», que contempla la «Luz inmutable» (San Agustín, *Confesiones,* VII, 10), la «Luz eterna», Dios (Dante, «Paraíso», XXXIII, 82). La vista espiritual se define por relación a la luz, que es la causa, el medio y el objeto de la visión (Sto. Tomás, *S. Theol.,* I, 12, 5) y que, por su contraste con las tinieblas, determina la naturaleza de la contemplación mística: «rayo de tiniebla», tanto más oscuro para el alma cuanto más claro es en sí mismo (San Juan de la Cruz, *Cántico,* XIV-XV; *Noche,* II, 8). En su grado más alto es «visión intelectual», que «muestra la Santísima Trinidad..., como una influencia que primero viene a su espíritu a manera de una nube de grandísima claridad... de manera que lo que tenemos por fe, allí lo entiende el alma —podemos decir— por vista» (Santa Teresa, *Moradas*, VII, 1). La *Cábala* nombra a Dios, el Infinito *(En-Sof)*, con la metáfora de «la Luz infinita» que ilumina la parte superior del alma *(neshamah)*. Según el *Zohar*, «Cuando Adán, nuestro primer padre, moraba en el jardín del Edén, estaba vestido de luz divina, como los hombres del cielo... Por medio de este vestido puede (el hombre) gustar el gozo de los escogidos y contemplar el rostro del 'Brillante Espejo' (reflejo de Dios)». Los sufíes toman del *Corán* la metáfora de Dios como «Luz del cielo y de la tierra», sólo visible al «ojo del corazón» *(kalb)*. La luz del corazón *(yakin)* por la que el sufí ve a Dios es un rayo de luz divina *(ma'rifat)* que brilla con cegadora fuerza; es iluminación, sabiduría superior *(firasat)*.

Oído: percibe la palabra de Dios o su mensaje en las criaturas. Las apalabras o «locuciones» son de tres clases: corporales, imaginativas e intelectuales. De las dos primeras desconfían los místicos. Las intelectuales se dividen en *sucesivas*, «ciertas palabras y razones, que el espíritu cuando está recogido entre sí, para consigo suele ir formando y razonando»; *formales*, «son ciertas palabras distintas que el espíritu recibe, no de sí mismo, sino de tercera persona»; *sustanciales*, «son palabras que en la sustancia del alma hacen y causan aquella sustancia y virtud que ellas significan» (San Juan de la Cruz, *Subida*, II, 28; Santa Teresa, *Moradas*, VI, 3). El místico no duda de la autenticidad de las locuciones intelectuales: «Cuando suena en el alma (la voz de Cristo) tiene a veces tanto poder que el alma lo deja todo... y escucha atentamente oyendo y percibiendo en paz y amor el suave sonido de esta voz espiritual» (Hilton, *Escala*, II, 14). Como lenguaje de Dios en las criaturas, es el «Ipse fecit nos» (Él nos hizo) de San Agustín, especie de armonía cósmica: «Escucha la suave música de las cuerdas extendidas del arpa divina... cuán bellamente suenan, cuán dulcemente vibran» (Suso, *Libro de la Sabiduría Eterna*, I, 13). En San Juan de la Cruz: «la música callada / la soledad sonora», con la siguiente exégesis: «todas ellas (las criaturas) y cada una de ellas dotadas con cierta respondencia a Dios, en que cada una en su manera dé su voz de lo que en ella es Dios; de suerte que le parece una armonía subidísima... su Amado es esta música callada, porque en Él se conoce y gusta esta armonía de música espiritual» *(Cántico,* XV). Podría verse aquí una interiorización del simbolismo platónico y medieval de la «armonía de las esferas» cantada por Fray Luis de León: «la extremada música» que arrebata al alma «hasta llegar a la más alta esfera», donde oye la «música, que es la fuente y la primera» (Oda a Francisco de Salinas).

Para los sufíes el oído espiritual *(sama)* escucha las voces celestes *(hatif).* La creación entera es una alabanza a Dios, por lo cual el sufí percibe la voz de Dios en todas las cosas, especialmente en la música y la danza: «La canción de las esferas en sus revoluciones es lo que cantan los hombres con laúd y voz» (J. Rumi).

Entre los judíos, el simbolismo del oído es de particular importancia en el español Abulafia, principal representante del cabalismo profético. Recomienda escuchar la «lógica mística» de la palabra de Dios con la disposición con que se escucha la música, «que deleita el corazón, el cual reconoce a su Dios y se llena de fresco gozo» *(Libro de la combinación).* En la literatura de los misterios del *Merkabah* el rabino Isaías dice a su compañero: «Soñé que estaba sentado contigo sobre el monte Sinaí, y oí una voz celestial que exclamaba: ¡Subid aquí! Grandes mesas y ricos cojines os esperan.»

Olfato y gusto: expresan el lado deleitable de la experiencia mística: «Entiende una fragancia... como si en aquel hondón interior estuviese un brasero adonde se echasen olorosos perfumes; ni se ve la lumbre ni dónde está; mas el calor y humo oloroso penetra toda el alma, y aun hartas veces... participa el cuerpo» (Santa Teresa, *Moradas,* IV, 2). En San Juan de la Cruz el profundo simbolismo de «la cena que recrea y enamora: «y corran tus olores»; «el ámbar perfumea»; «el mosto de granadas gustaremos» *(Cántico,* XV, XVII-XVIII, XXXVII), culmina en el «aspirar sabroso» que hace al alma Dios en la unión transformante: «En la cual aspiración, llena de bien y gloria y delicado amor de Dios para el alma, yo no querría hablar» *(Llama,* IV). En el sufismo, *ma'rifat* designa conocimiento intuitivo y sabroso de Dios, y *dhawg* gusto espiritual. Así, dice el maestro *(chykh)*: «De un rincón del Trono de Dios destiló algo en mi boca y yo sentí la dulzura en mi ser interior.» En este aspecto concreto, los cabalistas (y cristianos) se inspiran, sobre todo, en el *Cantar de los cantares*: «Son tus aromas más suaves que el vino... Es tu nombre ungüento derramado»; «exhala mi nardo su aroma»; «y su fruto es dulce a mi paladar» (1, 2-3; 1, 12; 2, 3).

Tacto: es el sentido de los «toques espirituales». En cierto modo los cinco sentidos espirituales pueden reducirse al tacto, puesto que toda clase de experiencia es como una especie de tacto. Poco frecuentes en los comienzos de la vida espiritual, los toques aumentan en duración e intensidad con el progreso de aquélla. Se manifiestan de forma confusa y distinta, y las más de las veces van acompañados de sensaciones propias de otros sentidos espirituales, por ejemplo, la vista: «de ellos redunda en el entendimiento aprensión y noticia e inteligencia» (San Juan de la Cruz, *Noche*, II, 32). Los más perfectos acaecen en la unión: «¡Oh toque delicado / que a eterna vida sabe», canta San Juan de la Cruz de «la mano de Dios», que es el Verbo, y que en ocasiones penetra en «todos los miembros y huesos y médulas». Es «toque sustancial, a saber, de la sustancia de Dios en la sustancia del alma» *(Llama,* II). Santa Teresa lo compara al sello que se imprime en la cera: «que la cera no se le imprime a sí; sólo está dispuesta, digo blanda» *(Moradas,* V, 2). Para el *Zohar*, «En el momento de la unión terrestre (concepción), el Santo (bendito sea) envía una forma semejante al hombre y la acuña con el sello divino.» Es el alma que al final de la jornada mística unirá Dios a sí «con besos de amor». Al sufí Jami un «momentáneo toque *(wajd)* del amor de Dios» lo transformó «de pies a cabeza» y el sufí Abu Sa'id afirma: «Habita en mi corazón... Resplandece en mis ojos.»

Desarrollo

El simbolismo de desarrollo sugiere la intuición que el místico tiene de la vida espiritual como progreso a través de las etapas de purificación, iluminación y unión. Están en primer lugar los símbolos que dan una visión de conjunto: «Vía mística»; *Escala de perfección* (W. Hilton); *Divina Comedia* (Dante); *Camino de perfección* (Santa Teresa); *Subida del Monte Carmelo* (San Juan de la Cruz); *Subida del Monte Sión* (Bernardino de Laredo); *Conquista del Reino de Dios* (Juan de los Ángeles); *Progreso del peregrino* (Bunyan). Otros describen los períodos de la vida mística, por ejemplo, el «Purgatorio» de Dante, que se refiere a la etapa purificativa; o cada una de las moradas del *Castillo* de Santa Teresa o de los palacios *(Hekhaloth)* de la cábala, relativos a otros tantos grados de perfección; o estados de transición, como la «Noche pasiva del sentido», situada entre el período purificativo e iluminativo (San Juan de la Cruz, *Noche*, I, 1).

En diferentes maneras, todos ellos cuentan la historia del progreso del alma: la salida de los intereses sensuales, las dificultades del camino, «la largura de la jornada, la variedad del paisaje, la oscuridad de la noche (que sobreviene al peregrino), los vislumbres del lejano destino» (E. Underhill) y su impulso, que es el amor.

Uno de los tratados de sufismo más antiguos, el *Kitab al-Luma*, declara que todos los «estados» del viajero «descienden de Dios a su corazón (del sufí), sin que éste pueda rechazarlos cuando vienen o retenerlos cuando se marchan», pues son efecto del amor de Dios al alma, que precede al amor del alma a Dios. En San Juan de la Cruz el alma se lanza a la conquista del Amado, «con ansias en amores inflamada», porque el Amado le infunde amor «sin saber ni entender cómo y de dónde le nace el tal amor y afición, sino que ve crecer tanto en sí... esta llama de inflamación, que con ansias de amor desea a Dios» *(Noche*, I, 11; cfr. *Noche*, II, 11). Se trata del «peso» (pondus) de San Agustín —«Mi amor es mi peso»—, que hace gravitar al alma hacia su centro: «Nos habéis hecho, Señor, para vos, y nuestro corazón no encuentra reposo hasta que descansa en vos» *(Confesiones*, I, 1). El centro de reposo es la unión, meta del camino, el cual presenta dos formas.

Unas veces reviste la forma de transparente alegoría cósmica, como en la *Divina Comedia* o en el *Coloquio de las aves* del sufí Attar. En este poema el desarrollo de la vida mística es un viaje a través de los «Siete valles»: el primero es el *Valle de la búsqueda* (período purificativo, el «Purgatorio» de Dante); el segundo, el *Valle del amor* (período iluminativo cristiano, el «Paraíso terrestre» de Dante); el tercero es el *Valle del conocimiento* (contemplación); el cuarto, el *Valle del despego* o absorción profunda en el amor; el quinto, el *Valle de la unidad* (contemplación directa de Dios, la visión beatífica del «Paraíso» de Dante); el sexto es el *Valle del asombro*, de la oscuridad (la «divina tiniebla» del seudo-Dionisio, que ciega con el exceso de su luz). Hasta ahora el viajero ha recorrido el camino «hacia

Dios». En el séptimo, el *Valle del aniquilamiento en Dios*, recorre el camino «en Dios» (la unión transformante).

En la tradición hindú la «nave» y el «carro» son los símbolos básicos del progreso místico. La entrada en la nave significa el comienzo del paso del río de la vida, desde la orilla de la apariencia *(maya)*, de ignorancia espiritual *(avidya)*, deseo *(Kama)* y muerte *(mara)*, hasta la orilla opuesta de la sabiría *(vidya)*, que consiste en la liberación *(moksa)* de las apariencias. En los *Upanisadas* el alma hace su camino en el carro del cuerpo. La razón es el guía, los sentidos los caballos, la voluntad las riendas. Es una anticipación del mito del alma en el *Fedro* de Platón, que termina en la contemplación del «Scr que verdaderamente es». También la *Cábala* judía emplea el carro *(Merkabah)*, el símbolo del profeta Ezequiel, que representa a Yahvé conduciendo el carro de «criaturas vivientes», acompañado de señales y voces, movimientos y prodigios en la tierra y en el cielo. Los cabalistas lo interpretan como invitación de Dios a la unión con Él, como «vía mística», o vehículo que conduce al alma peregrina a su casa en Dios, en la «plenitud» de la luz del «Rey Celestial». La ascensión del alma atravesando las esferas de ángeles hostiles y demiurgos, denuncia una clara influencia gnóstica, como se verá en el capítulo dedicado al misticismo judío.

La segunda forma del simbolismo de desarrollo es de romance interior, de secreto drama de amor entre el Amante y el Amado. Muchos lectores encuentran aquí la parte más bella de la literatura mística, pero también la más ambigua: «En el lecho, entre sueños, por la noche, busqué al amado de mi alma, lo busqué y no lo hallé. Me levanté y recorrí la ciudad... Le así y no le soltaré hasta meterlo... en la alcoba de la que me engendró» *(Cantar de los Cantares*, 3, 1-4). Es el texto que toma San Juan de la Cruz para explicar el verso «Buscando mis amores», alusivo al «salir» del alma en busca de su Amado, que la había «herido» de amor *(Cántico*, III). El mismo autor, interpretando el verso «por la secreta escala disfrazada», relativo a la salida «en secreto» del alma, escribe que ésta se disfraza «para encubrirse de sus émulos y así poder hacer mejor su hecho» *(Noche*, II, 21), texto que recuerda el siguiente pasaje de amor trovadoresco provenzal: «Yo continúo mi camino silenciosa y discretamente... Muchos males vienen del mucho hablar; por esto guardo mi secreto de todo hombre mortal» (Cit. por L. Spitzer, *A Method of interpreting Literature*, Northhampron, 1949, p. 58).

El «juego» de amor, la «caza», las «heridas», las «huidas» súbitas, las «ausencias», la «pena» de los amantes y, finalmente, el reposo en los «brazos» del Amado, son notas comunes del lenguaje del peregrino en la mística universal. La «Sabiduría Eterna» de Suso dice al Servidor: «Este es el juego del amor.

SERVIDOR. ¿En qué consiste el juego de amor?

SABIDURÍA ETERNA. Todo el tiempo que el amor está con el amor, el amor ignora cuán entrañable es el amor; pero cuando el amor se separa del amor, sólo entonces siente el amor cuán entrañable era el amor.

SERVIDOR. Señor, este es un juego pesado... ¿no hay amadores constantes en esta vida?

SABIDURÍA ETERNA. Muy pocos, pues la constancia pertenece a la eternidad.»

Matilde de Magdeburgo se expresa en términos semejantes: «Te cacé porque en esto consistía mi gozo; ...te até y me gozo en tus lazos; te herí para que puedas estar unido a mí. Si te di golpes fue para ser poseída por ti» (*Torrentes de luz divina*, I, 3). El *guru* Nanak se expresa así: «La pena de la separación me está matando... ¡Oh, madre!... Dime, ¿cómo podré dormir y comer sin mi Dios?» Al fin de la jornada el alma entra en la «taberna» del Amado (sufí Aziz M. Nafasi), en la «interior bodega», donde «bebe el alma de su Dios» (San Juan de la Cruz, *Cántico*, XXVI).

Pero el significado de toda esta alegoría erótica es espiritual: «El amor a Dios es una cualidad que se manifiesta en el corazón...; anhela satisfacer a su Amado y se impacienta y desasosiega en su deseo de verlo; no puede descansar en nadie, sino en Él... Se aparta de todo y se dedica a la corte de amor, sometiéndose a su ley» (sufí Hujwiri). Y en cualquier trecho del camino se hace sentir la noche (aridez, purgación): «cuando más claro... les luce el sol de los divinos favores, oscuréceles Dios toda esta luz» (San Juan de la Cruz, *Noche*, I, 8). Hay que señalar, por fin, que el simbolismo de desarrollo no puede explicarse con independencia del simbolismo de los sentidos espirituales, pues las heridas, penas, etc., se perciben por los sentidos espirituales. Además, todas las etapas del camino anticipan y en cierto modo contienen el simbolismo de unión;

por ejemplo, en el período iluminativo, cuando el alma clama por la «presencia y la figura» del Amado (unión), San Juan de la Cruz explica: «Y porque aquí el alma se siente con cierto dibujo de amor, que es la dolencia que aquí dice, deseando que se acabe de figurar cuyo es el dibujo, que es su Esposo... en que se desea transfigurar por amor» *(Cántico*, XI).

Unión

El simbolismo de unión representa la culminación del simbolismo místico porque la experiencia de unión es la etapa última de la vida espiritual. Como la unión es de amor entre personas (hombre-Dios), el simbolismo de unión se vale de toda la gama del amor personal: paternidad, fraternidad, amistad, etcétera, hasta el más íntimo del matrimonio. El poeta sufí Ruwaym canta la unión que le trae «nuevas del Amigo», como Raimundo Lulio; Santa Teresa define la oración como «tratar de amistad... con quien sabemos nos ama» *(Vida,* 8); en los *Himnos* del *guru* Arjan se dice: «Tú eres mi Padre, mi Madre y Hermano mayor.» El simbolismo puede abarcar todas las relaciones familiares: «Vi que Dios se alegraba de ser nuestro Padre, nuestra Madre, nuestro verdadero Esposo y el alma su Esposa» (Juliana de Norwich, *Revelaciones).* La maternidad, en especial, se asocia con Cristo, la Sabiduría, el Logos, que desde antiguo es representado ya con sexo masculino, ya femenino: «Nuestro Salvador es nuestra verdadera Madre en quien nacemos continuamente» *(Ibíd.).* A éstos se añaden otros símbolos de amor reverencial, como Rey y Su Majestad, tan usados por los cabalistas, Santa Teresa y San Ignacio.

El simbolismo de amor matrimonial es el más apropiado. Así se percibe en la frase del Evangelio: «He aquí que llega el Esposo, salid a recibirlo», y también en esta otra: «nuestro Amante nos muestra el uso y objeto de nuestro trabajo y de toda nuestra vida, a saber, el encuentro de amor con nuestro Esposo» (Ruysbroeck *Adorno de las bodas espirituales,* I). Y como la unión constituye el término de la vida espiritual, es natural que algunos místicos contemplen todas las etapas de la vida mística en la perspectiva del matrimonio. Por ejemplo, Ricardo de San Víctor: «En el primer grado se hace el desposorio, en el segundo las nupcias, en el tercero la cópula, en el cuarto el puerperio» *(Los cuatro grados de violenta caridad,* Migne,

Patrología Latina, CXCVI, col. 1207). El desposorio corresponde aproximadamente a las primeras experiencias de amor a Dios: «El Espíritu viene al alma», que «siente sed del Amado», lo desea cada vez con más ardor y entra en la contemplación, que es el estado matrimonial. El alma es ahora «puesta en el tálamo» por el Amado, al que ve, pero todavía no puede poseer. Es el período iluminativo. La posesión sobreviene en la unión, en que el alma es «deificada» por el contacto con la sustancia divina. A éste sigue un último grado: el alma se convierte en «madre» de las buenas obras que concibió en la unión.

Pero en la mayoría de los místicos el matrimonio designa la unión transformante, a la que precede el desposorio. Ambos pertenecen al período unitivo y no hay entre ellos «puerta cerrada», según Santa Teresa. Por la plasticidad de la descripción (y por el cuadro de Correggio, *Desposorios místicos de Santa Catalina*) es bien conocida la visión del desposorio atribuida a Santa Catalina de Siena: «La Virgen Madre de Dios tomó la mano derecha de Catalina en su santísima mano y levantando los dedos de ésta hacia su Hijo, le rogó se dignara desposarla en fe. Accediendo graciosamente el Unigénito del Padre, tomó un anillo de oro, que tenía en su círculo cuatro perlas alrededor del más rico diamante y colocándolo en el dedo anular de la mano derecha de Catalina le dijo: 'He aquí que yo, tu Criador y Redentor, me desposo contigo en fe'» *(Vida*, I, 12).

En el *Cantar de los Cantares* es donde encuentran los místicos cristianos la imaginería más natural para el desarrollo del simbolismo del matrimonio. La más natural, porque además del significado que le da la Iglesia (relación entre Dios y el pueblo judío, entre Cristo y la Iglesia, entre el Espíritu Santo y la Virgen en la Encarnación, entre la Trinidad y los bienaventurados) encarna un arquetipo, un ideal común a los iniciados en los «misterios», a los profetas del Antiguo Testamento, al hinduismo, a los sufíes: la unión más íntima con la divinidad. En el plano del matrimonio individual comenta San Bernardo: «Bésame con besos de su boca. ¿Quién pronuncia estas palabras? La Esposa. ¿Quién es la Esposa? El alma que anhela a Dios... No hay expresión más dulce del afecto mutuo entre el Verbo y el alma como la de Esposo y Esposa... Tienen una herencia, una morada, una mesa y son una carne» *(Cantica canticorum*, sermón 7). El siguiente texto teresiano pone de resalto tanto el carácter espiritual del desposorio y del matrimonio místico como la insuficiencia del lenguaje para expresarlo: «aunque se ponen estas comparaciones —porque no hay otras más a propósito—, que se entienda que aquí no hay memoria de cuerpo más que si el alma no estuviera en él, sino sólo espíritu; y en el matrimonio espiritual muy menos, porque pasa esta secreta unión en el centro muy interior del alma, que debe ser adonde está el mesmo Dios, y a mi parecer no ha menester puerta por donde entre» *(Moradas,* VII, 2). Al no encontrar imágenes aptas en el mundo de las relaciones personales, la intuición de la unión acude a las relaciones entre las cosas: fuego, agua, etc. Antes de verlas pasemos al simbolismo de unión por medio de las relaciones humanas en la mística no cristiana.

Los sufíes cantan sus ansias de unión con el Amado con la misma pasión que la Esposa de los *Cantares.* En una larga serie de poemas como *El ruiseñor y la rosa* y *La mariposa y la llama,* el alma es «la tórtola que arrulla tristemente por el Amado»; «la caña arrancada de la orilla del río y convertida en flauta, cuya plañidera música llena los ojos de lágrimas»; «el halcón llamado por el silbido del cazador para que vuelva a posarse en su brazo»; «el camello que se sumerge veloz en el desierto por la noche», etc. Pero llegada la unión *(baga),* el simbolismo se quiebra del todo: «Cien veces que intentaras decirlo, cien veces permanecería el misterio oscuro.» Es como el mar: puedes cabalgar hasta su orilla, pero una vez allí tienes que usar el caballo de madera, la nave. La nave es el «silencio», guía y sostén del hombre que navega en el «mar» de la divinidad (J. Rumi). En *El festival de la primavera* este poeta sufí acude a la comparación del matrimonio: «Mi alma se ha mezclado con la tuya como el agua con el vino. ¿Quién puede separar el agua del vino, o a ti y a mí en nuestra unión?... Tu amor me traspasa una vez y otra estremeciendo mis nervios y mis huesos.» Y también: «El alma concibe del Alma de las almas.» En el *Diván* de al-Hallaj se lee igualmente: «Me he transformado en mi Amado y mi Amado se ha transformado en mí. Somos dos espíritus infundidos en un cuerpo.»

Entre los judíos, el *Zohar* enseña que el servicio de Dios, hecho con amor, conduce al alma a la unión con su lugar de origen, es decir, a una experiencia anticipada de la felicidad que aguarda al alma perfecta: «Quien sirve a Dios con amor logra la unión *(itdabak)* con el lugar más Alto de lo Alto y se une también con la santidad del mundo futuro.» El verso del *Deuteronomio* (VI, 4) «Oye, Israel, el Señor, nuestro Dios, es Uno», se refiere (dice el *Zohar*) a esta unión del alma. Versos como: «Yo soy para mi amada y mi amado es para mí» *(Cantar de los Cantares*, VI, 3), expresan la unión por amor extático. El alma es recibida en el «Templo del Amor» y contempla la Divina Presencia a través de un «Brillante Espejo». Se inspira en el siguiente texto talmúdico: «En una de las partes más misteriosas y altas del cielo hay un palacio llamado el Palacio del Amor, donde tienen lugar grandes misterios. Allí se reúnen las almas amadas del Rey Celestial. Es allí donde el Rey Celestial, el Santo (bendito sea), vive con esas almas santas y se une con ellas con besos de amor.» Pero en los cabalistas españoles tal unión no es, por lo general, matrimonial, sino paternal: «Como una hija el alma recibe el beso de su padre como la marca y sello del más alto estado de bienaventuranza» *(Zohar)*. Sólo en el caso de Moisés se habla de matrimonio con la «Shekhina» (el elemento femenino de la divinidad).

Finalmente, los místicos recurren al simbolismo del fuego, el agua, el aire, el vino, el pan, para expresar la nota *transformante* de la unión.

Fuego: es amor de Dios y del alma, que purifica, transforma y une. Veamos algunos testimonios: San Buenaventura: «El fuego que todo lo inflama y nos envuelve en Dios... es Dios mismo» *(Itinerario de la mente a Dios*, VII); Ricardo de San Víctor: «Cuando el alma se arroja en el fuego del amor divino como hierro, primero pierde su negrura, luego se convierte en fuego y finalmente se hace líquido y pierde su naturaleza transformándose en un ser diferente» *(Los cuatro grados de violenta caridad*, Migne, *Patrología latina*, CXCVI); Ruysbroeck: «Cada alma es una brasa encendida por Dios en el corazón de su infinito amor» *(Los siete grados de amor*, XIV); J. Rumi: «Nuestro cobre (el hombre natural) es transformado por esta rara alquimia (el amor).» En la tradición de Hermes Trimegisto el fuego es el agente principal en la transformación del bajo metal en oro; el *Oro* (el Sol) es el «metal perfecto» al que tienden todos los esfuerzos del filósofo «hermético» (alquimista), de modo semejante a como el místico tiende a la santidad, «oro perfecto». El fuego se llama también luz, en cuanto que transfigura al alma. El simbolismo incomparable del fuego en la *Llama* de San Juan de la Cruz (lámparas de fuego, cauterio, calor, luz) queda para el último capítulo.

Agua: la unión es comparable al agua de lluvia y del río juntas, «o como si un arroíco pequeño entra en la mar» (Santa Teresa, *Moradas*, VII, 2). Así se expresan Hullaj Shah: «¿En qué se convierte el hombre que se arroja en el Océano de la divinidad? En una gota caída de las nubes al mar», y Santa Catalina de Siena: «El alma está en Dios y Dios en el alma como el pez en el mar y el mar en el pez» *(Diálogos,* II).

Aire: la unión es obra del Espíritu, al que se compara con el aire porque es espirado del Padre y del Hijo y aspira al alma (San Juan de la Cruz, *Cántico,* XIII; *Llama,* IV); igualmente el sufí al-Hallaj: «El Espíritu se mezcla con mi espíritu.»

Otros símbolos de unión son los de comida y bebida (pan, vino, miel, leche); entre los místicos cristianos especialmente el pan y el vino por su significado eucarístico. El gran poeta sufí J. Rumi ofrece un resumen del simbolismo de unión al llamarse (en el estado de unión): «Madre del vino, copero, trovador, arpa y música, amado, llama, bebida y alegría del embriagado..., agua, aire, fuego.»

BIBLIOGRAFÍA

DUNBAR, H. F., *Symbolism in Medieval Thougth and its Consummation in the Divine Comedy*, Yale Univ. Press., 1929.

URBAN, W. M., *Language and Reality*, Londres, 1951.

EWER, M. A., *A Survey of Mystical Symbolism*, Londres, 1933.

UNDERHILL, E., *Mysticism*, especialmente las págs. 125-148.

ROHDE, E., *Psyche*, Friburgo, 1894.

MACAULIFFE, M. A., *The Sikh Religion, its Gurus, Sacred Writings and Authors*, Oxford, 1909.

RUMI, J., *Masnavi*, Book I, transl. J. Redhouse, Londres, 1881; Book II, transl. C. E. Wilson, Londres, 1910.

HUJWIRI, *Kashf al-Mahjub*, transl. R. A. Nicholson, Londres, 1911.

ASÍN PALACIOS, M., *La escatología musulmana en la «Divina Comedia»*, Madrid, 1919.

MASSIGNON, L., *Essai sur les origines du lexique technique de la mystique musulmane*, París, 1922.

POULAIN, P., *Graces d'oraison*, 10.ª ed., París, 1922.

ETCHEGOYEN, G., *L'amour divin*, Burdeos-París, 1923.

FARGES, A., *Les phénomènes mystiques...*, París, 1924.

PUECH, H. Ch., «La ténébre mystique chez le pseudo-Denis l'Aréopagite et dans la tradition patristique», en *Études Carmélitaines*, 23, II (1938), págs. 33-53.

BARUZI, J., «Introducción al estudio del lenguaje místico», en *Boletín de la Academia de Letras*, Buenos Aires, 1942, 10.

SMITH, M., *Readings from the Mystics of Islam*, Londres, 1950.

Edad Media

I. Mística musulmana

En una visión de conjunto de la mística medieval española el orden debe ser el siguiente: mística musulmana, mística judía y mística cristiana. La razón principal de este orden reside en la transmisión del neoplatonismo de los filósofos y sufíes árabes a los místicos judíos y cristianos. Dicho neoplatonismo caracteriza profundamente la cábala y la mística cristiana de la Edad Media española. Además, el sufismo alcanza su apogeo en época anterior a la cábala y a la mística cristiana medieval. A ésta (representada por Raimundo Lulio) le corresponde el tercer lugar en originalidad y desarrollo de ideas, pero no en calidad literaria.

El sufismo español abarca desde principios del siglo x de nuestra era hasta el final de la Reconquista y constituye parte importantísima de la gran tradición mística musulmana de todos los tiempos. Antes de entrar en su estudio consignemos sumariamente los orígenes y características principales del sufismo en general. Los orígenes son diversos: Corán, cristianismo, hinduismo, gnosticismo, neoplatonismo.

«Corán»

Éste proporciona la base teológica del sufismo, subraya la unidad de Alá (que excluye la Trinidad cristiana), su poder, su justicia y lejanía del hombre. La salvación o condenación de éste depende enteramente de la voluntad divina, que es inmutable. Lo único cierto para el creyente es que si está predestinado a salvarse por medio de la oración y las obras piadosas se salvará infaliblemente.

Esta doctrina tiene como consecuencia la actitud resignada, fatalista y temerosa del musulmán ortodoxo con respecto a Dios y la otra vida, y también la dedicación al ascetismo para librarse del «fuego» del infierno. Mahoma (571-632 d. J. C.) pre-

71

fería que sus discípulos practicaran la guerra santa contra los infieles antes que la penitencia, sin embargo, algunos de sus compañeros se distinguieron por su tendencia al ascetismo. En el siglo VIII ya existían numerosos grupos de devotos que huían del mundo para entregarse a la vida de perfección bajo la dirección de un maestro *(shaykh)* experimentado: «Lentamente va evolucionando esta vida hasta llegar a ser un verdadero monacato» (M. Asín Palacios). Para el eminente arabista español se trata de «un simple caso de imitación, que tiene mucho de consciente, del monacato cristiano oriental», estimado imposible que el misticismo pueda brotar «en un tronco tan poco abonado como la árida y fría religión del islam». Investigadores más recientes también conceden importancia al influjo cristiano, pero llaman la atención sobre pasajes del Corán que hablan de la cercanía y del amor de Dios: «Si mis siervos te preguntan por mí, he aquí que estoy cerca» (50, 15): «Si amáis a Dios seguidme; Él os amará y perdonará vuestras ofensas» (3, 31). Los sufíes se sirvieron de textos semejantes para elaborar una teología mística.

Otro factor importante en la formación del sufismo fue el estado de la teología musulmana a raíz de la muerte del Profeta. Las ambigüedades de la doctrina coránica sobre la naturaleza y atributos de Dios, la libertad, el valor de las acciones humanas, etc., dieron lugar a numerosas sectas: la de los Muryitas, que pone de relieve el amor de Dios, la fe sobre las obras; la de los Caraditas defiende la responsabilidad del hombre, y la de los Yabaritas la niega; la de los Mutazilitas, inventores de una teología racionalista, que niega los atributos de Dios como contrarios a su unidad y la predestinación como opuesta a su justicia; la de los Acharitas, teólogos escolásticos creadores del *Kalam*, rígido sistema doctrinal mahometano ortodoxo y oficial (unidad de Alá, resurrección y vida futura, oración, ayuno, limosna, misión de Mahoma, que perfecciona la obra de los profetas de Israel y la revelación cristiana) y que Averroes llama doctrina propia de «espíritus enfermos». Esta diversidad teológica influye en la actitud ecléctica de los sufíes.

Cristianismo

Del Evangelio, de historias apócrifas de Cristo y de los eremitas cristianos de Siria y Egipto aprendieron los sufíes prácticas ascéticas (sayal de lana, letanías, voto de silencio, etcétera) y doctrina acerca del amor divino: «Pasó Jesús junto a tres hombres. Sus cuerpos estaban flacos y sus rostros pálidos. Les preguntó: ¿Qué os ha traído a tal estado? Ellos respondieron: El temor del fuego (del infierno). Dijo Jesús: Teméis una cosa creada y olvidáis que corresponde a Dios salvar a los que le temen... Luego se alejó y pasó junto a otros tres cuya palidez y flaqueza era tan extrema que sus rostros brillaban como espejos de luz, y les preguntó: ¿Qué os ha traído a tal estado? Respondieron: Nuestro amor a Dios. Díjoles Jesús: Vosotros sois los más próximos a Él» (Cit. Nicholson).

Hinduismo

Hay coincidencia entre el *nirvana* budista y el *fana* sufí, en tanto que ambos fenómenos místicos implican la extinción de las pasiones y deseos, así como la pérdida de la personalidad. En el segundo respecto, el *fana* parece identificarse con la unión panteística de los Vedas, pues significa transformación del hombre en el Ser Universal para sobrevivir en Él *(baga)*. Así, el sufí Ibn-al-Farid, de El Cairo, canta en uno de sus poemas: «Mi espíritu es un Espíritu para todos los espíritus (creados); y cuanta belleza ves en el universo se derrama de la abundancia de mi naturaleza.» En esto y en otros puntos relativos a la práctica de la meditación y contemplación se ha visto la influencia de los monasterios budistas de Persia sobre los sufíes.

Gnosticismo

De *gnosis* (conocimiento de los misterios divinos, distinto de la fe, *pistis*), es un intento de explicación del cristianismo a base de una amalgama de ideas cristianas, judaicas, persas (religión de Zoroastro) y de los misterios egipcios (Hermes Trimegisto) y griegos (orfismo). Se desarrolla en los siglos II y III después de Cristo y es conocido a través de las refutaciones de los Padres de la Iglesia (Ireneo, Tertuliano, Clemente de Alejandría) y de la *Pistis Sophia*, obra gnóstica del siglo III. Su tema central es la redención del hombre del mal del universo; el alma, de origen divino, ha caído en el cuerpo terrestre, que la corrompe, y debe ser rescatada a su principio. En torno a esta idea los gnósticos montan una especie de drama metafísico a escala universal, una cosmogonía. Uno de ellos, Basílides, lo expresa con una potente imagen: las tinieblas (causa del mal del mundo y del hombre) no pueden ser absorbidas por la luz (causa del bien). El más famoso de todos, Valentino, concibe un *Eón* o primer Padre (increado e incorpóreo) formado por la pareja Abismo y Silencio. De Él proceden la Mente y la Verdad; de éstas la Razón y la Vida, que dan origen al Hombre y a la Comunidad. El conjunto de estas emanaciones divinas constituye el *Pléroma* (plenitud de la divinidad). Mas el eón inferior, la Sabiduría *(Demiurgo)*, intentó subir a la región del Pléroma para descubrir el primer eón, sin lograrlo. Resultado de su vano esfuerzo fue el mundo imperfecto y el hombre caído en las tinieblas de la materia: «De la desazón e inquietud nacieron las tinieblas; del temor y la ignorancia, la malicia y la perversión; de la tristeza y el llanto, las fuentes de agua y los mares. El Cristo fue enviado por el primer Padre, inviolable en su misterio, para restaurar el equilibrio roto por el sueño loco de la Sabiduría» (Tertuliano, *Contra los valentinianos*, II). El Padre ha depositado una semilla de redención (espíritu, *pneuma)* en el hombre, que el Demiurgo y sus ángeles malos procuran eliminar introduciendo en él las pasiones. Pero el hombre espiritual (pneumático) puede salvarse por el sacrificio y la gnosis.

El judío neoplatónico Filón de Alejandría (40 a. C.-40 d. C.) había adelantado ideas similares: Dios se relaciona con el mundo por intermediarios (el *Logos*, la Palabra, que sirve de modelo a la creación); existen una jerarquía de poderes benignos y justicieros, una sabiduría que produce el mundo, ángeles etéreos y demonios que ejecutan las órdenes divinas y el regreso del alma a Dios a través de esos intermediarios.

Entre los sufíes el equivalente del Logos es «la Idea de Mahoma», norma de la creación del universo. Quien aspira a conocer a Alá debe unirse con esa «Idea» que Alá ha proyectado a su propia imagen desde toda la eternidad para rescatar al hombre, pues «todo el objeto del sufismo... es proporcionar (al hombre) la fuga de esta prisión (el cuerpo)..., el retorno a la unidad originaria con el Uno» (citado por W. Gairdner, *El camino de un místico mahometano*, Leipzig, 1912, página 9 y siguientes).

El maniqueísmo (del persa Manes, 205-274 d. C.) lleva a su forma más extrema la dualidad del bien y el mal: el bien

(Ormuz) y el mal (Arimán) son igualmente poderosos. Del maniqueísmo adoptan los sufíes el término *siddiq* para designar a sus adeptos, y tal vez la idea de que el universo surge del conflicto de la luz y las tinieblas: «El ideal de la conducta humana consiste en librarse de la mancha de las tinieblas; y librarse la luz de las tinieblas significa que la luz tiene conciencia de ser luz» (citado por Nicholson).

Neoplatonismo

Proporciona a los sufíes ideas básicas para su doctrina de las emanaciones, la iluminación, el éxtasis y la unión, que pasan luego a la cábala y a la mística cristiana. Por esto vamos a dedicarle cierta extensión. Los sufíes lo reciben de varias fuentes, siendo la principal las obras de los filósofos árabes inspirados en la *Teología de Aristóteles* (tomada de las *Enéadas* de Plotino, libros IV-VI) y en el *Libro de las causas* de Proclo, discípulo de Plotino, que se atribuían a Aristóteles. La teoría de Plotino es el marco general de sufismo: la realidad es una jerarquía de seres, el primero de los cuales, el Uno (el Ser, el Bien) se revela como *Nus* (Entendimiento e Ideas), como sujeto y objeto, y en cuanto objeto, en los seres ideales que constituyen el mundo de lo eterno. De él emanan el alma universal y las almas particulares que informan la materia. Ésta es lo indeterminado, el no-ser. El alma cae en la materia en el ciclo de las encarnaciones y su destino es tornar al mundo ideal de las «emanaciones» divinas por la purificación, la iluminación y el éxtasis. Este sistema se asemeja mucho al gnosticismo. Pero hay una diferencia notable: el platonismo es un sistema dialéctico sin compromiso con ninguna ideología religiosa. Los gnósticos, por el contrario, conciben sus sistemas como interpretaciones alegóricas de sus respectivas creencias religiosas.

El primer filósofo musulmán de renombre, al-Kindi (m. 873), escribe *Sobre el entendimiento* inspirándose en el neoplatónico Alejandro de Afrodisia. Defiende la existencia de una *Inteligencia* distinta del alma humana y superior a ésta, a la que hace pasar de la mera capacidad de conocer al acto de conocimiento: es el «Entendimiento Agente» universal. El término es aristotélico, pero significa el *Nus* de Plotino. El filósofo y sufí al-Farabi de Bagdad (m. 950) enseña que el entendimiento universal infunde las *formas* divinas en la materia originando los seres naturales, y a la vez ilumina el entendimiento humano para que pueda conocer esas formas. El conocimiento engendra amor y el hombre se une al entendimiento universal (Inteligencia separada, Espíritu Santo, arcángel Gabriel). Pero éste no es Dios, sino que sobre él hay una serie de causas superiores, hasta llegar a Dios, que es inaccesible.

Avicena (980-1037) desarrolla más el concepto del entendimiento agente siguiendo el modelo de las emanaciones de Plotino: al conocerse Dios a sí mismo engendra la Inteligencia; ésta conoce a Dios y tal conocimiento produce la segunda Inteligencia, la cual al pensarse a sí misma origina el alma de la esfera celeste; conociéndose esta alma produce el mundo de la esfera celeste. El proceso continúa hasta la última Inteligencia separada (el entendimiento agente) situada en la esfera lunar. De esta Inteligencia emana el alma humana, que conoce las cosas al percibir las *formas* inteligibles que la Inteligencia irradia en la materia. Por la pureza de vida la unión del entendimiento humano con la Inteligencia puede llegar a ser íntima, dando origen al espíritu profético. Los filósofos judíos y cristianos medievales, por ejemplo, Abulafia y San Alberto Magno, adoptan esta doctrina sobre el entendimiento humano con el nombre de «intellectus sanctus» (entendimiento santificado). El zaragozano Avempace (m. 1138) defiende también la unión del alma con el entendimiento agente en la *Guía del solitario*, y en el *Filósofo autodidacta* del granadino Abentofail (hacia 1100-1185) adquiere un carácter místico, como veremos luego.

Finalmente, Averroes (1126-1198) mantiene la misma teoría, pero no admite la separación del entendimiento humano y el entendimiento agente, sino que aquél es el entendimiento agente individualizado en un alma, como la luz en un espejo. Otra fuente neoplatónica del sufismo son las obras del seudo-Dionisio traducidas al siríaco desde el siglo IX. Por lo que hace al sufismo español, tiene importancia particular el neoplatonismo gnóstico que los filósofos *batiníes* atribuían al pseudo-Empédocles, como se verá más adelante.

Sufismo y teología oficial

La influencia de las doctrinas descritas produjo entre los sufíes lo que se ha llamado «librepensamiento» teológico. Por lo común aceptan el Corán como código de verdad inalterable, pero lo interpretan a tenor de su sentido oculto *(istinbat)*, inaccesible al teólogo esclavo de la letra. A éste —«que nunca encuentra al Dios que busca»— exhorta el sufí J. Rumi: «Descubre el conocimiento del Profeta en tu propio corazón, sin libro, sin tutor».

Símbolo del sufí independiente frente a la doctrina oficial es Ibn Mansur al-Hallaj (858-922). Representa una de las dos tendencias principales del sufismo, conocida con el nombre de «La unicidad del Testimonio» (o de la Presencia): el único testimonio válido del Dios uno e inaccesible (según la fe coránica) es su presencia en el corazón del sufí por unión de amor, en que éste puede exclamar: «Yo soy Dios.» En esta doctrina neoplatónica los canonistas (y los políticos) vieron una blasfemia contra la Ley, pues para ellos el amor no es parte de la verdadera devoción: «A Dios hay que ofrecer la fórmula de la alabanza prescrita por la revelación, con amor o sin amor, poco importa; lo esencial es ofrecerla con fe» (L. Massignon). Al-Hallaj fue decapitado y antes y después de él otros sufíes siguieron la misma suerte o fueron perseguidos.

La divergencia del sufismo con la teología escolástica oficial llega al extremo en la otra corriente principal de la mística árabe, llamada de «La unicidad de la Existencia» (o del Ser): el mundo es reflejo de la Existencia divina, y el alma, una emanación de la Esencia increada en la que ha de aniquilarse *(fana)* para subsistir eternamente *(baga)*. A la luz de una doctrina tan amplia, uno de sus mejores representantes, Abi'l-Khair de Persia (967-1049), puede decir: «No aparecerá el verdadero musulmán hasta que la fe y la infidelidad sean una misma cosa.» Más adelante estudiaremos al gran teórico de esta escuela, Ibn Arabi de Murcia.

Una posición conciliadora entre el sufí y el teólogo la ocupa Algazel (al-Ghazali, 1059-1111), uno de los doctores más respetados del Islam. Hombre de profundo saber filosófico y teológico, a la vez que místico experimental, se propuso reconciliar el sufismo y la ortodoxia musulmana mostrando que el camino del sufí es el camino de la perfección mahometana. Las cuatro partes de su famosa obra *La restauración de las ciencias de la religión* tratan respectivamente de los principios de la religión, la conducta personal, los pecados y el camino de salvación (sufismo) con una competencia tal vez nunca superada en el Islam. Con ella alcanzó para el sufismo una consideración equiparable a la que gozaba la teología oficial; es decir, logró que la mística fuera aceptada como «ciencia religiosa» por las grandes mezquitas. Pero nunca han faltado teólogos que la han juzgado extraña al espíritu musulmán. Semejante posición se explica por la ambigüedad del sufismo en cuanto al método y todavía más en cuanto a la doctrina.

Método

Los *tarigás* o caminos del sufismo son «tan numerosos como las almas de los hombres», dicen los sufíes. No obstante, puede descubrirse en todos ellos una organización similar ya a partir de las prácticas ascéticas, o *etapas* (período purificativo): arrepentimiento, abstinencia, desprendimiento, pobreza, paciencia, confianza en Dios, satisfacción. Cuando el asceta se ha ejercitado en ellas está dispuesto para recibir los *estados (ahwal,* predominantemente iluminativos), si Dios así lo quiere: meditación, proximidad a Dios, amor, temor, esperanza, anhelo, intimidad con Dios, tranquilidad, contemplación, certeza. A los estados siguen los fenómenos característicos del período unitivo: *gnosis (ma'rifat), verdad (hagigat), aniquilamiento (fana)* y *unión (baga).* Ahora bien, el contenido doctrinal de esta estructura más o menos común a todos los sufíes es ambiguo y a veces diverso en puntos esenciales.

Doctrina

La doctrina acerca de la oración es diversa en los sufíes adictos al monoteísmo del Corán (los más antiguos y Algazel) y en los seguidores del neoplatonismo y gnosticismo. Los primeros dan a la meditación discursiva *(fikr)* un valor tan grande como al *dhikr* (repetición del nombre de Dios, acompañado de respiración rítmica y determinadas posturas corporales). Algazel enseña que los efectos del «*dhikr* de la lengua» y el «*dhikr* del corazón» dependen últimamente del favor divino, no de la virtud intrínseca de esa práctica. Los segundos, por el contrario, descuidan el primer tipo de oración y entienden el *dhikr* como una técnica de eficacia infalible para la revelación del «elemento divino» en el hombre, una especie de yoga.

Las ambigüedades y divergencias más marcadas se hallan en la esfera de la unión y dependen también de la mayor o menor proximidad al monoteísmo coránico y al monismo (y panteísmo) neoplatónico y gnóstico. Así, el *Kitab al-Luma*, manual de sufismo de venerable antigüedad, condena como cristiana la creencia de que en la unión las cualidades humanas «se convierten en cualidades de Dios,... pues Dios no desciende al corazón (del sufí), sino que lo que desciende al corazón es la fe en Dios y su Unidad y reverencia al pensar en Él». Aquí la diferencia entre Dios y el hombre queda bien a salvo. Mas en el siglo x, al-Hallaj enseña que «En aquella gloria (de la unión) no existe 'Yo' o 'Nosotros' o 'Tú'. 'Yo', 'Nosotros', 'Tú' y 'Él' son una misma cosa.» Esta frase puede ser interpretada en el sentido de una identificación no sustancial, sino «intencional», por amor, como en los místicos cristianos; pero muchos sufíes la han interpretado en el contexto de «la unicidad del ser», de la identidad *empírica* del Criador y la criatura. La ambigüedad sobre la unión se mantiene a lo largo del período más floreciente de la literatura sufí (siglos xii-xv), debido, en parte, a que sus mejores representantes son grandes poetas: al-Farid de El Cairo, «el príncipe de los amantes»; Ibn Ata Allah de Alejandría; al-Sha'rani de Egipto (y en cierta medida Ibn Abbad de Ronda); J. Rumi y Jami de Persia; Abd al-Karim Jili, etc. Un texto de Jami expresa adecuadamente la ideología que sirve de fondo común a la teoría de la unión de todos ellos: «La sustancia única, considerada como absoluta y desprovista de todo fenómeno, limitación y multiplicidad, eso es el Ser Real *(al-Haqq*, Dios). Pero vista en la multiplicidad y pluralidad en que se manifiesta cuando se viste con los fenómenos, es el conjunto del universo. Por tanto, el universo es la expresión visible del Ser Real y Éste es la realidad invisible del universo. Antes de su revelación exterior el universo era idéntico al Ser Real y después de esta revelación el Ser Real es idéntico al universo» (citado por Nicholson). Por lo que hace al hombre, es el ser más perfecto en el proceso de la emanación divina, parte esencial de la Inteligencia (entendimiento agente universal), el Profeta Mahoma (semejante al *Logos* de Filón, a la *Palabra* de San Juan), la Luz, el Hombre Perfecto, la Idea ejemplar de la creación. La vaguedad de este eclecticismo se resuelve en el monismo más explícito (plotinismo) en la teoría de la unión mística de Ibn Arabi de Murcia, «el mayor genio místico de los árabes» (R. Landau, *Islam and the Arabs*).

«La historia del pensamiento filosófico-teológico de la España musulmana es un trasunto fiel de la cultura islámica oriental, sin nexo alguno positivo y demostrado con las tradiciones indígenas» (M. Asín Palacios). Según el mismo autor, la ortodoxia de los primeros musulmanes españoles era tradicionalista e intransigente: «El Alcorán, la Palabra del Profeta y el no sé», pero las peregrinaciones a la Meca, los viajes a Oriente y la influencia de los literatos y juristas orientales que venían a España, trajeron las corrientes místicas cuyos caracteres acabamos de consignar.

De los primeros siglos de la dominación musulmana se conoce un elevado número de ascetas. Uno de ellos, Hanas, fue discípulo de los compañeros de Mahoma, entró en España con Muza y murió en Zaragoza. Llevaban la misma vida de los ascetas árabes de Oriente, con cierta influencia de los monasterios mozárabes andaluces, según Asín Palacios.

El primer asceta y místico musulmán de renombre es Ibn Masarra de Córdoba (883-931). En 912 aparece haciendo vida de ermitaño en las estribaciones de la Sierra de Córdoba, rodeado de discípulos. Su adhesión a la secta *mutazil* (opuesta al fatalismo coránico) le atrajo la enemistad oficial y huyó a Oriente donde se puso en contacto con filósofos y sufíes. Vuelto a Córdoba, gozó de gran veneración popular, pero continuó profesando su herejía en secreto. Se le atribuyen el *Libro de la explicación perspicua* y el *Libro de las letras*, que se han perdido. Lo poco que se conoce de su doctrina se encuentra en las obras de Ibn Arabi y en el *Fisal* del historiador Ibn Hazm de Córdoba (m. 1064). Según estas fuentes, la enseñanza de Ibn Masarra es «una amalgama de neoplatonismo gnóstico» inspirada en un Empédocles legendario y místico al que los filósofos *batiníes* (grupo de herejes árabes que interpretaban el Corán en forma alegórica y esotérica) hacían autor de una serie de obras. Ibn Arabi declara que Masarra enseñaba la doctrina de la intuición del Uno sin atributos en el estado místico más alto. Ibn Hazm le atribuye la tesis de que «el Trono de Dios es el ser que gobierna el cosmos. Dios es demasiado excelso para que se le pueda atribuir acción alguna *ad extra* (con relación a las criaturas)». Ibn Arabi interpreta este Trono como el universo que posee una realidad externa (en el tiempo) e interna (en la eternidad). La realidad externa está gobernada por *sostenes* externos (Adán y Mahoma) y la interna por *sostenes* internos (los ángeles Israfil y Gabriel).

Aparte esta influencia del sufismo oriental en Ibn Masarra, Asín Palacios sugiere el influjo del ascetismo cristiano, el maniqueísmo de Prisciliano (hereje español del siglo IV) y el neopitagorismo de Moderato de Gades (del siglo I). La escuela de Ibn Masarra se mantuvo por más de un siglo, debido, en primer lugar, al ambiente de tolerancia religiosa creado por el califa al-Hakem II, y cuando fue perseguida por Almanzor desde fines del siglo X, conservó su unidad en torno a un jefe religioso *(Imam)*. Finalmente, degeneró en el cisma de Isma'il de Pechina (pueblo de Almería) hacia «un anarquismo comunista y libertino... en la política, en la economía y en la moral» (M. Asín Palacios).

Con el advenimiento de los reinos de taifas, a la muerte de Almanzor, se inaugura una larga época de florecimiento científico y tolerancia religiosa. En esta atmósfera surgen varias escuelas místicas de gran pujanza, entre ellas encontramos las de Sevilla, Córdoba y sobre todo la de Almería, que se convierte en centro del sufismo español a partir de la segunda mitad del siglo XI.

La figura central del sufismo de Almería es Abu-l-Abbas Ibn al-Arif (m. 1141), deudor de las ideas de Ibn Masarra y autor del *Mahasin al-Mayalis*, el libro de las *moradas* del camino místico. Contiene el método ascético místico corriente del sufismo con la novedad de una expresión alegórica. He aquí algunas de sus ideas principales: en la *gnosis* o intuición el místico percibe su identidad con Dios, de forma que sus pensamientos y sentimientos son divinos; a Dios no se puede llegar por lo que no es Dios; sólo el amor llevado hasta el anonadamiento del alma es medio apropiado para la unión. La renuncia a los favores, gracias y carismas místicos preludian a Ibn Abbad de Ronda, de la escuela *sadilí*, que comentaremos más adelante. La influencia de al-Arif sobre Ibn Arabi pudo ser notable, a juzgar por párrafos como el siguiente: «La realidad esotérica intuida en la contemplación es ésta: que el siervo subsiste con la subsistencia que Dios le otorga, y le ama con el amor que Él le tiene, y le mira con la mirada que Él le dirige, sin que al siervo le quede, de sí mismo, cosa alguna que retener como suya» (citado por Asín Palacios).

Discípulos importantes de al-Arif fueron Abu Kar el mallorquín, Ibn Barayán de Sevilla e Ibn Qasi, que organizó la escuela en forma de milicia, se proclamó *Imam* y luchó por diez años contra los almorávides y almohades en el Algarbe (sur de Portugal). Semejante actitud fue consecuencia, por un lado, de las medidas represivas tomadas por los sultanes temerosos del poder político de los sufíes y, por otro, de la tradición de guerra santa y de la disciplina del *ribat* (vida de ascetismo y entrenamiento militar de origen oriental) de los sufíes (Lévi-Provençal).

Por la misma época escribe Ibn-Tufayl o Abentofail de Guadix (1105-1185) su novela filosófico-mística *Hayy bin-Yagzan (El filósofo autodidacta)*. Aparte el doble relato del nacimiento de Hayy (por intervención de los elementos y como hijo de una princesa) y su descubrimiento de las verdades naturales sin ayuda de maestro (con numerosos precedentes en la literatura griega, persa y árabe), el misticismo de Abentofail está en la línea clásica del neoplatonismo árabe. La naturaleza humana consta de cuerpo material, que la asemeja a los brutos, de espíritu animal, que la asemeja a los cuerpos celestes, y de esencia inmaterial (alma racional), que la asemeja a Dios. Para realizar perfectamente su naturaleza, el hombre debe llevar a cabo tres «asimilaciones»: imitación de las acciones de los animales, imitación de las acciones de los cuerpos celestes y unión con Dios. Las dos primeras se ordenan a la tercera. La primera asimilación se logra por medio de un riguroso ascetismo: no hay que darle al cuerpo más que lo estrictamente necesario para la subsistencia. Respecto de la segunda, puesto que los cuerpos celestes son puros y se mueven en revoluciones circulares, el hombre debe conservar su cuerpo puro y entregarse de vez en cuando a una suerte de danza circular. Los cuerpos celestes son fuente de luz y calor y tienden constantemente hacia Dios; así el hombre ha de ser benévolo con todos los seres, animados e inanimados, y ha de tratar de obtener la visión de Dios. La tercera asimilación consiste en imitar los atributos de Dios, lo cual se logra negando todo lo que no es Dios (incluido el propio yo) y concentrando el pensamiento en la visión de Dios. Conocer a Dios es poseerlo y hacerse uno con Él, puesto que no existe multiplicidad en la Esencia Divina. Hayy solía pasar muchos días con sus noches absorto en la contemplación. Los cielos, la tierra, cuanto existe entre ellos, las formas espirituales y su propio ser desaparecían del todo, quedando sólo el Uno, Verdadero y Subsistente. En tal estado veía una belleza superior a cuanto el ojo del hombre puede ver, el oído escuchar, sentir el corazón y percibir la mente. Al salir de semejante estado de intoxicación Hayy pensaba que su esencia era la esencia de Dios y que sólo existía la Esencia Divina. Para explicar la aparente multiplicidad de los seres se servía de la analogía del sol y su luz: así como la luz solar se multiplica según la multiplicidad de los cuerpos que ilumina, aunque sea una luz, así la Esencia del Uno se multiplica en la diversidad de las criaturas *(Hayy bin-Yagzan*, transcripción de S. Oakley, págs. 87, 142).

Ibn Arabi

Abu Bakr Muhammad Ibn al-'Arabi, conocido con los sobrenombres de «Vivificador de la religión», «Doctor máximo» e «Hijo de Platón», nació en Murcia el 18 de julio de 1165 d. C., en el seno de una familia noble y acomodada descendiente de la tribu Tayy. A los ocho años se encontraba en Lisboa, donde estudió el Corán y los principios de la ley islámica. Pocos años después pasa a Sevilla, capital del imperio almohade desde 1170. Allí contrajo matrimonio con una joven que compartía su inclinación al misticismo y tuvo una de sus primeras experiencias del «mundo de lo real» *('alam al-mithal):* durante una grave enfermedad se vio asediado por una turba de figuras diabólicas hasta que un ser maravilloso las ahuyentó. «¿Quién eres?», le preguntó Ibn Arabi. «Soy el Sura Yasin». En aquel momento su padre estaba recitando ese Sura (el capítulo treinta y seis del Corán) destinado a los agonizantes. Parece que la influencia principal de su juventud la ejercieron dos mujeres sufíes, Yasmina de Marchena y todavía más Fátima de Córdoba. Hacia los veinte años su iniciación en los caminos del sufismo ya estaba muy adelantada, como se desprende de su conversación con Averroes, contada por el propio Ibn Arabi. Al final de ella exclamó el gran filósofo: «Yo había dicho que una cosa como ésta (la experiencia mística) era posible, pero nunca conocí a ninguna persona que la hubiera tenido. Alabado sea Dios que me ha permitido vivir en un tiempo favorecido por uno de los maestros de esta experiencia.»

Entre 1193 y 1200 recorrió diferentes lugares de Andalucía y África del Norte visitando sufíes, instruyéndose, discutiendo y experimentando fenómenos extraordinarios. Un día se le acerca en Sevilla un joven desconocido recitando un poema que él había compuesto varios meses antes y que no había puesto por escrito ni comunicado a nadie. Al preguntarle por el autor, el joven responde: «Muhammad Ibn Arabi».

Por este tiempo se puso en contacto con la escuela sufí de Almería, escribió un comentario a la *Remoción de las sandalias*, de Ibn Qasi, y gozó de la amistad de los miembros de la escuela. Aparte de esto, en su obra hay frecuentes referencias a la doctrina de Ibn Masarra, precursor de la escuela almeriense, como Asín Palacios ha mostrado. Pero los críticos actuales no creen que la obra de Ibn Arabi recibiera su influjo principal de esa escuela, sino del sufismo oriental.

En 1200 tuvo una visión del Trono de Dios sostenido por innumerables columnas de fuego. En torno a él volaba un pájaro de belleza incomparable (el Espíritu Santo, el Ángel Gabriel) que le ordenó partir al Oriente ofreciéndosele como guía y compañero de viaje. En La Meca, donde residió y enseñó por algún tiempo, recibió la hospitalidad de un sufí cuya hija, Nizam, fue para él fuente de inspiración comparable a Beatriz para Dante: la manifestación terrena de la Sabiduría Eterna, la encarnación del amor y la belleza divina. «Cada vez que menciono su nombre en este libro (dice Ibn Arabi en el comentario a su colección de poemas *Tarjumán)* aludo a ella, y cada vez que suspiro por una morada me refiero a su morada.» La fama de su santidad y sabiduría se extendió por todas partes. En sus viajes por Siria, Iraq y Asia Menor los príncipes trataron de atraérselo a la corte. Dondequiera que iba era colmado de honores y riquezas, que distribuía a los pobres. Finalmente, accedió a la invitación del soberano de Damasco, su discípulo, donde permaneció desde 1223 hasta su muerte, acaecida el 16 de noviembre de 1240, rodeado de su familia, amigos y discípulos. Fue enterrado al norte de Damasco, en el barrio de Salihiya, al pie del monte Qasiyun, donde se guardan sus restos con los de sus dos hijos. Desde el primer momento su tumba se convirtió en centro de peregrinación, y en el siglo XVI el Sultán de Constantinopla Salim II construyó sobre ella un mausoleo. La mayor parte de sus obras las escribió en La Meca y en Damasco. Se le atribuyen unas cuatrocientas (teología, mística, biografía, filosofía, comentarios al Corán y poesía). Las más importantes son *Fusus al-Hukam (Perlas de la sabiduría de los profetas)* y *al-Futuhat al-Makkiya (Revelaciones de La Meca)*, que pasamos a comentar.

Doctrina

Al título de «Vivificador de la religión» *(Muhvi'd-Din)* que aplican a Ibn Arabi sus discípulos, oponen algunos doctores de la ley islámica el de «Destructor de la religión» *(Mahi'd-Din)*. Ambos calificativos tienen sentido: el primero porque Ibn Arabi supo dar al sufismo su expresión más profunda y coherente; el segundo porque su doctrina orienta, la corriente principal del sufismo posterior al margen de la teología oficial. Señalemos los temas centrales de esa doctrina comenzando por su catolicidad:

> Mi corazón es capaz de todas las formas: un claustro para el monje, un templo para ídolos, un prado para gacelas, la Kaba del peregrino, las tablas de la Tora, el Corán. La fe que yo profeso es el amor: adondequiera que tornen sus camellos (los del amor) mi fe es la verdadera. *(Tarjumán)*.

Esta simpatía universal muestra que Ibn Arabi había asimilado toda clase de fuentes en una síntesis superior donde se reconcilian el cristianismo, el judaísmo, Ibn Masarra y la escuela de Almería, las sectas musulmanas, el gnosticismo y neoplatonismo. En todos estos sistemas Ibn Arabi vio otras tantas soluciones parciales a los problemas y aparentes contradicciones del Corán: perfección de Dios e imperfección del mundo, omnipotencia divina y libertad humana, el bien y el mal, salvación y condenación, etc. Pues bien, Ibn Arabi se encomienda la tarea de resolver las dificultades del Corán interpretándolo a la luz de su intuición mística fundamental: la identidad entre Dios y el universo. Esa interpretación constituye precisamente su teoría mística.

Dios-Universo

El «ojo interior» del corazón del sufí ve al Dios de todas las religiones, «que es todas las cosas». A partir de esta intuición, Ibn Arabi interpreta la creación de que habla el Corán en el sentido de manifestación de Dios. La naturaleza o esencia de Dios consta de *Nombres Divinos* y *Atributos Divinos*. Aquéllos son los modelos según los cuales se manifiesta la divinidad, y los atributos son las manifestaciones divinas, el universo. Los Nombres están contenidos en el Logos, concepto al que Ibn Arabi dedica especial atención, es la Realidad de las realidades, el Espíritu de Mahoma, que reúne en sí a todos los profetas (espíritus secundarios) y que ha venido manifestándose antes de que el Mahoma histórico hubiera nacido y Adán es el lazo de unión entre la esencia inasequible de Dios y su expresión en el mundo. Todos estos significados del Logos quedan resumidos en el *Hombre Perfecto* o Conciencia divina, en que Dios se conoce a sí mismo saliendo de su misterio y revelándose en las cosas. El Hombre Perfecto es para Dios «lo que la pupila para el ojo... y a través de él Dios ve a sus criaturas» *(Fusus)*, es decir, ve sus propios atributos. ¿Qué es lo que mueve a Dios a manifestarse en sus criaturas? El amor. Dios las ama porque la belleza «informe» de la esencia divina toma forma en ellas, y la belleza engendra amor. Recíprocamente, las criaturas aman a Dios en tanto que son amadas por Él: «Juro por el Amor que el Amor es la causa de todo amor» *(Fusus)*. El amor ama al amor, es la consecuencia obligada de la identidad de Dios y las criaturas. Dios ama en las criaturas lo que ha puesto en ellas (a sí mismo), y por esto le aman las criaturas, excepto cuando desconocen su relación con Él, que es el caso del hombre.

El hombre

Consta de espíritu, alma y cuerpo. El espíritu es la parte racional del alma, la cual tiene además las partes vegetativa y animal, que pertenecen al cuerpo. Alma y cuerpo son aspectos de la divinidad: el alma el interno y el cuerpo el externo. Por su unión con el cuerpo el alma *olvida* su identidad con Dios. El alma es luz *(al nur)*, un modo de la Razón Universal, del Logos. Tiene su asiento en el corazón *(galb*, órgano espiritual de la aprehensión directa de Dios). El corazón del no místico permanece *velado* por las impresiones sensoriales, las imágenes e ideas particulares, y así el alma está expuesta a percibir las cosas y a sí misma aparte de Dios. Sólo el corazón purificado del místico puede contemplar directamente a Dios sin el intermedio de los sentidos y el entendimiento, en la unidad de su esencia y atributos.

En esa unidad, ¿cómo se compadecen la distinción entre el bien y el mal y la omnipotencia de Dios con la libertad humana? Dios es el autor del mal, entendido éste como ausencia de realidad, en el sentido en que la oscuridad es ausencia de luz. Pues la imperfección es condición de la perfección del universo, por ejemplo: la oscuridad lo es de la sucesión de los días y las noches. En cuanto al mal moral, al pecado (*ma'sivah*), no puede consistir en la transgresión de la voluntad divina porque todas las acciones humanas derivan de Dios. Por eso Ibn Arabi define el bien y el mal moral con respecto a la realidad (verdad, amor, bondad) de los actos humanos, a su grado de identidad con la actividad divina. Y puesto que el hombre es responsable de esta identidad, habla Ibn Arabi de un Dios que es guía *(Al-Hadi)* para el hombre que se esfuerza en seguir el camino de la verdad y del amor; de un Dios misericordioso *(Al-Rahim)* para quien se arrepiente de su extravío. Estas ideas descansan en la doctrina de la libertad humana frente a la omnipotencia divina, uno de los puntos más difíciles del sistema de Ibn Arabi.

La voluntad de la mayoría de los hombres es deseo de objetos materiales y está determinada por ellos. La del místico, en cambio, es un poder espiritual orientado hacia Dios. Objetivamente no es libre porque sigue las leyes de la naturaleza que proceden de Dios. El místico puede elegir, pero dentro de esas leyes. Mas, de hecho, actúa como si sus actos no estuvieran predeterminados y esto basta para que se estime libre y decida vivir según Dios o aparte de Él. En conexión con la doctrina sobre el bien, el mal y la libertad está la relativa al cielo y al infierno. Para Ibn Arabi tienen éstos un significado sustancialmente distinto de nuestra idea tradicional, a pesar de las descripciones plásticas y minuciosas que nos presenta de la geografía de ambos (y que tanto influyeron, según Asín Palacios, en la concepción de la obra magna de Dante, la *Divina Comedia.)*

Cielo e infierno son símbolos de estados de conciencia: *Jahannam* (infierno) significa conciencia de estar apartado de Dios por el olvido de la unidad esencial entre Dios y el hombre; *Jannah* (cielo) designa la conciencia de la unidad con Dios y el goce consiguiente. Pero más tarde o más temprano todos los hombres adquieren conocimiento de esa identidad, todos van al cielo.

Unión mística

Dada la identidad esencial del hombre con Dios, la unión mística no puede significar para Ibn Arabi el encuentro del hombre con Dios, como si hubieran estado separados, sino la realización plena de su unidad esencial. Ni el hombre se transforma en Dios ni Dios en el hombre, puesto que son uno. La unión mística consiste en el despertar del hombre al hecho de la unidad, por intuición, como había enseñado Plotino: «El alma, de pronto, ve al Uno en sí mismo, pues nada hay que los separe, ni son ya dos, sino uno» *(Enéadas* VI, 7). Ibn Arabi rechaza el concepto de unión como «pérdida del yo», aniquilamiento *(fana)* en Dios, pues esto implica pérdida de la conciencia, un sueño. Propiamente *fana* es toma de conciencia de que uno no es *fenómeno.* A este hecho psicológico da Ibn Arabi una explicación filosófica: «La desaparición de una forma es su *fana* en el instante de la manifestación de Dios en otra forma» *(Fusus).* Este lenguaje se relaciona con la doctrina del seudo-Empédocles, según la cual el universo está en proceso constante de destrucción y recreación. Asimilando el universo a las formas (atributos) de Dios, Ibn Arabi sostiene que cada creación es el comienzo de la manifestación de unas formas y la ocultación de otras.

Semejante ocultación *(ikhtifa)* es el *fana* (aniquilación) de las formas en la esencia divina; y su *baga* (perpetuación) es su manifestación en otras formas. El místico intuye la aniquilación y aparición de las formas (atributos divinos, fenómenos) en el «instante» que las separa y que pertenece a la eternidad de la esencia divina.

Ibn Arabi distingue siete grados en la unión mística: 1.º) aniquilación del pecado de atribuirnos lo bueno de las acciones en lugar de atribuírselo a Dios; 2.º) aniquilación de todas las acciones reconociendo que Dios es el verdadero agente; 3.º) aniquilación de los atributos reconociendo que pertenecen a Dios: «Dios se contempla a sí mismo en ti a través de tus propios ojos... Tal es el sentido del aniquilamiento de los atributos» *(Fusus)* ; 4.º) aniquilación de la propia personalidad dándose cuenta de la inconsistencia del ser fenoménico y de la permanencia *(baga)* de la esencia divina; 5.º) aniquilación de todo el mundo reconociendo la realidad (divina) que se encuentra en los fenómenos; 6.º) aniquilación de cuanto no sea

Dios, incluido el acto de aniquilarse *(fana'al-fana)*. Aquí el místico deja de reconocerse como contemplador y Dios se hace el contemplador y objeto de la contemplación; 7.º) aniquilación de todos los atributos divinos, de forma que el universo se ofrece como la «Realidad en apariencia» *(Haqq fi Ẕuhur)*. Es el grado de máxima unión, término de la experiencia mística.

En conclusión: «Cuando el misterio te sea revelado comprenderás que no eres otro que Dios y que has existido y continuarás existiendo... Verás que todas tus acciones son sus acciones y tus atributos sus atributos y tu esencia su esencia, aunque Él no se transforme en ti ni tú en Él» *(Kitab al-Ajwiba)*. El legado principal de Ibn Arabi lo recibe el Oriente, dando lugar a la corriente más importante de la mística musulmana posterior, en el sentido indicado más arriba.

Señalemos, finalmente, algunos sufíes nacidos en Al-Andalus, que contribuyeron al desarrollo de la escuela *sadilí*. Ésta representa una prolongación del sufismo español (especialmente de la escuela de Almería) en los derviches (monjes contemplativos) y otros grupos de espirituales del norte de África. Los más notables son Abu-Madyan de Sevilla (m. 1193), a quien se considera a veces cofundador de la escuela junto con Abu-l-Hasan al-Sadili (m. 1258); Ibn-al-Abbas de Murcia (m. 1283), y sobre todo Ibn Abbad de Ronda (1332-1394), predicador de la mezquita mayor de Fez, director de conciencias, poeta y místico experimental. Por su correspondencia epistolar como director de almas, Asín Palacios considera a Ibn Abbad precursor de Juan de Ávila. Su obra más importante es el *Comentario a las «Sentencias» de Ibn Ata Hallaj de Alejandría*, otro miembro de la escuela *sadilí* (m. 1309). Se trata de un manual de ascética y mística que da gran relieve a la doctrina de la renuncia a los carismas místicos, característica de la escuela: para alcanzar la unión con Dios hay que renunciar a todo lo que no es Dios, pues Dios no es nada de lo que el hombre puede sentir, imaginar, pensar o querer, ya que trasciende el orden de la naturaleza y del hombre. De aquí la necesidad de la purificación, que Ibn Abbad expresa con los términos de vacío, desnudez, libertad de las criaturas y abandono en Dios. La renuncia es don de Dios, el cual infunde alternativamente en el contemplativo estados de anchura *(bast)* y de apretura *(gabd)* de espíritu. El primero es un estado de consuelo, favores y carismas que aficionan el alma a lo espiritual y la sostienen en las dificultades. Cuando el alma comienza a apegarse al gusto espiritual, Dios le envía la apretura, la desazón de espíritu, hasta que se siente abandonada. El fin de este proceso es la unión en que consuelo y padecimiento son indiferentes al alma. Ibn Abbad concede más valor a la desolación que a los consuelos. El simbolismo correspondiente a estos estados es el de *noche* y *día*. A juicio de Asín Palacios, tanto el significado como el simbolismo de la doctrina *sadilí* es antecedente de la mística de San Juan de la Cruz. Otros arabistas oponen reparos a esta opinión. Por ejemplo, L. Gardet advierte que en Ibn Abbad la imagen noche-día designa un «par» de estados espirituales tomados en «oposición correlativa» *(mugabal)*, el «encogimiento» y la «dilatación» del corazón, que se engendran mutuamente, y no la purificación del alma.

BIBLIOGRAFÍA

NICHOLSON, R. A., «An historical Inquiry concerning the Origin and Development of Sufism», en *Journal of the Royal Society*, Londres, 1906.
— *The Mystics of Islam*, Londres, 1963.
MASSIGNON, L., *Essai sur les origines du lexique technique de la mystique musulmane*, París, 1922.
— *Al-Hallaj, martyr mystique de l'Islam*, 2.ª ed., París, 1922.
ANAWATI, G. C.; GARDET, L., *Mystique musulmane*, París, 1968.
FAYE, E. de, *Gnostiques et gnosticisme*, París, 1913.
LÉVI-PROVENÇAL, E., *L'Espagne musulmane au X siècle*, París, 1932.
ASÍN PALACIOS, M., *El Islam cristianizado*, Madrid, 1931.
— *La escatología musulmana en la «Divina Comedia»*, 2.ª ed., Madrid, 1943.
— «Ibn Masarra y su escuela: orígenes de la filosofía hispanomusulmana», en *Obras escogidas*, 3 vols., t. I, Madrid, 1946, págs. 1-216.
— «El místico Abu'l-Abbas Ibn al-Arif de Almería», en *Obras escogidas*, t. I, págs. 217-242.
AFFIFI, A. E., *The Mystical Philosophy of Muhyid Din-Ibnul Arabi*, Cambridge Univ. Press, 1939.
SWEETMAN, J. W., *Islam and Christian Theology*, Londres, 1950.
CORBIN, H., *L'Imagination créatrice dans le soufisme d'Ibn'Arabi*, París, 1958; *Hayy bin Yagzan*, transl. S. Oakley, Londres, 1907.

II Mística judía

La mística judía española es la expresión clásica, la Edad de Oro de la *Cábala*. Se desarrolla desde comienzos del siglo XIII hasta fines del XV, y a partir de entonces se prolonga en la escuela de Safed al norte de Galilea. Como todo clasicismo, supone unos antecedentes. Éstos son múltiples y de importancia desigual: Biblia, Talmud (interpretación rabínica de la tradición judía, siglos II-VI d. C.), sectas de los Esenios de Palestina y de los Terapeutas de Alejandría, gnosticismo, neoplatonismo, etcétera. Quedan resumidos en los siguientes títulos.

Merkaba: concepción mística del siglo IV o V de la era cristiana, contenida en el *Libro de Hekhaloth (Palacios celestes)*. Tiene por objeto la contemplación de los elementos de la creación representados en el símbolo del carro y el trono de la visión del profeta Ezequiel. Se sirve de la gnosis. He aquí algunas de las ideas que toma de la *Pistis Sophia:* el hombre es un microcosmos; su espíritu (entendimiento agente), una forma divina, que, al separarse del cuerpo, en la muerte, retorna a su origen. El retorno es la idea central. Significa la «redención» del alma y se lleva a cabo en la ascensión de ésta «a través de las esferas de ángeles planetarios y demiurgos» a la plenitud *(pléroma)* de la divinidad con sus *poderes, eones* y *arcontes* (fuerzas divinas y cosmológicas). Según los místicos de la *Merkaba* el alma puede elevarse hasta el séptimo cielo (Palacio celeste) antes de la muerte, en el éxtasis. Para esto se requieren prácticas ascéticas, como el ayuno y la recitación de los himnos tradicionales. Es una experiencia sólo para iniciados, los cuales eran admitidos siguiendo las reglas de la fisiognomía (conocimiento del carácter por los rasgos faciales) y la quiromancia (adivinación por las rayas de las manos). Sin duda en la *Merkaba* hay un elemento mesiánico. El místico busca en ella la visión consoladora que le redima de las presecuciones a que el pueblo judío se veía sometido desde comienzos del cristianismo.

Shiur Koma (Medida del cuerpo de Dios): descripción antropomórfica e hiperbólica del Criador, de la época de la *Merkaba* y relacionada con ella. Se dice, por ejemplo, que la altura de sus talones es de noventa millones de millas. En realidad, no se trata de las medidas de Dios, que está «escondido», sino de nombres misteriosos que sirven para representar la insignificancia del hombre delante de su Criador (Judá Haleví, *Cuzari*, IV, 3).

Aggada (Leyenda): mística de la época talmúdica inspirada en la mitología judía popular. Presenta una interpretación del universo valiéndose de los héroes bíblicos, cuyas acciones están dirigidas por fuerzas superiores misteriosas.

Halakha: interpretación de la *Tora (Ley,* el *Pentateuco)* como factor determinante en el dinamismo del universo. Estos temas son el germen de la *Cábala* anterior a la española, que pasamos a caracterizar.

Cábala (Kabala, Tradición)

Según las *Pirke Abath (Sentencias de los Padres)* es la ley oral dada por Dios a Moisés en el monte Sinaí y transmitida a Josué, los profetas y sabios antiguos. Para el cabalista la revelación escrita de la Tora no está del todo explícita, pues la interpretación cabalística la complementa. Esto explica que aun cuando la Cábala pretende mantenerse dentro de los textos canónicos, a veces los traspasa, pero conservando siempre la creencia en la unidad de Dios. En general, no existe oposición entre ambos. El cabalista adora al «Dios escondido» de la Biblia y es muy sobrio en confidencias, actitud que ha creído verse incluso en San Pablo: «Fue arrebatado al paraíso y oyó palabras que al hombre no le es lícito pronunciar» (II Cor. 12, 1-4). No hay en la cábala autobiografías místicas, por lo cual se desconocen los autores de importantes obras, y de los conocidos apenas existen datos casuales. Tampoco hay representantes femeninos. En opinión de Scholem este hecho se relaciona con la tendencia «a resaltar el lado demoníaco de la mujer», pues «lo demoníaco, según los cabalistas, es producto de la esfera femenina», como veremos al tratar del *Zohar*. A diferencia de otras místicas, guarda reserva en lo tocante a la unión, pero ésta se da. Más bien tiende a expresar el transporte intuitivo y sabroso (vista y gusto) del «Trono celestial» en dos sentidos: uno principalmente gnóstico, intelectualista, y otro devocional, más práctico. Se funda en textos bíblicos como éste: «Gustad y ved cuán bueno es Yhavé» (Sal. XXXIV, 9). Cuando sucumbe a la tentación de conceder a la gnosis, a la agudeza intelectual, la realización de la experiencia mística, bordea la magia. Esto se advierte ya en una de las primeras obras cabalísticas, de autor desconocido y de gran influencia en la cábala española, el *Séfer Yetsirá (Libro de la creación)*. Como en los sistemas gnósticos, en esta obra la vida religiosa y mística está vinculada a la concepción de la estructura del universo, a la comprensión de sus secretos, es decir, a una cosmogonía (formación del universo) y a una cosmología (conocimiento de las leyes del universo). Para el *Yetsirá* el universo es manifestación de Dios «vivo» y «escondido». Bajo las apariencias sensibles del mundo subyace «un todo divino», la esfera de los diez *Sefiroth*, que son los atributos o diferentes aspectos del poder del «Dios escondido» *(En-Sof)* y que actúan por medio del alfabeto hebreo, instrumento divino. Los *Sefiroth* y las veintidós letras del alfabeto constituyen los «treinta y dos caminos secretos de la sabiduría» que ha creado el mundo. Las veintidós letras se organizan en tres letras *madres (imoth), aleph, mem, chin*, en siete signos dobles (de pronunciación doble) y en doce signos simples. Las tres madres corresponden a los tres elementos superiores (hijos): «El aire, que es el elemento central del que brota hacia lo alto el fuego, elemento del mundo celeste, y hacia lo bajo el elemento del mundo material.» Los siete signos dobles corresponden a los siete planetas y los doce signos simples a los doce signos del Zodíaco. La misma división se aplica al tiempo, al espacio, al macrocosmos y al hombre (microcosmos). El mecanismo de la combinación de las letras consta de *notarikón* (acróstico, o reunión de letras iniciales o finales de varias palabras para formar una), *gematría* (valor numérico de las palabras) y *temurá* (permutación). Ejemplo de *gematría:* el aceite usado para los candelabros se llama *catith*, palabra compuesta de las letras *tav* y *yod, caf* y *tav;* las dos primeras valen 410 y las dos últimas 420. Indican el número de años que el Candelabro ha iluminado el primero y segundo Templo. Los gnósticos cristianos usaban simbolismos de esta clase, por ejemplo, *alfa* y *omega* en relación a Cristo en cuanto es Dios, principio y fin de todas las cosas. Una reminiscencia se encuentra en la liturgia católica del cirio pascual.

En vista de estos ejemplos, puede decirse que la *Cábala* es un «cuerpo simbólico» de lo divino, del «Dios escondido». Si la creación entera y especialmente los actos religiosos de la Tora y la tradición son reflejo de la divinidad, no debe extrañar demasiado la terminología a veces extravagante que emplea para sugerir la presencia de Dios en el hombre y en el mundo.

Cábala devocional: originaria de los judíos de Babilonia a fines del período talmúdico (siglo VI), da preferencia al lado práctico de la mística, la contemplación, la pureza de vida, el ascetismo. En el siglo XII y parte del XIII adquiere importancia extraordinaria en Alemania y en el norte de Francia, a consecuencia de las persecuciones suscitadas contra los judíos por las Cruzadas. Es el *hasidismo* (de *hasid*, devoto), precedente de la mística de Safed a raíz de la expulsión de los judíos españoles en 1492, y del hasidismo centroeuropeo actual. Toma el nombre de Samuel ha Hasid (el devoto) y de su hijo Jehuda ha Hasid de Ratisbona, a quien se ha comparado con su contemporáneo San Francisco de Asís.

Otras figuras notables son Eleazar de Worms y Abraham de Colonia. Su mística aspira a la profecía, al éxtasis y al milagro, como las «ascensiones al cielo», que culminan en la contemplación de la gloria divina *(Kabod)* representada en el querubín sentado en el trono de la *Merkaba*. A la vez funciona como una especie de contrarréplica mágica a la opresión social, claro precedente del activo espíritu mesiánico de la cábala española y posterior. El *golem* (homúnculo mágico) era el símbolo del cabalista absorto en la combinación de las letras como instrumento infalible de poder. A este efecto contaban las palabras de sus oraciones, bendiciones e himnos según la *gematría* mencionada más arriba. Este punto se lo apropia el español Abulafia.

Cábala española

La cábala española reúne las corrientes cabalísticas mencionadas, más el libro *Bahir (Esplendor*, la obra más antigua del cabalismo teosófico, originario de Oriente), editado en el siglo XII, en Provenza, y el neoplatonismo árabe y judío medieval. Éste transforma profundamente la cábala antigua, de ahí el carácter intelectualista de la cábala española, que reviste dos formas principales: cábala profética, representada por Abulafia, y cábala teosófica (o gnóstica) representada por Moisés de León. Se desarrolla en torno a la escuela de Gerona (1230-1260, aproximadamente) y a la escuela de Castilla (segunda mitad del siglo XIII hasta el éxodo de 1492). Es la época dorada de la cultura hebraicoespañola al amparo de los brillantes reinos de Taifas. Figuras principales de la escuela gerundense son Azriel, Ezra ben Salomón, Moisés ben Nohmán, José Chicatella y, sobre todo, Isaac «el ciego», llamado «el padre de la Cábala». Este grupo constituye el arsenal de materia cabalística que surte las obras de Abulafia y de los autores castellanos, como los hermanos Isaac y Jacob de Soria, Todros ben José Abulafia de Toledo, Moisés ben Simón de Burgos y, en particular, Moisés de León, el más importante de todos. Antes de pasar a sus obras será conveniente dar una idea del neoplatonismo judío español.

Los filósofos judíos que más influyeron en la cábala toman lo esencial de su doctrina del neoplatonismo árabe. Éste sirve de base a la interpretación religiosa, con cierto descuido de la tradición y de la autoridad rabínica.

Ibn Gabirol (Avicebrón) de Málaga (hacia 1021-1058) en *La fuente de la vida* presenta una cosmología neoplatónica inspirada en las *Epístolas de los hermanos de la pureza* de su contemporáneo neoplatónico árabe Al-Karmani: existe una materia universal (elemento determinable) y «pluralidad de formas» (elementos determinantes) procedentes de Dios. Las formas se contienen unas a otras según su generalidad, por lo cual los seres están también contenidos unos en otros según la mayor o menor generalidad de las formas que los determinan. Entre Dios y los seres se encuentra la Voluntad, que aplica las formas a la materia. El concepto de Voluntad encierra «un gran misterio», dice Gabirol. Los cristianos y judíos ortodoxos la identifican con Dios, viendo en ella el punto en que la teoría de Gabirol se aparta de la emanación de Plotino para afirmar la doctrina bíblica de la creación. Otros la consideran como sustancia emanada de Dios, especie de *demiurgo*.

Un punto de vista similar al de Gabirol se encuentra en otros autores judíos de la misma época: Ibn Zadic, Ibn Pakuda, Ibn Daud, Isaac ben Abraham ibn Latif (en árabe Al-Latif), autor de *La forma del mundo*, y Moisés ben Ezra. Este último, al tratar de la unidad de Dios, de sus atributos y del entendimiento humano, busca inspiración en Hermes (al que identifica con Enoc), Pitágoras, Platón, Aristóteles y Alfarabi.

El toledano Judá Haleví (nacido hacia 1080) representa la reacción teológica y nacionalista en contra del racionalismo árabe dominante. Su *Cuzari* afirma enérgicamente el Dios de los Padres en contra del Dios de los filósofos. En esto sigue el ejemplo de su contemporáneo Algazel entre los árabes y al proclamar la profecía como la forma más alta de conocimiento está reafirmando la doctrina de Avicena.

El gran cordobés Maimónides (1135-1204) desarrolla una física y una religión contemplativa, mística, en la que se advierte el influjo de su compatriota y contemporáneo Averroes. Éste sostiene que el sentido profundo del Corán no es para el vulgo, y Maimónides, en la *Guía de los perplejos*, defiende el sentido esotérico de la Tora. También coinciden en lo tocante a la relación del entendimiento humano con el entendimiento agente universal, pero Maimónides resalta más el aspecto unitivo: el fin del hombre es la unión con Dios, la cual se obtiene por la «comunión» del entendimiento humano con el entendimiento agente y, por medio de éste, con Dios. Se realiza en el fenómeno profético, ejemplificado, sobre todo, en Moisés.

Abulafia

Abraham ben Abulafia, el exponente máximo de la cábala profética española, nació en Zaragoza en 1240 y pasó su primera juventud en Tudela (Navarra), donde recibió instrucción bíblica y talmúdica de su padre. Al morir éste contaba Abulafia dieciocho años, y dos más tarde emprendió viaje a Palestina, Grecia e Italia, para retornar a España hacia 1270. Por este tiempo leyó la *Guía de los perplejos* de Maimónides, que considera obra cabalística y punto de partida de su propia mística. El *Séfer Yetsirá*, ya mencionado, le introdujo en el método de la cábala práctica. A los treinta y un años fue arrebatado por el espíritu profético en Barcelona y a partir de entonces se dedicó a enseñar su doctrina con poco éxito. En 1280 su mesianismo le impulsó a ir a Roma, según una versión, a pedir al papa Nicolás III libertad para el pueblo judío, y según otra, a convertirlo. El resto de su vida lo pasó en Italia, sobre todo en Sicilia, donde compuso la mayor parte de sus obras. En ellas se dirige por igual al judío y al gentil y se queja de que sus mismos correligionarios lo delataban a las autoridades cristianas. Su actitud es de desafío a los rabinos, a los que reprocha su «vanidad y oscuras acciones» y de crítica a los cabalistas que carecían de experiencia mística. Se presenta como profeta inspirado, comparable a Isaías, llamado por la voz de Dios «que me despertó de mi sueño y me inspiró escribir algo nuevo. Nada semejante ocurrió en mi tiempo». La pobreza, el exilio, la prisión y el fracaso de su doctrina no pudieron doblegar la tenacidad de su espíritu. Murió en 1291. El parecido de su vida con la de su contemporáneo Raimundo Lulio es notable.

Doctrina de Abulafia

La doctrina de Abulafia enseña el retorno del alma a su unidad originaria con Dios. El método consiste en «soltar los lazos que atan al alma». Este símbolo expresa la liberación del alma de las «formas naturales», es decir, de las percepciones y afectos, «sellos» que la atan a lo sensible apartándola de la vida divina (el entendimiento agente de Maimónides) que llena el universo y del conocimiento de Dios. Se precisa una purificación espiritual que elimine lo sensible y un vehículo que eleve el alma a Dios: el alfabeto hebreo, que constituye el *Nombre de Dios*. Las letras de otras lenguas también sirven, pues son corrupciones del hebreo, el lenguaje creador de Dios. Como el *Nombre de Dios* contiene el sentido de todo cuanto existe, la meditación sobre él es el camino hacia el éxtasis profético en que el místico contempla a Dios y el universo. Se llama *El camino de los Nombres*, y la técnica que lo lleva a cabo, la «ciencia de la combinación de las letras» y «lógica mística», verdadera música del pensamiento en su marcha hacia Dios. Las combinaciones producen secretos que disponen al alma para el éxtasis profético. Abulafia expone la teoría y la práctica detallada de este sistema en manuales como *El libro de la vida eterna*, *La luz del intelecto* y *El libro de la combinación*, entre otros (se declara autor de 48 obras en hebreo).

La etapa preliminar consiste en la combinación y permutación de las veintidós letras, la escritura y la meditación sobre lo escrito, acompañadas de ejercicios respiratorios y determinadas posturas del cuerpo que recuerdan el yoga. Se recomienda cuidado especial para no cambiar las vocales y consonantes del lugar que les corresponde, pues esto puede perturbar la correspondencia de las letras con los órganos del cuerpo, con el resultado de que los miembros del cuerpo cambien de forma y «la persona quede lisiada». Este procedimiento cuasi mágico lo tomó Abulafia del hasidismo alemán, aunque rechaza la magia como falso misticismo.

El siguiente paso es la separación de la materia y la forma (recuérdese Ibn Gabirol) de las letras y la combinación de las formas entre sí, las cuales por ser espirituales se imprimen en el alma. El alma está ahora dispuesta a pasar de la «esfera natural» (percepciones y afectos sensibles) a las proximidades de la «esfera divina» (la corriente de la vida divina en el séptimo cielo), donde sobreviene el éxtasis profético. Abulafia describe el proceso entero en los siguientes términos: «Al tiempo que te dispones a hablar con tu Criador y deseas que te manifieste su gloria, aparta tu pensamiento de las vanidades de este mundo. Cúbrete con el manto de la oración..., limpia tus vestidos y, de ser posible, vístete de blanco, pues esto ayuda a despertar en el corazón temor y amor a Dios. Si es de noche, enciende muchas luces, hasta que todo se torne brillante. Entonces toma tinta, pluma y tablilla en tus manos y ten presente que vas a comenzar a servir a Dios en el gozo de la alegría del corazón. Ahora empieza a combinar unas pocas letras, o muchas, a permutarlas y combinarlas hasta que se caliente el corazón. Luego presta atención a sus movimientos y a lo que puedes obtener moviéndolas. Y cuando sientas que tu corazón está inflamado y que por medio de la combinación de las letras puedes comprender cosas nuevas que no podías saber por tradición o por ti mismo, y cuando de esta suerte estés preparado a recibir el influjo divino, aplica entonces todas las fuerzas de tu mente a representar el *Nombre* y sus altos ángeles en tu corazón, como si fueran seres humanos sentados o de pie junto a ti. Y considérate como un enviado a quien el rey y sus ministros van a mandar a una misión y que espera oír de sus labios algo acerca de ella, ya sea del rey o de sus servidores. Habiendo imaginado vivamente esto, aplica tu mente a comprender las muchas cosas que vendrán a tu corazón por medio de las letras. Pondéralas en el todo y en las partes, como aquel a quien se cuenta una parábola o un sueño, o como el que medita sobre un profundo problema en un libro científico, y procura interpretar lo que oyeres de forma que concuerde lo más posible con tu corazón... Y todo esto te sucederá tras haber dejado la tablilla y la pluma, o después de que se te hayan caído de las manos a causa de la intensidad de tu pensamiento. Y sabe que cuanto más fuerte sea el influjo divino tanto más se debilitarán tus sentidos internos y externos. Todo tu cuerpo será poseído de un gran temblor, hasta el punto de hacerte pensar que vas a morir, porque el alma, embriagada de gozo, abandonará el cuerpo. Y en este momento disponte a recibir conscientemente la muerte y sabrás que estás a punto para recibir el influjo. Y deseando honrar al glorioso *Nombre* sirviéndole con cuerpo y alma, cúbrete el rostro y teme mirar a Dios» (citado por Scholem, *Major Trends...*, págs. 136-137).

Es la entrada al séptimo grado de la escala mística: la visión profética en que se manifiestan al místico los misterios inefables y la gloria del *Nombre*, es decir, Dios, y en Él el universo. Abulafia confiesa que se trata de la visión profética enseñada por la filosofía hebrea, en particular por la de Maimónides: la unión del entendimiento humano purificado con el entendimiento agente. Pero ya conocemos la ascendencia árabe de esta doctrina (Alfarabi, Avicena). Nuestro autor le añade otras características propias de los gnósticos, los sufíes y Plotino: identifica el entendimiento agente con el ángel *Metatrón* figura mítica de los gnósticos, adoptada también por el Talmud), semejante a Dios, o Dios mismo, y que expresa la identificación del alma con Él en el éxtasis. El gnóstico *(daatan)* que ha recibido el «toque divino» en el éxtasis profético se convierte en «maestro, porque su nombre es el *Nombre* de su Maestro» (Dios); y la unión de ambos *(devekuth)* es tan íntima que «él es Él», a la vez «entendimiento» y «objeto conocido», como Dios.

Ibn Arabi se había expresado casi en los mismos términos, y Plotino había afirmado que la unión mística «es una comunión con el yo restaurado a su pureza» *(Enéadas*, VI, 10). Sin embargo, algunos estudiantes de la mística de Abulafia no creen que habla de la identidad del hombre con Dios, sino más bien con el *Nombre* que lo representa. Se fundan en algunos de sus textos, por ejemplo, cuando describe la profecía en términos de unión con la Tora: «pues ella está toda en ti y tú todo en ella»; y también en que nunca declara explícitamente una unión identificativa con Dios. Pero este es el caso de muchos místicos que pasan por panteístas. Finalmente, la cábala de Abulafia, que durante la vida de su autor había tenido escasa fortuna, llegó a tenerla muy grande en sus discípulos como magia práctica, instrumento de poder sobre el mundo exterior. Con este carácter pasa a los cabalistas sefarditas, como se explicará luego.

El «Zohar»

Si la mística de Abulafia es una mística profética porque tiende al éxtasis profético, la del *Séfer ha Zohar (Libro del esplendor)* es una mística teosófica porque intenta la descripción de la vida misteriosa de la divinidad y la absorción contemplativa del hombre en ella. Es la obra cumbre de la literatura cabalística: «Su lugar en la historia de la cábala se puede inferir del hecho de que en toda la literatura rabínica posterior al Talmud es la única obra que se convirtió en texto canónico equiparado a la Biblia y al Talmud durante varios siglos» (Scholem). Escrita en arameo, con frecuentes expresiones hebreas y algunas árabes y españolas, como *gardina* (guardián), apareció hacia 1275.

De su autor, Moisés ben Semtob de León, se tienen escasas noticias: vivió en Guadalajara hasta 1290, después en Ávila y murió en Arévalo en 1303 cuando volvía de un viaje de Valladolid a Ávila. Escribió otras obras, como *Rosa de testimonio*, *Libro de la granada*, *Libro del alma racional* y tradujo al hebreo la *Guía de los perplejos* de Maimónides. Este autor y la escuela cabalística de Gerona son sus fuentes principales.

El título del *Zohar* está tomado del profeta Daniel: «Los inteligentes brillarán con esplendor *(zohar)* del cielo» (12, 3). Sobre el fondo de una Palestina idealizada, un grupo de *inteligentes (maskilim)* compuesto del venerable Simeón ben Yohai y sus discípulos, discute y medita sobre los misterios de la divinidad, la creación, la Tora y el hombre. La exposición no es sistemática, como en Abulafia, sino homilética (es decir, discursos, discusiones, historias) y destinada a la instrucción del pueblo.

Consta de dos grupos de escritos, el primero de los cuales contiene dieciocho asuntos que forman la parte principal del *Zohar*: una serie de comentarios heterogéneos de la Tora; *Sifra di-Tseniuta (Libro del arcano)*, comentario a los primeros capítulos del Génesis y discurso sobre los secretos divinos por medio de la mística de las letras; *Idra Rabba (Gran asamblea)*,

101

en que a medida que Simeón va revelando los secretos de su sabiduría sus discípulos son arrebatados por el éxtasis; *Idra Zuta (Pequeña asamblea)*, último discurso de Simeón; *Idra dibe-Mashkana (Asamblea del Tabernáculo)*, sobre la oración; *Hekhaloth (Palacios)*, descripción de los siete palacios luminosos que el místico contempla durante el éxtasis y después de su muerte; *Raza de-Razin (Arcano de los arcanos)*, texto sobre fisiognomía y quiromancia; *Saba (El viejo)*, discurso de un viejo misterioso sobre los secretos del alma; *Yenuka (El niño)*, historia de un niño prodigio que habla de los misterios de la Tora; *Ray Methivta (El jefe de la academia)*, descripción de un viaje fantástico de la academia de Simeón a través del paraíso; *Sitre Torah (Misterios de la Ley)*, interpretaciones alegóricas y místicas de pasajes de la Tora; *Mathnithin*, revelaciones de voces celestiales; *Zohar del Cantar de los Cantares*, comentario cabalístico de los primeros versos del *Cantar de Salomón*; *Kar ha-Midda (Patrón místico de la Medida)*, interpretación del *Deuteronomio* (6,4); *Sitre Othiot (Misterio de las letras)*, discurso sobre las letras que componen los nombres de Dios y la creación; *Midrach ha Neelam (Mística de la Tora)*, autoridades legendarias sobre la Tora; *Midrach ha Neelam sobre el libro de Rut*, semejante al anterior y escrito principalmente en hebreo; *Raya Mehemma (Pastor fiel)*, interpretación de los mandamientos y prohibiciones de la Tora; *Zohar Hadach (Nuevo Zohar)*, discurso sobre partes del *Cantar de los Cantares* y del *Libro de Rut*.

Doctrina del «Zohar»

El tema común de los títulos enunciados es el «Dios escondido» *(En Sof, El Infinito)* en sus relaciones con el hombre y el universo por medio de los *Sefiroth*. Ya se indicó más arriba que éstos son los atributos de Dios, las manifestaciones de la vida divina. Pero a la vez habilitan al hombre para conocerlo y unirse a Él. Para explicar esto vierte el autor del *Zohar* un torrente de metáforas imposibles de ser consignadas aquí en detalle. Los *Sefiroth* se expresan con los símbolos del hombre y del árbol. El hombre es imagen de Dios y el testimonio más visible de la creación divina del universo. Presenta dos formas: una celestial y otra terrestre. En su forma celeste, como *Adán Kadmon* (hombre arquetípico, el justo, futuro Mesías), simboliza el *En Sof* bajo los diferentes aspectos de los *Sefiroth*. Es un ser puramente espiritual, encerrado en una forma etérea (cuerpo celeste), huella transparente del alma. En cuanto hombre terrestre (microcosmos), sus miembros representan el mundo. El árbol hunde sus raíces en el *En Sof,* y sus ramas, que representan los *Sefiroth,* abarcan el universo dando existencia a los seres.

Los *Sefiroth* están organizados en tres órdenes de tres miembros cada uno: orden intelectual (Corona, Sabiduría e Inteligencia de Dios); orden del sentimiento (Amor o Gracia, Poder o Justicia y Compasión o Belleza de Dios); orden de la naturaleza (Victoria, Majestad y Fundamento de Dios). El décimo, Reino de Dios *(Malkhut),* resume las cualidades de los otros nueve y las transmite al universo y al hombre. Pero estos diez *Sefiroth* fundamentales se multiplican (o proliferan) en un simbolismo asombroso por la cantidad y complejidad, hasta el punto de que «casi cada palabra de la Biblia corresponde a uno de ellos».

Suponiendo tal correspondencia, el cabalista ve en cada versículo bíblico la descripción de un suceso natural o histórico y el símbolo de una fase determinada de la vida divina (Scholem). Por ejemplo, la frase del primer capítulo del Génesis: «Hagamos al hombre a nuestra imagen... para que domine sobre los peces, etc.», se interpreta en el sentido de que las criaturas se hicieron visibles por la creación del hombre. A esto añade el *Zohar* (I, 97 b) que el nombre de Dios no estuvo completo hasta que apareció el correspondiente nombre humano de Abraham. Por la combinación de las letras hebreas, Elohim (Dios) corresponde a Abraham (Elohim: Elo + mi; Abraham: Eber + ma).

En el hombre los *Sefiroth* están distribuidos en posición vertical y horizontal, en tres secciones (derecha, izquierda y central), formando un diagrama. La sección derecha contiene Sabiduría, Amor (o Gracia) y Victoria; la izquierda, Inteligencia, Poder (o Justicia) y Majestad; la central, Corona (en la cabeza), Compasión (o Belleza en el pecho), Fundamento (en la pelvis) y Reino (en los pies). Antes de la caída original el alma y el cuerpo (celeste) del hombre brillaban con la luz de los *Sefiroth.* El hombre era el centro del mundo celeste o arquetípico, que fue creado en vista de él. Mas, al pecar, la imagen divina lo abandonó y quedó sumergido en la sombra del cuerpo terrestre. Con el hombre cayó también la naturaleza de su condición celestial a su estado actual.

El alma humana consta de tres partes: *Nefesh* (capacidad sensitiva), *Neshamah* (aliento) y *Rouah* (aire), que une las otras dos. El *Neshamah* participa de la Inteligencia divina, es el «alma santa» que penetra los misterios del *En Sof* y verifica la unión del hombre con el mundo celeste y con Dios. Antes de nacer «el hombre se encuentra con el *Adán Kadmon* en el umbral de los dos mundos», el celestial y el terrestre, y en el momento de la concepción «el infante desciende en forma etérea a los cuerpos de sus progenitores» (*Zohar* I, 87 b; 233 b). La unión de éstos simboliza la «unión sagrada» del Esposo con la Esposa Celestial, o del Rey (Dios) con la Reina *(Shekhinah*, elemento femenino, el décimo *Sefiroth)*. Semejante unión es causa de la armonía universal, mientras que su separación produce la discordia.

Aunque el *Zohar* hace referencia al *Cantar de los Cantares*, el origen de esta doctrina se encuentra en la gnosis pagana referente a los *eones* masculino y femenino, poderes divinos que constituyen el *pléroma* o plenitud de Dios: «tras estas imágenes místicas percibimos los dioses masculino y femenino de la antigüedad, aunque eran anatema para el cabalista piadoso» (Scholem). También es gnóstica (y aristotélica) la idea de que los planetas influyen sobre los órganos del cuerpo humano: Júpiter en el hígado, Marte en la bilis, etc. El exceso de esta influencia produce idolatría, adulterio y muerte. Del pitagorismo e hinduismo toma el *Zohar* la doctrina de la transmigración de las almas, que tiene por objeto evitar la procreación en pecado original. Respecto al pecado original habla el *Zohar* con cierta repugnancia y como de pasada porque lo considera misterio intocable. Sin embargo ofrece dos versiones. Una gnóstica: es la ruptura de la unión original entre el hombre y Dios. Pero la causa se encuentra en uno de los *Sefiroth* divinos, en la Justicia de Dios, que está unida con el Amor, de forma que ambos se manifiestan juntos y se atemperan mutuamente. Mas cuando la Justicia se convierte en ira, desborda la misericordia y se transforma en el mal radical del universo, en su elemento demoníaco. Es la «hija de la luz», el *Shekhinah*, que cae en el abismo de la materia. De aquí el carácter demoníaco de lo femenino. Adán pecó porque el mal tiene existencia propia como parte de la estructura del universo.

La otra explicación está más en consonancia con la tradición rabínica: el pecado original consiste en que Adán decidió servir al *Shekhinah* sin reconocer la unión que éste guarda con los demás *Sefiroth*. El resultado fue la interrupción de la corriente de vida entre los *Sefiroth*, lo que trajo el caos al universo. La Tora, la observancia de los mandamientos y la oración son los medios conducentes a la redención, en que «habrá perfección en lo alto y en lo bajo, y los mundos estarán unidos en un solo lazo». La redención o restauración del orden es la empresa encomendada a la Comunidad de Israel y en ella a la humanidad entera. Tal es el punto de partida de la vida mística.

La comunidad terrestre de Israel, que simboliza a todos los pueblos, está formada según el arquetipo del Israel celeste. Cuanto se hace en la tierra repercute en los cielos, pues todo tiene sus «raíces superiores» en los *Sefiroth*. El hombre, según sean sus acciones, puede tener «un emisario del otro mundo», bueno o malo. La adhesión constante a Dios por el cumplimiento de sus mandamientos, la práctica de la penitencia, la oración, el sufrimiento y el sacrificio constituye el *devekuth*. La penitencia apresura el retorno *(teshuba)* a Dios, y después de la muerte el penitente alcanza una existencia superior a la del *sadik* (justo).

El *Zohar* concede un valor extraordinario a la oración del pobre, pues la considera más pura que la del justo. Se ha visto en esto la influencia del franciscanismo radical, de los «espirituales» del siglo XIII, representados en España por Pedro Olivi. Moisés de León identifica al pobre y al místico llamándolos «Corte» de Dios. El sufrimiento es prueba de amor: Dios oprime al justo para fortalecer su alma; la debilidad del cuerpo y la fortaleza del alma son necesarias para amar a Dios y ser amado por Él.

En cuanto al sacrificio, sea como holocausto *(Olah)* o como ofrenda *(Korban)*, tiene valor en la medida en que remueve los obstáculos que se oponen a la unión del hombre con Dios. Así, el sacrificio de la fiesta de la expiación *(Kippour)* aplaca al «acusador» (el ángel del mal) y transforma el mal en bien para el hombre. Las festividades religiosas participan de este carácter místico, especialmente el sábado. En ese día el hombre se eleva sobre la naturaleza e Israel sobre todas las naciones. Es el día final de la creación, marcado con el sello del amor y en que la justicia y el mal quedan desplazados. El sábado temporal tiene su modelo en el sábado celestial, y el hombre terrestre está acompañado de la sociedad de los habitantes del cielo (santos y ángeles).

La vida entera del hombre tiene, pues, un significado trascendente, místico. Pero no exige necesariamente estados extraordinarios de conciencia, como en Abulafia. Es cierto que el *Zohar* relata casos de místicos muertos por la intensidad del éxtasis (por ejemplo, tres discípulos de Simeón ben Yohai), mas no es ésta la condición ordinaria de la vida contemplativa, que puede practicarse en medio de los deberes de la vida social. El *Zohar* pretende que sea la inspiración de la vida social. Con esta obra pierde la cábala el carácter minoritario y aristocrático que de siempre la había mantenido apartada de la religión del pueblo. Sin embargo, en la doctrina del *Zohar* hay elementos difícilmente reconciliables con el monoteísmo judío tradicional. A juicio de Scholem: «En su conjunto, la perspectiva espiritual del *Zohar* puede definirse como una mezcla de teología teosófica, cosmología mítica y psicología y antropología mística. Dios, el universo y el alma no tienen vidas separadas, cada uno en su propio plano. El acto original de la creación no admite una división tan tajante, que era el fruto cósmico del pecado humano... La fascinación que ejerce sobre la mente depende en gran medida de la combinación de esos tres elementos en un todo vívido y problemático». No obstante, el hecho de que la cábala posterior haya continuado inspirándose en el *Zohar*, parece indicar que prescinde de los aspectos problemáticos de su doctrina (politeísmo y panteísmo) para quedarse con aquellos otros que alimentan la mística popular: la idea de que el universo es reflejo de la divinidad, el hombre la imagen de Dios e Israel el pueblo encargado de restaurar el orden original por medio del *devekuth*, la unión: «En la unión (dice un cabalista del siglo XIV) está la redención.»

Después del *Zohar*, la manifestación más importante de la cábala española tiene lugar en la región de Safed (norte de Galilea). Es una cábala eminentemente popular y mesiánica, como consecuencia del éxodo de España en 1492. Este acontecimiento doloroso transformó profundamente la actitud mística: si la cábala medieval había buscado la redención en el retorno a la «unidad original» con Dios anterior al pecado original, la de los expulsados españoles la busca en el futuro, en la venida del Mesías que ha de librar a Israel del exilio. Obras como *El libro de revelaciones* y *El censor*, escritas a finales del siglo XV, muestran que el judío emigrante español veía dos alternativas extremas: la unión con Dios o la extinción de sobre la haz de la tierra. La cábala polariza el sentimiento popular y se convierte en el método e *instrumento* de la salvación colectiva. El arrepentimiento, la ascesis, el éxtasis, la plegaria, tienen por objeto acelerar el «Fin», la era mesiánica. Los métodos de exégesis bíblica desarrollados por Abulafia y Moisés de León se concentran afanosamente en el éxodo de España y la redención: cada palabra del texto sagrado contiene una referencia a la gran catástrofe y al mesianismo. Los himnos y oraciones del libro santo son armas mágicas dotadas de poder ilimitado de purificación y destrucción contra las fuerzas del mal. En particular, los salmos son «espadas cortantes y armas mortíferas en las manos de Israel» *(El censor)*. Mas la expectación mesiánica sufre amargos desengaños durante el XVI y XVII y da lugar a la figura del Mesías apóstata, representada por Sabbatai Zevi (1625-1676), descendiente de judíos españoles y que se hizo mahometano. Otro sefardita, Abraham Miguel Cardoso (muerto en 1706), enseña que todos los judíos estan destinados a la apostasía a causa de los pecados de Israel; pero Dios los libra de semejante suerte dándoles por modelo un Mesías apóstata. Un psicólogo diría que los marranos se identifican con esta imagen para librarse del complejo de culpabilidad por haber capitulado ante los gentiles (cristianos y árabes).

Un tanto al margen del fervor de este movimiento cabalístico se mantienen dos exiliados notables: José Caro, autor del *Código religioso* en la línea de Maimónides, y Moisés ben Jacob Cordobero, el gran teórico de la doctrina del *Zohar*. Su libro *Pardes Rimonim (Jardín de Granadas)* estudia la parte más hermética de la obra de Moisés de León (la relación del *En Sof* con los *Sefiroth*) para resolver el conflicto entre teísmo y panteísmo. Llega a una solución que más tarde se encuentra en otro sefardita famoso, Espinoza: «Dios es la realidad, pero la realidad no es Dios.»

En punto a la influencia de la cábala sobre el misticismo cristiano, es visible en el *Ars Magna* de Raimundo Lulio, en Pico de la Mirándola (1463-1494), en los protestantes J. Boehme y Paracelso y en el pietismo alemán del siglo XVIII.

BIBLIOGRAFÍA

Scholem, G. G., *Major Trends in Jewish Mysticism*, Nueva York, 1941.
— *On the Kabbalah and its Symbolism*, Nueva York, 1957.
Vajda, G., «Recherches recents sur l'esoterisme juive», en *Revue de l'Histoire des Religions*, 1955.
— *Introduction a la pensée juive du moyen âge*, París, 1947.
Tishby, I., «Gnostic Doctrines in Sixtenth Jewish Mysticism», en *Journal of Jewish Studies*, 7, 1955.
Altmann, A., «The Motif of the Shells... in Azriel of Gerona», en *Journal of the Jewish Studies*, 9, 1958.
Werblowsky, Z., «Philo on the Zohar, part one», en *Journal of the Jewish Studies*, 10, 1959.
Millás Vallicrosa, J. M., *Selomó ibn Gabirol como poeta y filósofo*, Madrid, 1945.
— *Yehuda ha-Leví como poeta y apologista*, Madrid, 1947.
— *La poesía sagrada hebraicoespañola*, 2.ª ed., Madrid, 1948.
— *Literatura hebraicoespañola*, Barcelona, 1968.
— *Zohar*, ed. G. G. Scholem, Nueva York, 1949.
Sérouya, H., *La Kabbale*, París, 1957.
Sicrof, A., *Les controverses des status de pureté de sang*, París, 1960.
Caro Baroja, J., *Los judíos en la España moderna y contemporánea*, Madrid, 1961.
Roth, C., *A History of the «Marranos»*, Nueva York, 1966.
Bension, A., *The Zohar in Moslem and Christian Spain*, Londres, 1932.
Maimónides, *Guía de los descarriados*, selección de F. Valera, México, 1946.

III. Mística cristiana

Mientras que la literatura mística árabe y judía española alcanza su apogeo en la Edad Media, la cristiana de esa época se halla en fase de asimilación de los conceptos básicos de la mística y de sus formas expresivas, sin llegar a la formulación de un sistema. De su mejor representante, Raimundo Lulio, se ha dicho que «en toda su mística no pasó de un desmañado balbuceo» en comparación con los grandes maestros del siglo XVI (H. Hatzfeld). La obra de éstos es fruto maduro de una cultura religiosa, filosófica, teológica y literaria que, además de la Edad Media, incorpora el Renacimiento y la Contrarreforma; cultura plenamente definida en la ideología y en los recursos del lenguaje. La de Lulio, en cambio, es fruto primerizo de una cultura cristiana menos compleja en vías de afirmarse frente a los infieles adoptando ideas y lenguaje heterogéneos (la Biblia, los Padres, neoplatonismo franciscano y sufí, poesía trovadoresca, catalán, árabe, latín). Antes y al mismo tiempo que la obra de Lulio se desarrolla una extensa literatura ascética y moralizadora de escasa importancia para la mística.

Monacato primitivo

Se extiende desde el siglo IV hasta el X en que se establecen monasterios bajo la regla de San Benito. Su producción literaria es ascética, poco original y está contenida principalmente en las reglas y tratados de vida monástica. Señalemos algunos de los más notables: *Palabras de los ancianos* y *Sentencias de los Padres egipcios* de San Martín de Braga (m. 580), escritas para los monjes del monasterio de Dumio, en Galicia; *Instrucción a las vírgenes y desprecio del mundo* de San Leandro de Sevilla (m. 599), cuya segunda parte trata de los medios para alcanzar la perfección, entre ellos la meditación; la *Regla*, los *Sinónimos* y las *Sentencias* de San Isidoro de Sevilla (570-636), que en

109

ocasiones tocan temas místicos: «Nuestro espíritu es celestial y cuando está libre de cuidados terrenos y errores contempla libremente a Dios»; la *Regla de los monjes* y la *Regla común* de su contemporáneo San Fructuoso, de riguroso ascetismo; el *Libro del camino del desierto* de San Ildefonso de Toledo (m. 669), donde las criaturas (montes, cedros, lirios, palomas) simbolizan las virtudes y la santidad; los *Cinco libros de las sentencias* de Tejón de Zaragoza, contemporáneo del anterior y que representa el tratado ascético más completo de todo ese tiempo; el *Libro de las centellas* de Álvaro de Córdoba (m. 860), conjunto de sentencias espirituales tomadas de los Padres de la Iglesia. Éstos y los *Morales* de San Gregorio (escritos para San Leandro de Sevilla e inspirados en las *Collationes* e *Institutiones* de Casiano, en San Agustín y Orígenes) son las fuentes de la doctrina ascética española de ese período. Aparte la corriente monacal, merece consignarse la *Psychomachia* de Aurelio Prudencio (muerto en 410): lucha entre virtudes y vicios, con el triunfo de las primeras, sin alusión a la vida mística.

En cuanto al lugar bastante común en los historiadores de la cultura y de la espiritualidad española relativo a la influencia senequista en la ascética y mística cristiana, tiene una seria objeción. El ascetismo de Séneca es un ascetismo de *renuncia* a las pasiones para lograr la sabiduría, la participación en la vida divina (Dios, el Logos), pero no es un ascetismo de salvación del pecado (nociones ambas ausentes de su doctrina) ni sobrepasa el esfuerzo natural, pues lo divino y lo humano son uno: «Todo lo que ves, que abarca lo divino y lo humano, es uno; somos los miembros de un gran cuerpo» (Epístola 31,11). Los ascetas cristianos, al contrario, enseñan la renuncia a las pasiones como medio para librarse del pecado y alcanzar la santidad y unión con Dios con la ayuda de la gracia sobrenatural. Es verdad que en el ocaso de la Edad Media y en el Renacimiento algunas de las obras de Séneca (del que se creía que mantuvo correspondencia con San Pablo) gozaron de gran predicamento y que los místicos españoles las citan, pero es en un contexto erudito (por ejemplo, Fray Juan de los Ángeles) o humorístico (Santa Teresa refiriéndose a San Juan de la Cruz).

Desde el siglo x tiene lugar una literatura de carácter moralizante: la *Disciplina clericalis* del judío converso Pedro Alfonso (m. 1062); el *Conde Lucanor* de Don Juan Manuel

(1282-1348); el *Rimado de Palacio* del Canciller López de Ayala (1332-1407), en la parte dedicada a la exposición del libro de Job, y otras obras bien conocidas de la literatura medieval española, como las del Marqués de Santillana, Juan de Mena y los Manrique. Pero ninguna de ellas tiene significación mística. Algún historiador de la mística ha creído ver carácter místico en el *Tratado de la vida espiritual (Tractatus de vita spirituali*, Magdeburgo, 1493) del dominico San Vicente Ferrer (1357-1419). En realidad es un directorio espiritual ascético, escrito para los frailes predicadores, con influencia de Venturino de Bérgamo y Ludolfo de Sajonia (el Cartujano). También el *Despertador de la mente a Dios (Excitatorium mentis ad Deum)* del agustino Bernardo Aliver (m. 1348) es predominantemente ascético, pero con fuerte tendencia a la «contemplación de la dulzura celestial» y la «eterna sabiduría», conceptos que no desarrolla.

Raimundo Lulio

Raimundo Lulio es una de las figuras más atrayentes del medievo español y europeo porque representa en grado eminente el ideal de vida que el hombre moderno gusta atribuir a los héroes, entre legendarios e históricos, de aquella época. Por eso conviene relatar su vida con cierta extensión, para que hable por sí misma la nota personal, anecdótica, caballeresca y mística.

Nació entre 1232 y 1235, según la tradición en lo que ahora es la Plaza Mayor de Palma. Su padre, Ramón, había acompañado al rey Jaime I en la conquista de la isla en 1229, recibió un extenso territorio y ocupó un importante cargo en la corte. A los catorce años Raimundo (o Ramón) entró al servicio del rey y más tarde le fue encomendada la tutoría de Jaime II, cuya amistad y protección gozó de por vida. Sus biógrafos señalan su falta de interés por los libros y su afición al «arte de trovar y componer canciones» y a la danza. Por su parte, Ramón confiesa: «Cuando crecí y gusté la vanidad del mundo, comencé a obrar el mal y caí en pecado, olvidando al Dios glorioso y siguiendo mi concupiscencia» *(Desconhort*, II). Hacia 1257 el rey arregló el matrimonio de Ramón con una dama noble, Blanca Picany, de la que tuvo dos hijos, Domingo y Magdalena. Pero sus devaneos continuaron: «¡Oh, Señor!..., por la belleza de las mujeres me he olvidado de tu gran bondad y de la belleza de tus obras» *(Libro de contemplación,* 104). De sus aventuras extraconyugales es particularmente romántica (suponiendo su autenticidad) la que tuvo con Leonor Castelló, dama de gran distinción y belleza: cierto día en que Ramón cabalgaba por la ciudad la vio entrar en una iglesia y la siguió hasta el interior. Para desengañarlo, Doña Leonor le citó a un lugar apartado y mostrándole el pecho consumido por un cáncer le dijo: «Mira, Ramón, la vileza de este cuerpo que amas.» Su conversión, sin embargo, precisó todavía cinco apariciones de Cristo crucificado: «Pero Jesucristo, en su gran clemencia, se me apareció cinco veces en la cruz para que pudiera meditar sobre Él con amor y hacer que su nombre fuera proclamado por todo el mundo» *(Desconhort,* II). Tuvieron lugar cuando Ramón estaba absorto en la composición de sus «vanas canciones» de amor. La última visión dejó tan impresa en su mente y en su corazón la imagen de la cruz, que desde entonces, «como una mujer que se mira en el espejo puede ver en él la belleza o la fealdad de su rostro..., así, Señor, cuando tu siervo mira la cruz puede percibir en sí mismo lo que tiene de bello y repulsivo» *(Libro de contemplación,* 104). Contaba a la sazón unos treinta años y era senescal de Jaime II. De sus meditaciones resolvió que el mejor servicio que podía hacer al «Cristo doliente» era dedicarse a «convertir infieles y descreídos a la verdad de la santa fe católica, y de esta forma poner su persona en peligro de muerte» *(Vida coetania,* I). Mas careciendo de educación formal (apenas sabía «un poco de gramática») no podía ser misionero, predicador o apologista, y así concibió la idea de presentar a su rey, a los demás príncipes cristianos, al papa y a la jerarquía eclesiástica un plan para convertir a los infieles por la predicación y la discusión, antes que por las cruzadas: «Veo que muchos caballeros van a tierra santa con el propósito de conquistarla por la fuerza de las armas... En mi opinión, Señor, nunca se logrará la conquista de aquella tierra sagrada... como no sea por amor, oración y derramamiento de lágrimas... Que los caballeros se hagan religiosos... y que vayan como predicadores de la verdad a los infieles» *(Libro de contemplación,* 112). Debían fundarse colegios y monasterios donde los misioneros pudiesen aprender ciencias, hebreo y árabe. Y se precisaba también un compendio metódico de todas las disciplinas para refutar a los infieles.

Además de este proyecto su fervor le exigía imperiosamente disponerse cuanto antes a ser misionero, autor de «libros» y mártir: «Señor, el amor me urge e impele a ir en busca de mi muerte para ensalzar tu honor» *(Libro de contemplación*, 220).

Como primera providencia distribuyó su hacienda entre los pobres a imitación de San Francisco (salvo una porción para el sustento de su familia). Y como el santo de Asís sirvió a la Dama Pobreza, Raimundo serviría a la Dama Valor, que representa «la valentía de las virtudes contra los vicios... De este valor dependen la verdad, la generosidad, la educación, la humildad, la mesura, la lealtad, la piedad, el buen sentido y muchas otras virtudes hijas de la fe, la esperanza, la caridad, la justicia, la prudencia, la fortaleza, la templanza, cuya hija es el valor» *(Blanquerna*, II, 48). Luego partió a una larga peregrinación y de regreso en Mallorca pensó marchar a la Universidad de París, pero fue disuadido por sus familiares y amigos, en especial por San Raimundo de Peñafort, alentador de sus planes. Durante nueve años se entrega Lulio en Mallorca al estudio del árabe, el latín y probablemente la Escritura, los Padres, filosofía y teología, Platón, Aristóteles, el místico Ricardo de San Víctor, Avicena y Alfarabi. A juzgar por sus obras (escritas en catalán, árabe, latín y provenzal catalanizado en sus poesías) salió particularmente aprovechado en árabe. Al mismo tiempo que hacía sus estudios compuso el *Libro de contemplación*, «enorme enciclopedia ascética» (M. Pelayo) y el *Libro del gentil*, discusión de tres «sabios» (cristiano, judío y mahometano), al parecer imitación de una fuente árabe o del *Cuzari* de Judá Haleví.

Hacia 1275 se retiró al Monte Randa, próximo a Palma, donde «estando en contemplación, con los ojos vueltos al cielo, recibió en un instante una iluminación divina que le dio la forma y el orden para escribir el libro que tenía en su mente contra los errores de los infieles» *(Vida coetania*, III). Se trata del *Ars Magna* o *Arte General*, la obra más original de Lulio y, en opinión de éste, instrumento infalible para convertir a los infieles. Pretende ser una ciencia general que contiene los principios de las ciencias particulares como lo universal contiene a lo particular. Consiste en la combinación de una serie de términos de los que se derivan los principios de todas las ciencias. Aunque hoy se la considera una utopía cabalística, ha tenido el mérito de interesar a filósofos como Jordano Bruno

113

y Leibniz. Este libro y las versiones y comentarios que Lulio hizo del mismo le han valido el título de *Doctor iluminado*, así como el *Libro del caos*, escrito por este tiempo, y *Félix o el libro de las maravillas*, de época posterior, han contribuido a darle el de *Doctor alquimista*. El segundo título se debe, ante todo, a los alquimistas del Renacimiento deseosos de prestigiar la doctrina hermética con la autoridad de Lulio.

En estos años compuso también el *Libro de la orden de caballería*, dividido en siete capítulos «para significar los siete planetas que gobiernan los cuerpos terrestres», y el *Desconsuelo de nuestra Señora Santa María*, poema en alejandrinos, en que la Virgen aparece como «la dulce doncella que es la señora del amor». En 1276 Jaime II realizó uno de los más fervientes anhelos de Ramón: la fundación del colegio de Miramar en Mallorca para la instrucción en lenguas orientales de los misioneros. Comenzó con trece franciscanos, símbolo del número formado por Cristo y los apóstoles. Pero no es seguro que llegara a producir misioneros por razones políticas y económicas adversas. Animado por el éxito inicial de Miramar, en 1277 partió a Roma para pedir al papa Juan XXI la fundación de esta clase de colegios en todo el mundo, pero al llegar a la Ciudad Eterna se encontró con que el Pontífice acababa de morir. Lo mismo había de suceder al intrépido Abulafia tres años después, cuando marchó a solicitar de Nicolás III libertad para los judíos.

El resto de la vida de Lulio transcurre en una demanda constante a sucesivos papas, a los cardenales y reyes, con el fin de que el infiel «conozca, ame y contemple a su Amado, que es Dios»; en viajes a tierra de misiones; en la propaganda de su *Arte* y la composición de nuevos libros, como el *Ars demonstrativa*, especie de máquina silogística, *Los cien nombres de Dios* para demostrar que la opinión mahometana sobre los nombres divinos es falsa, y *Blanquerna*, su obra maestra por el contenido místico y la forma literaria.

En alguna ocasión la indiferencia del mundo cristiano y los obstáculos de todas clases que se oponen a su proyecto hacen vacilar su espíritu. Así, hacia 1292 dejó marchar el barco que había de transportarlo en su primer viaje a Berbería. Este acto de cobardía le produjo tal desazón que cayó gravemente enfermo y sólo recobró la salud al verse puesto en otra nave con rumbo al puerto de Túnez. Ya en esta ciudad, hizo saber a los árabes letrados que venía a instruirse en la religión mahometana y que caso de ser convencido por ellos se haría mahometano. En las discusiones empleó su *Arte*, que «prueba racionalmente cómo en la simple esencia divina hay tres Personas», y de aquí la Encarnación «y cuán razonable es que (Cristo) padeciera pasión en su Humanidad». Mas los mahometanos, temiendo que «su secta viniera a exterminio y destrucción total» por los argumentos de Lulio, decidieron matarlo *(Vida coetania,* IV). Apenas escapado de la pedrea y los golpes del pueblo instigado contra él, el «amor de Dios» le impulso a entrar de nuevo en la ciudad, librándose esta vez de la muerte porque sus enemigos lo confundieron con un mercader cristiano.

Experiencia similar se repite años más tarde cn Bujía, en cuyo mercado público grita Lulio: «La ley de los cristianos es santa y verdadera y la secta de los moros falsa. Estoy dispuesto a probarlo.» Se cuenta que poco antes, en uno de sus viajes a la Universidad de París, había discutido con el famoso filósofo y teólogo Duns Escoto: «¿Qué parte de la oración es Dominus (Señor)?», le preguntó despectivamente Escoto. A lo que Ramón responde sin vacilar: «El Señor no es parte, sino todo.» Renán lo presenta en esta época como héroe de la cruzada de la universidad parisiense contra la filosofía de Averroes.

Hacia 1295 se hizo terciario franciscano, después de que «los vigilantes perros del Señor» (los dominicos) rechazaron definitivamente sus planes misioneros. El único legado permanente de su celo misionero y científico fue la «Escuela luliana», que adquirió rango de Universidad en el siglo XVII. El libro que mejor revela el desencanto acumulado en el corazón de Lulio en su larga carrera de fracasos es el *Desconhort (Desconsuelo).* En él se lamenta de que la jerarquía eclesiástica y civil lo considere como hombre «que habla neciamente y no hace nada», de que su *Arte*, recibido por inspiración divina, apenas interese,. y de que los hombres le hayan abandonado: «Estoy solo y abandonado. Miro a los hombres en sus rostros para decirles mi pensamiento, pero son pocos los que me escuchan. Los más quedan en silencio y luego me llaman loco» (XVI).

Desengañado de los hombres, partió «a un lejano país a honrar al Amado» con la predicación y el martirio. Leyenda e historia se mezclan en la. diferentes versiones de su martirio en Bujía, en 1315. Un barco llevó milagrosamente su cuerpo a Mallorca y fue enterrado en San Francisco de Palma, donde actualmente se conservan sus restos. Muy pronto la persona y la doctrina de Lulio fueron objeto de polémicas y acciones apasionadas: el pueblo y los franciscanos lo aclamaron como santo y escritor inspirado por Dios, mientras que los dominicos, en particular el inquisidor Nicolás Aimerich, se esforzaban por condenar sus obras como heréticas. La contienda se prolongó hasta el siglo XIX, con momentos de gloria para la causa luliana: el cardenal Cisneros introdujo su doctrina en la Universidad de Alcalá; hombres tan eminentes como Nicolás de Cusa y Pico de la Mirándola propagaron sus ideas, y hacia 1615 fue beatificado por León X. Los biógrafos modernos de Raimundo Lulio toman las facetas románticas, pintorescas y poéticas de la tradición y las realzan con epítetos como «el Quijote a lo divino», «el Loyola frustrado», «el de la barba florida», «el patriarca de la literatura catalana», «el apóstol de África», el «heraldo» de los místicos españoles. A su abundante y copiosa producción filosófica, teológica y científica (unas doscientas cincuenta obras auténticas) se dedica, por lo general, una sonrisa indulgente. En cambio, la obra del *Doctor místico* suscita la adhesión unánime.

Doctrina

A Raimundo Lulio se le ha llamado «almogávar del pensamiento» místico medieval español (Sainz Rodríguez) y «el sufí franciscano» que «se pasó la vida imitando todas las facetas de la espiritualidad mahometana con el fin de convertir musulmanes empleando sus mismas armas» (H. Hatzfeld). Esta opinión se funda, sobre todo, en las investigaciones de los arabistas J. Ribera y Asín Palacios. El primero de éstos señala varias semejanzas de *Los cien nombres de Dios*, *Blanquerna*, *El libro del Amante y del Amado* con el *Futuhat* de Ibn Arabi. El segundo presenta a Lulio en la línea del neoplatonismo escolástico medieval (Domingo Gundisalvo, San Buenaventura, Rogerio Bacon) que identifica «en una sabiduría total y armónica la esfera de la fe y de la razón, exigiendo para los actos de ésta una cierta iluminación divina», como los sufíes. Al igual que éstos admite la materia espiritual común a todos los seres, ex-

116

cepto Dios, y la pluralidad de formas; el origen del mundo como efecto del amor de Dios y manifestación de sus atributos (*dignitates*, nombres divinos).

El concepto de *dignitates* empleado por Lulio corresponde a las *hadras* (presencias de Dios en el alma mística, perfecciones o nombres divinos) de los sufíes, y que expresan la *parousía* (intuición extática de Dios) de Plotino. Lulio les da la acepción de majestad, excelencia y dignidad honorífica. Aunque el empleo de los nombres divinos puede explicarse en la tradición cristiana del seudo-Dionisio (autor de *De los nombres divinos*), el hecho es que Lulio escogió el número y el concepto de las *dignitates* para *Los cien nombres de Dios* entre las *hadras* del *Futuhat* de Ibn Arabi, y como éste cree en la virtud secreta de las mismas. De esta obra toma también la alegoría del pabilo que se inflama al contacto con la llama, para significar la comunicación de Dios al alma; la idea de la unión con Dios por amor (*Arte de amar el bien*); el símbolo del árbol para explicar la unidad de la ciencia y la derivación de todo ser de un principio (*Árbol de la ciencia, Árbol de la filosofía de amor*); la personificación alegórica de ideas abstractas (*Blanquerna*); figuras que simbolizan ideas (*Ars Magna*); los términos de Amigo y Amado, exclusivos de la poesía árabe, a diferencia del Alma y del Esposo de la mística cristiana; el Amado como síntesis de contrarios; abuso de tópicos de la poesía erótica árabe (celos, llanto, secretos, presencia, ausencia, locura) (*Libro del Amigo y del Amado, Árbol de la filosofía de amor*).

La tesis de Asín Palacios ha encontrado fuerte oposición a veces por motivos de ortodoxia y patrióticos), llegándose al extremo de negar toda influencia árabe en sus obras y haciéndolas derivar exclusivamente de la Biblia y de los Padres. Hay quien limita el influjo árabe a determinadas obras; o bien se admite influencias formales y no de pensamiento (Probst, A. Peers). Ahora bien, no será aventurado opinar que en la Mallorca musulmanizada en que se educó Lulio debía ocurrir algo semejante a lo que Álvaro de Córdoba cuenta de su ciudad natal en el *Indiculus luminosus*: «Mis correligionarios gustan leer los poemas y las obras de imaginación de los árabes y estudian los escritos de sus teólogos... para adquirir una dicción árabe correcta y elegante. Todos los jóvenes cristianos que se distinguen por su talento no conocen más que la lengua y la literatura árabe.»

117

Ciñéndonos a la mística de Lulio, la influencia árabe parece indudable; así lo declara él mismo y existen correspondencias textuales, por ejemplo, la definición de la unión del Amigo (el hombre) y el Amado (Dios) como «mezcla del agua con el vino», que también se encuentra en el poeta sufí J. Rumi y otros anteriores. Pero esto no prueba la apropiación del texto árabe, pues ideas e imágenes similares no son exclusivas del sufismo, sino patrimonio de la mística universal. Lo lógico es pensar que Lulio, místico experimental, se sirvió de las tres corrientes a su alcance: cristiana, musulmana y trovadoresca. Los diálogos entre el hombre y Dios y los idilios de amor recuerdan la Biblia, en particular, el *Cantar de los Cantares* (aunque Lulio no los cita y raramente los Padres); la interpretación de las criaturas como manifestación de la bondad y amor del Criador pertenece a la atmósfera de la poesía franciscana de Jacoponi da Todi (M. de Riquer); y son abundantes los procedimientos expresivos de la poesía trovadoresca (M. de Montoliu).

La doctrina mística de Raimundo Lulio se encuentra en *El libro del Amigo y del Amado* y en el *Arte de contemplación*, que forman el libro quinto de *Blanquerna;* ocasionalmente también en otras obras, como *Los cien nombres de Dios, Desconhort* y *Árbol de filosofía de amor.*

De toda su producción *El libro del Amigo y del Amado* es el que presenta un carácter más puramente místico. Con gran probabilidad fue escrito antes que *Blanquerna* (en el primer catálogo de los escritos lulianos, de 1311, y en varias ediciones primitivas aparecen separados), e introducido luego en esta obra como su cima climática. Por esto hay que considerarlo dentro de ella. *Blanquerna*, escrito en catalán hacia 1283, ha sido descrito de diferentes maneras: la gran alegoría de la Edad Media, una utopía, la autobiografía de Raimundo Lulio, un romance religioso. El título que mejor le cuadra es el de «romance», que es como lo llama su autor. Se trata, en efecto, de la relación de las aventuras de Blanquerna en los cinco «estados» de su vida (educación, vida religiosa, episcopado, pontificado y vida eremítica), encaminada a la enseñanza y experiencia educativa, religiosa, social y mística. Pero el romance describe una utopía: la acción discurre, por lo general, en un espacio y un tiempo indeterminados; los personajes son imaginarios (Evast, Blanquerna, Aloma...) o alegóricos (los *Diez Mandamientos*, la *Dama Valor*, el *Qué dirán...*). Sin embargo, no faltan detalles que ligan la acción con la vida real de Lulio y de su época (por ejemplo, la fundación del colegio de Miramar), y los personajes encarnan tipos y conceptos de valor universal: los padres de Blanquerna representan los valores del estado matrimonial en grado eminente; Blanquerna sale un dechado en lo físico y espiritual *(Blanquerna*, I, 1-18); sus actividades como abad, obispo y papa son propias del prelado y pontífice ideal *(Blanquerna*, IV, 80-95); termina su vida representando al ermitaño «servidor y contemplador de Dios». Con este fin establece su morada «en una alta montaña donde había la iglesia de una ermita junto a una fuente» y allí pasa los días con sus noches alternando la oración con la lectura y el trabajo manual. Al levantarse a medianoche abría «las ventanas de su celda para poder contemplar el cielo y las estrellas y comenzaba su oración tan devotamente como le era posible, con el fin de que toda su alma estuviera con Dios». Por la mañana «abandonaba la iglesia... y miraba a las montañas y a los llanos para recibir de ellos recreación». Se alimentaba de «ciertas hierbas y vegetales..., trabajaba en el jardín o en otra tarea para no hacerse perezoso y para que su cuerpo pudiera tener la mejor salud» en la práctica de la oración. Pero el ejercicio de la contemplación no significa abandono de la obra apostólica y santificadora de Blanquerna, sino una forma más alta de apostolado en la unión con Dios, pues el tema constante de la misma es «el honor de Dios y los pecados que los hombres cometen en este mundo contra Él». Y sentía en ella un «afecto y devoción» tan grande, «que aun cuando se había acostado y dormía pensaba que estaba con Dios» *(Blanquerna*, V, 99). La vida mística de Blanquerna es, pues, a un tiempo, meta de su perfección espiritual y de sus afanes apostólicos, característica muy saliente de la mística luliana.

«Libro del Amigo y del Amado»

Este libro presenta el lado afectivo de la mística luliana en la línea del sufismo y franciscanismo, mientras que el *Arte de contemplación* contiene, ante todo, su lado intelectual. Pero en aquél hay también una trama filosófico-teológica profunda, y en éste resuena con frecuencia la nota del amor. El influjo del sufismo en *El libro del Amigo y del Amado* lo confiesa el propio Lulio en el capítulo ochenta y ocho de *Blanquerna* al decir de él que es traducción de una obra árabe. Aunque el contenido del libro de Lulio no permite tomar esta aserción literalmente, podría tratarse de la versión cristiana de un libro árabe hoy desconocido (A. Peers). Además, en el capítulo noventa y nueve de la misma obra declara su proyecto de escribir un libro contemplativo a la manera de «ciertos hombres llamados sufíes, que tienen palabras de amor y ejemplos breves que dan a los hombres gran devoción; y son palabras que demandan exposición, y por la exposición el entendimiento se eleva y de manera semejante se eleva la voluntad y crece la devoción». Pues bien, *El libro del Amigo y del Amado* parece responder a esta idea: es un breviario de contemplación, formado por 366 versículos, que son otras tantas fábulas o metáforas doctrinales corrientes en los sufíes, cada una de las cuales se destina a la meditación de un día del año. Por ejemplo: «El pájaro cantaba en la rama en flor y la brisa estremecía las hojas y dispersaba el aroma de las flores. ¿Qué significa el temblor de las hojas y el aroma de las flores?, preguntó al pájaro el Amigo. Aquél respondió: El temblor de las hojas significa obediencia y el aroma de las flores adversidad.» A veces los versículos reflejan la atmósfera del *Cantar de los Cantares* (III, 2-3; V, 8, 17): «El Amigo se levantó temprano y salió en busca de su Amado. Encontró viajeros en el camino y les preguntó si habían visto a su Amado» (v. 40; cf. vs. 98, 279). En ambos casos la metáfora condensa el asunto de la meditación del día mejor que podría hacerlo el lenguaje directo. Y los conceptos abstractos (obediencia, adversidad, amor) adquieren valor místico al personificarse en la alegoría del jardín y la búsqueda del amante. La unión de lo místico y lo poético tiene su fuente de inspiración constante en la inmanencia de Dios en la naturaleza, característica del sufismo y de la mística franciscana (y del neoplatonismo en general).

Uno de los recursos más frecuentes de Lulio para expresarla es la apelación a los pájaros que cantan en los jardines y florestas (vs. 16, 26-27, 41, 58, 116), en las colinas, valles, montes y caminos (vs. 34, 36, 70, 103). Todo lector del místico mallorquín conoce el maravilloso versículo: «Los pájaros cantaban al alba y el Amado, que es el alba, despertó. Y los pájaros terminaron su canto, y el Amigo murió en el alba por su Amado» (v. 25). El Amado está también en las olas del mar (v. 37), en la fuente (vs. 21, 27), en las nubes (v. 118), en el eclipse (v. 200), en el relámpago (v. 37), en el sol (v. 5), «en todas las criaturas» (v. 318). Y como *El libro del Amigo y del Amado* está escrito para ermitaños, el Amado se revela en la soledad: «El Amigo amaba la soledad y se fue a vivir solo para tener la compañía de su Amado, pues entre mucha gente vivía solitario» (v. 47). Este ejemplo contiene uno de los recursos más eficaces del lenguaje místico, la antítesis y la paradoja, abundante en Lulio: el Amigo está solo cuando está en medio de la gente. Su riqueza es la pobreza y su descanso la aflicción (v. 57); su felicidad es desconsuelo (v. 65).

El recurso literario fundamental de Lulio es sin duda el diálogo de amor de los trovadores. En el ambiente de «soledad sonora» del ermitaño tiene lugar un diálogo dramático entre dos amigos que se necesitan mutuamente: «El Amigo lloró y llamó a su Amado hasta que el Amado descendió de lo alto del cielo y vino a la tierra a llorar y sufrir y morir por la causa del amor» (v. 148).

En ese diálogo es posible rastrear las etapas de la vida espiritual, aunque Lulio no las menciona, comenzando con el fenómeno de la conversión, de la salida del alma en busca de Dios. El Amado es el Dios hecho hombre y crucificado: «El Amado se manifestó a su Amigo cubierto de túnica escarlata; y extendió sus brazos para que su Amigo le abrazara, e inclinó la cabeza para que le diera un beso, y permaneció en alto (en la cruz) para que éste pudiera verlo siempre» (v. 90). En esta actitud Amigo y Amado se comunican íntimamente: «El Amigo y el Amado se encontraron y el Amado dijo al Amigo: No necesitas hablarme. Mírame tan sólo —pues tus ojos hablan a mi corazón— para que pueda darte lo que deseas» (v. 28). Pero el Amigo no se contenta con esto; quiere conocer los secretos del Amado y sus obras (y aquí tocamos el fondo filosófico y teológico de la mística de Lulio): «El Amigo tenía dos pensamientos, uno era la esencia y bondad de su Amado y otro las obras de su Amado. No sabía cuál de los dos era más agradable al Amado» (v. 244). En su esencia el Amado es «Bien supremo, infinito y eterno en grandeza, sabiduría y amor; es la perfección» (v. 36); es glorioso porque es la gloria misma; poderoso porque es el poder; sabio porque es la sabiduría, y amable porque es el amor (v. 38). Por tanto, «su Amado debe ser simple, puro y presente en esencia y operación» (v. 258).

La simplicidad del Amado se manifiesta en la armonía entre Unidad y Trinidad por la que pasa a la existencia todo ser creado: «Entre el número 1 y 3 halló el Amigo mayor armonía que entre otros números, pues por esos números cada forma corporal pasa de la no existencia a la existencia. Y el Amigo pensó que la mayor armonía del número se encontraba en la Unidad y Trinidad de su Amado» (v. 259). Habiéndolo creado todo, excepto el pecado, «el mundo está en mi Amado antes que mi Amado en el mundo» (v. 288). El Amado es «rayo y radiante en todas las cosas, como el sol en todo el mundo» (v. 294). Pero el mundo es temporal, mientras que el Amado es eterno (vs. 273-274) y su eternidad asegura la perfección de su amor al Amigo (v. 108).

Las perfecciones del Amado encienden el amor vehemente del Amigo, pero «largos y peligrosos son los senderos por los que el Amigo va al encuentro del Amado» (v. 2). Es la etapa purificativa: «Lleno de lágrimas y de angustia fue el Amigo en busca de su Amado por el camino de los sentidos y del entendimiento» (v. 344). Para andarlo «el Amigo descargó su alma de los cuidados y placeres de este mundo» (v. 337), y aunque aumentaron los sufrimientos, el amor creció con ellos (v. 9). El período iluminativo nos da la psicología de la mística luliana: «La luz de la morada del Amado vino a iluminar la morada del Amigo, que estaba llena de obscuridad, a llenarla de gozo» (v. 97), y entonces el Amigo pide a todos los amantes linternas para iluminar su propio corazón (v. 173). Ahora «el Amado reveló su presencia a la memoria y al entendimiento del Amigo y se dio a sí mismo como fin supremo de su voluntad» (v. 104). De las tres facultades la más próxima al Amado es el entendimiento: «El Amigo preguntó al entendimiento y a la voluntad cuál de ellos estaba más cerca del Amado. Echaron a correr y el entendimiento llegó más cerca del Amado que la voluntad» (v. 18). Pero los tres intervienen en la unión: «El Amigo y el Amado estaban enlazados en amor con los lazos de la memoria, el entendimiento y la voluntad para no separarse nunca y la cuerda que unía a los amantes estaba tejida de pensamientos, penas, suspiros y lágrimas» (v. 126)). (Debe tenerse en cuenta que los términos «cuerda» y «enlazar» se relacionan con la expresión sufí que designa el conocimiento de la unidad de Dios, *hablu'l matin*.) El amor es el que calienta e inflama al Amigo (v. 364) porque «nace del recuerdo y del entendimiento»

(v. 133). Las tres potencias, en fin, concurren en el crecimiento del amor: «Memoria y voluntad se juntaron y subieron la montaña del Amado para que el entendimiento fuera exaltado y creciera el amor por el Amado» (v. 100); amor que alcanza su grado más alto «en el Amigo que muere» (v. 360), pues «amor y muerte son las puertas y la entrada a la ciudad del Amado» (v. 328).

El tránsito del período iluminativo al de unión, el juego de presencia y ausencia del Amado y la noche del espíritu se transparentan en versículos como los siguientes: «Preguntaron al Amigo: ¿Cuál es la mayor obscuridad? Respondió: La ausencia de mi Amado. ¿Y cuál es la mayor luz? La presencia *(hadras* del sufismo) de mi Amado» (v. 119). Para descubrir esa presencia el Amigo acude al simbolismo del espejo *(sarab,* espejismo, de los sufíes): «El Amigo se contemplaba como si fuera un espejo que reflejaba al Amado» (v. 341). Luego viene el anuncio de la unión: «Amor brilló a través de la nube puesta entre el Amigo y el Amado y la hizo tran resplandeciente como la luna en la noche, como el lucero del alba, como el sol de mediodía... y a través de aquella brillante nube el Amigo y el Amado se comunicaron» (v. 118), y «el Amigo permaneció mudo delante del Amado» (v. 114). Este estado correspondería a la sexta morada teresiana, que enlaza con la unión, la cual describe Lulio en los siguientes términos: «Si el Amigo y el Amado están cerca o lejos es lo mismo; pues amor los mezcla como el agua se mezcla con el vino. Están enlazados como el calor y la luz; se acercan y se unen como esencia y ser» (v. 49). El versículo siguiente acentúa, si cabe, la unión plena (según Asín Palacios en la terminología de Ibn Arabi): «Amor y amar, Amigo y Amado se convienen tan fuertemente en el Amado que son un solo acto en esencia y Amigo y Amado son seres diferentes, pero concordantes sin diversidad de esencia» (v. 212).

La unión es efecto del amor del Amado, es decir, de la comunicación de su bondad y perfecciones al Amigo. Pero éste es digno de ese amor porque hace de mensajero del conocimiento y del amor del Amado entre los hombres (v. 142). ¿Cómo es el amor del Amigo? A la vez fe e intelección: «Era tan grande el amor del Amigo a su Amado que creía cuanto Éste le revelaba. Y tanto deseaba entenderle que cuanto se decía de Él quería saberlo por razones necesarias. Así, el amor del Amigo estaba entre la fe y la inteligencia» (v. 192). Pero el conocimiento infuso de la fe, la sabiduría, es superior a la razón: «Di, loco, ¿dónde se encuentra el principio de la sabiduría? En la fe y devoción, que son la escala por la que el entendimiento puede subir al conocimiento de los secretos de mi Amado» (v. 275).

Por lo que hace al fruto de la unión (las obras), la mística de Lulio se equipara a la de los grandes autores: «El corazón del Amigo se remontó a las alturas de la mansión del Amado... Pero el Amado lo envió de nuevo a este mundo para hacerle sufrir con tribulaciones y trabajos» (v. 56). Su misión consiste en procurar el honor del Amado: «Tan ardientemente deseaba el Amigo que su Amado fuera honrado y alabado, que dudaba si lo honraba bastante» (v. 189). Para hacer que los cristianos «honren su Nombre», el Amigo vigila, ayuna, llora, da limosna (v. 207), y por fin, desengañado de ellos, «deseó marcharse a un lejano país para honrar a su Amado... y fue hecho cautivo en el camino y entregado a los verdugos por los enemigos del Amado» (v. 162). Y como la mayoría de los grandes místicos Lulio cela sus experiencias extraordinarias. Pero tal vez se insinúa el éxtasis o fenómenos similares en frases como éstas: «El Amigo permaneció mudo delante del Amado» (v. 114); «El Amigo caminaba absorto en el pensamiento de su Amado», y al ser interrogado «dijo que no podía responder sin apartarse de su Amado» (v. 352); «El Amigo fue a través de la ciudad como un demente, cantando su amor y le preguntaron si había perdido los sentidos... Sólo me queda la memoria para recordar a mi Amado» (v. 54).

Arte de contemplación

Ya se dijo en el apartado anterior que el *Arte de contemplación* presenta el aspecto intelectual de la mística de Lulio. Y esto en doble sentido: primero, da gran importancia al método (característica de sus famosas *Artes)* y, segundo, versa sobre temas abstractos de teología mística en la tradición de San Agustín y San Buenaventura. Pero la especulación teológica se ordena a producir lágrimas, devoción, contrición, amor y apostolado, que son temas del *Libro del Amigo y del Amado*, y en cuanto al método, éste no produce necesariamente contemplación, sino que tan sólo ayuda a tenerla. El punto de arranque es la consideración de la bondad divina: «El Soberano Bien es tan elevado y excelente y el hombre tan bajo por las faltas y pecados, que frecuentemente los ermitaños y hombres santos tienen gran deseo de elevar su alma a la contemplación de Dios, y como en esta materia un arte o método es de gran ayuda, Blanquerna dio en pensar cómo haría un Arte de contemplación que le ayudara a tener devoción en su corazón, llanto y lágrimas en los ojos, y que elevara su voluntad y entendimiento a contemplar a Dios en sus honores y maravillas» (Prólogo).

Tres condiciones se requieren para la aplicación del método: buena disposición de espíritu, lugar conveniente (silencioso y templado) y, ante todo, despego de las cosas temporales. Con esta preparación, el objeto de la meditación pueden ser las dignidades divinas, la esencia y unidad de Dios, la Trinidad, la Encarnación, el paternóster, el avemaría, el miserere, los Mandamientos, los sacramentos, las virtudes y los vicios.

El arte del libro consiste en contemplar las dignidades divinas, primero en sus relaciones mutuas y luego en relación con las otras partes del libro. Las dignidades pueden ser contempladas «de diversas maneras, una de las cuales es contemplar una con otra, o una con dos, tres o más. La segunda manera es aquella por la cual, con esas dignidades, es contemplada la esencia, la unidad, la Trinidad o la Encarnación... Un hombre puede contemplar a Dios en sus obras con las dieciséis dignidades o con cualquiera de ellas». El efecto de la contemplación de las dignidades divinas es llanto, devoción, arrepentimiento y amor.

El siguiente paso es la consideración de la esencia de Dios y de las criaturas. En Dios se identifican esencia y ser: «Tú eres esencia y Dios, pues entre deidad y Dios no hay diferencia. Te adoro como una sola y misma cosa, deidad y Dios, esencia y ser; porque si no fueras una sola y misma cosa, sin diferencia alguna entre deidad y Dios, entre esencia y ser, entre tu bondad y tu bien, entre tu eternidad y lo que es eterno, tu grandeza sería finita y limitada. Se seguiría que tu deidad sería una cosa y Dios otra y lo mismo con respecto a tu ser y esencia». En conclusión: «Nombrar tu deidad es nombrar a Dios y nombrar a Dios es nombrar tu esencia».

Otras consecuencias que Lulio obtiene de la identidad de esencia y ser en Dios son: la igualdad entre «poder, saber y querer» divinos; que Dios es «el Soberano Bien», y que todas las cualidades divinas le son esenciales (III). La esencia de las

125

criaturas, en cambio, es diferente del ser de las mismas: «Una cosa es mi ser y otra mi esencia». Las cualidades del hombre son atributos de su ser, no de su esencia. Por esto (en la línea del ejemplarismo de San Buenaventura), el hombre debe contemplar sus propias cualidades en Dios, adorando «la humildad, señoría y paciencia como esencia y ser divinos» (III-IV).

En la contemplación de la Trinidad, Blanquerna conoce que «el mundo tenía un principio y que la obra de la esencia divina en sí, por la que el Padre engendra al Hijo, y el Espíritu Santo procede del Padre y del Hijo, es obra infinita, eterna y perfecta». Con esta contemplación el entendimiento de Blanquerna «se elevó tanto, que su voluntad creció en amor a la Trinidad; de manera que el amor dio aflicción a su cuerpo, lágrimas a sus ojos, suspiros y devoción a su corazón, y a su boca oraciones y alabanzas a su glorioso Dios» (V).

Posiblemente el lector encuentre difícil que una ideología tan abstracta pueda engendrar devoción. El propio Lulio confiesa que al leer su libro sintió menos devoción que en la contemplación de las verdades que contiene, «pues en la contemplación el alma se eleva más alto en el recuerdo, conocimiento y amor de la divina esencia que leyendo la materia de su contemplación. Y la devoción va mejor con la contemplación que con lo escrito» (III). Y al final de la obra declara la escasa o nula eficacia didáctica de su método: «La contemplación y devoción de Blanquerna, así como su arte y método, nadie puede decirlo ni explicarlo, excepto Dios.»

Finalmente, en opinión de algunos lulistas, el libro culminante de la mística luliana es el *Árbol de filosofía de amor*. Sin duda ofrece una de las más bellas alegorías en torno al tema Amigo-Amado, con «espesura de árboles, caudalosas fuentes y pájaros», lo que hace decir a Rubén Darío que los árboles de la filosofía de Lulio «están llenos de nidos de ruiseñor». Es una especie de versión a lo divino del *Roman de la Rose*, con el tema de la cárcel de amor de los trovadores. Tal vez su estrecha conexión con el poema francés, así como la insistencia y el clamor de los suspiros y llantos, le dan un carácter demasiado sentimental aun para la tradición mística franciscana. Por ejemplo, en el último episodio del romance el Amigo muere de emoción y llanto en Tierra Santa recordando la pasión de Cristo. Pero el epitafio que las doncellas del amor escriben sobre su tumba contiene el ideal místico (amor y apostolado) de Ramón Lulio: «Aquí yace el Amigo, muerto por su Amado y por amor..., amigo humilde, paciente, leal..., santo y lleno de todo bien, que ha iluminado a muchos amadores para buscar y servir a su Amado y a su amor». De la posible influencia de Lulio en la mística española posterior trataremos en los capítulos siguientes.

BIBLIOGRAFÍA

Sobre el monacato primitivo, cfr.:

FLÓREZ, RISCO y LA CANAL, *España Sagrada*, Madrid, 1775.

MIGNE, J. P., *Patrologiae Cursus Completus*, París, 1844-55.

VEGA, A. C., *Scriptores Eccl. Hispano-Latini Veteris et Medii Aevi*, El Escorial.

PÉREZ DE URBEL, J., *Los monjes españoles de la Edad Media*, 2 vols., Madrid, 1945.

LLORCA, B., *Historia de la Iglesia Católica*, Madrid, 1950.

Sobre la vida de Raimundo Lulio:

PASQUAL, A. R., *Vida del Beato Raimundo Lulio, mártir y doctor iluminado*, 2 vols., Palma, 1890; *Vida Coetania*, escrita por un contemporáneo de Lulio.

ALLISON PEERS, E., *Ramon Lull. A Biography*, Londres, 1929.

OBRAS:

Raymundi Lulii Opera Omnia, Maguntiae, 1721.

Obres de R. L. Edició original, Palma, 1914.

R. L. Obras literarias, Madrid, 1948.

FILOSOFÍA:

RIBERA, J., «Orígenes de la filosofia de Ramón Lulio», en *Homenaje a M. y Pelayo*, Madrid, 1899, págs. 191-216.

PROBST, J. H., *Caractère et origine des idées du bienheureux R. L.*, Toulouse, 1912.

CARRERAS ARTAU, T. y J., *Historia de la filosofía española. Filosofía cristiana de los siglos XIII al XV*, t. I, Madrid, 1939.

MÍSTICA:

ASÍN PALACIOS, M., «La teoría de las 'Hadras' en Ibn Arabi y las 'Dignitiates' de Lulio», en *Obras escogidas*, I, Madrid, 1946, páginas 204-216.

ETCHEGOYEN, G., «Le mystique de R. Lull», en *Bulletin Hispanique*, XXIV (1922), págs. 1-17.

Longpré, E., «Lulle, Raymond», en *Dictionnaire de Théologie Catolique*, IX, París, 1927.

Montoliu, M. de, «R. Lulio trovador», en *Estudios universitarios catalanes*, XXI, Barcelona, 1937, págs. 363-393.

Franch, R. S., *Raymond Lull, Docteur des missions*, Soencok, 1945.

Hatsfeld, H., *Estudios literarios sobre mística española*, Madrid, 1955, páginas 33-143.

Da Gama Caeiro, F., «Aportación para el estudio de las fuentes del pensamiento místico del Beato Raimundo Lulio», en *Estudios lulianos*, VIII (1964), págs. 33-41.

Riquez, M. de, *Historia de la literatura catalana*, I, Barcelona, 1964.

Oliver, A., «El Beato R. L. en sus relaciones con la escuela franciscana de los siglos XIII-XIV», en *Estudios lulianos*, IX (1965), páginas 57-70, 145-165; X (1966), págs. 49-56; X (1967), págs. 89-119; XIII (1969), págs. 51-65.

Sobre *El libro del Amigo y del Amado*:

Pons, J. S., «Réflexions sur le 'Libre d'Amic e Amat'», en *Bulletin Hispanique*, 35 (1933), págs. 23-31.

Carreras Artau, T. y J., *op. cit.*, págs. 586-592.

Bertini, G. M., «Aspectos ascético-místicos de Blanquerna...», en *Estudios lulianos*, 5 (1961), págs. 145-162.

Zaragüeta, J., «La vida de Blanquerna culminante en la contemplación del amor divino», en *Estudios lulianos*, VI (1962), págs. 58-70.

Seelemann, B., «Presencia del 'Cantar de los cantares' en el 'Libre d'Amic e Amat' del Beato R. L.», en *Estudios lulianos*, VI (1962), páginas 283-297.

Maduell, A., «Trets de la fisonomía luliana», en Introducción al *Libre d'Amic i Amat*, Barcelona, 1966.

Sobre el *Arte* de contemplación:

Probst, J. H., *La mystique de R. L. et l'Art de contemplatió*, Münster, 1914.

Carreras Artau, T. y J., *op. cit.*, págs. 579-581.

Guibert, J. de, *Etudes de théologie mystique*, Toulouse, 1930, págs. 299-310.

Edad   Moderna

I. Renacimiento y contrarreforma

La literatura mística de la Edad Moderna española comprende la mística del Renacimiento y la Contrarreforma. El presente capítulo ofrece su caracterización general, origen y desarrollo, algunos rasgos literarios, doctrina, escuelas. Se inicia en tiempo de los Reyes Católicos, alcanza plena madurez en el reinado de Felipe II y decae en el siglo XVII. Por su calidad doctrinal y literaria representa el clasicismo de la mística católica. Este juicio corresponde a la obra de Santa Teresa y San Juan de la Cruz, secundariamente a los restantes místicos españoles. Respecto a su origen, una idea fundamental bien conocida es la siguiente: mientras que la ascética de los místicos clásicos españoles tiene claros precedentes en la Edad Media española, los antecedentes de su mística se encuentran fuera de España. Esas fuentes son de dos clases: unas generales, que influyen en la concepción de conjunto de la mística española, como la división de la vida espiritual en tres períodos; otras particulares, que influyen en los detalles de esa concepción, en determinadas ideas y términos imaginativos; por ejemplo, las diferentes partes de la oración (variables según los autores y escuelas, por ejemplo, siete en la escuela carmelitana, tres en la ignaciana, etc.), o el símbolo del «fondo del lama».

Fuentes generales

Se encuentran (además de la Escritura) en los escritos místicos de los Padres y de los autores medievales: San Agustín, el seudo-Dionisio, los Victorianos, San Buenaventura, Santo Tomás, Gerson... Pero antes de indicar el proceso de asimilación de las fuentes hay que preguntarse por qué comenzó este fenómeno en tiempo de los Reyes Católicos. En general, puede decirse que es consecuencia de la revolución religiosa operada entonces en España y que tiene sus raíces en la «Devotio moderna». Ésta es una forma de piedad íntima, a la vez ilustrada, metódica y afectiva, inspirada en los grandes místicos alemanes y flamencos del siglo xiv (Eckhart, Tauler, Suso, Ruysbroeck, Groot) y desarrollada en el siglo xv por los *Hermanos de la vida común* y los Canónigos de Windesheim en los Países Bajos. «Su espiritualidad, hija del claustro, conduce al claustro; pero también puede inducir a los seglares a cerrar el oído a los ruidos del mundo para dialogar con Dios» (Bataillon).

Su influencia se extiende a Alemania en el reformador y escritor benedictino Juan Trithemius (m. 1516); a Italia, en Luis Barbo (m. 1443) y San Lorenzo Justiano, ambos reformadores; a Francia, en Jean Mombaer (m. 1503), reformador de los canónigos de Livry y autor del *Rosetum (Jardín de rosas)*, una de las mejores exposiciones de esa espiritualidad; en Jean Standonck, reformador del Colegio de Montaigu, donde se matriculó San Ignacio de Loyola en 1528. En este ambiente se forman también Dionisio el Cartujano (m. 1471) y Hendrik Herp (m. 1477), cuyos escritos divulgan por toda Europa la tradición mística medieval.

Afín al espíritu de la «Devotio moderna» es el de los cartujos de Colonia, de donde sale Lorenzo Surio (m. 1578), el gran popularizador de los místicos alemanes y flamencos. Un espíritu similar inspira en Italia a los franciscanos San Bernardino de Siena (m. 1444) y San Juan Capistrano (m. 1465); a los dominicos Savonarola (m. 1498), Battista Carioni de Crema (m. 1534) y Santa Catalina de Génova (m. 1510).

La otra gran corriente espiritual de ese período es la del «Humanismo cristiano», representada por Nicolás de Cusa (m. 1464), Pico de la Mirándola (m. 1494), Lefèvre d'Etaples (m. 1536), Luis Vives (m. 1536) y principalmente por Erasmo (m. 1536). Tiene en común con la «Devotio moderna» la aspiración sincera a una renovación de la cristiandad por la vida interior. Pero se acerca mucho a la reforma protestante en su insistencia en la lectura directa de las Escrituras y los Padres, así como en la crítica de las doctrinas, ceremonias y prácticas de la Iglesia oficial.

En España el movimiento de renovación religiosa estuvo precedido por un largo período de sátira contra las costumbres de eclesiásticos y legos, de lo que son testimonio obras del tipo de la *Danza de la Muerte* de comienzos del siglo xv y las *Coplas de Mingo Revulgo* de finales de ese siglo, que es cuando se establecen las bases de la mística española del xvi. Esas bases son la reforma del clero y la similación de obras místicas extranjeras. Responsable principal de ambas fue el Cardenal Cisneros, confesor de la reina Isabel, Arzobispo de Toledo, Inquisidor General y dos veces regente del reino. Su actividad reformadora, llevada con enorme tenacidad, abarca el clero secular y regular, y en éste principalmente la orden franciscana. Para la historia de la mística española importa más la reforma de los regulares que la del clero secular. Se desarrolla en forma de lucha entre unos grupos animados de ardiente espiritualidad y otros de vida más laxa e inferior formación intelectual. En los franciscanos la oposición es entre *conventuales* y *observantes* o reformados, y termina con el predominio de los segundos hacia 1517. Algo parecido ocurre entre los dominicos, bajo la influencia de la Congregación de San Marcos fundada por Savonarola, pero el éxito de los reformados es menor. En los benedictinos se lleva a cabo la reforma de San Benito de Valladolid, siguiendo las instrucciones de Luis Barbo y luego la de Montserrat, ésta efectuada por García de Cisneros, primo del Cardenal y autor del *Exercitatorio*.

La espiritualidad de los reformados es la ya indicada de la «Devotio moderna», que en España se manifiesta como iluminismo y en alguna medida como erasmismo. Contiene en germen tendencias opuestas: en unos casos dará origen al iluminismo heterodoxo del xvi y al quietismo del xvii, en otros a la mística ortodoxa. En este segundo sentido va a constituir la inspiración más legítima de la contrarreforma: la realización del ideal de vida cristiana interior permaneciendo dentro de la Iglesia, según veremos más adelante.

En cuanto a la asimilación de la literatura mística extranjera, Cisneros es responsable de ella en calidad de promotor de la cultura eclesiástica y por medio de ésta de la renovación de la vida cristiana en general. La fundación de la Universidad de Alcalá y la impresión de la Biblia Políglota obedecen al designio de proporcionar al elemento eclesiástico una instrucción completa: «De la gramática a las artes liberales, y de las artes a la teología, vivificada por el estudio directo de la Biblia: tal es el camino real y derecho que se abre ante los jóvenes

135

que Cisneros quiere ver fluir a Alcalá de todas las diócesis de España, y volver después a estas diócesis para constituir los planteles de una Iglesia digna de Cristo» (Bataillon).

La impresión de las obras de los grandes autores espirituales que manda hacer tienen un objeto semejante. Entre ellas se cuentan: la *Escala espiritual* de San Juan Clímaco (Toledo, 1504); el *Libro de la bienaventurada Ángela de Fulgino;* el *Tratado de la vida espiritual* de San Vicente Ferrer y el *Libro de la gracia espiritual* de Santa Matilde (los tres en Toledo, 1510); las *Epístolas y oraciones* de Santa Catalina de Siena (Alcalá, 1512). Bajo su patrocinio abundan las traducciones: la *Vita Christi* de Francesc Eximenic, traducida y aumentada por Fray Hernando de Talavera (Granada, 1496); la *Vita Christi* de Ludolfo de Sajonia (el Cartujano), traducida por Fray Ambrosio de Montesinos (Alcalá, 1502-1503), que enseña la contemplación imaginativa; el *Flos Sanctorum* de Jacobo de Vorágine, probablemente traducido por Fray Gauberto Vagad, publicado en Zaragoza en fecha desconocida y reimpreso en Toledo en 1511; de San Agustín se publica la colección apócrifa titulada *Meditaciones, soliloqios y manual* (Valladolid, 1511 y 1515); son varias las traducciones de obras auténticas o supuestas de San Buenaventura, como *Soliloquio* (Sevilla, 1497), *Espejo de disciplina* (Sevilla, 1502), *Meditaciones* (Valladolid, 1512) y *Estímulo de amor* (Burgos, 1517), que trata de la unión; el *Sol de contemplación o Mystica theologia de San Dionisio* (Toledo, 1513), atribuida a Hugues de Balma.

Pero el libro espiritual más leído en España a fines del xv y en la primera mitad del xvi es la *Imitación*, que se creía de Gerson y se conocía con el título de *Contemptus mundi* (Zaragoza, 1490). Estas obras y algunas otras que continúan traduciéndose en el resto del siglo xvi, como las *Instituciones* de Tauler y los *Tratados* de Serafino de Fermo, forman el núcleo de las fuentes generales de la mística clásica española. En ellas se encuentra la concepción fundamental de la mística como experiencia y como ciencia, los tres períodos y los fenómenos correspondientes, así como las imágenes comunes del lenguaje místico. De fuentes indígenas poco hay que decir. De finales del siglo xv se conocen varios libros con cierta tendencia mística, tales como el *Lucero de la vida cristiana* (Salamanca, 1493) de Pedro Ximenes de Prexano y la *Vita Christi* (Valencia, 1497) de la abadesa Isabel de Villena. En 1500 aparece en Sevilla el *Carro de las dos vidas, es a saber, de vida activa y vida contemplativa* del toledano Gómez García, pero la parte dedicada a la contemplación es una especie de antología mal ordenada de ideas de Ricardo de San Víctor y Santo Tomás de Aquino.

Quizá el mejor ejemplo de asimilación de la mística extranjera en esta época es el *Exercitatorio de la vida espiritual* (Montserrat, 1500) de García de Cisneros (1455-1510). Se le considera el primer libro de oración metódica en la historia de la espiritualidad católica, precedente de los *Ejercicios* de San Ignacio. Es un tratado de oración vocal y meditación acerca de las vías purificativa, iluminativa y unitiva. Su finalidad es disponer al ejercitante a la contemplación y al fin de ésta, la unión. La clasificación de los tres estados y los conceptos y metáforas que emplea para describirlos (por ejemplo, humo del fuego para la purificación, llama humeante para la iluminación y pura llama para la unión) se encuentran en los numerosos autores que cita (San Jerónimo, San Agustín, San Gregorio, San Buenaventura, Gerson, Santo Tomás...). Las meditaciones están dispuestas según los días de la semana y las horas del día, con minuciosas indicaciones sobre el lugar, la posición del cuerpo, las ceremonias y jaculatorias que han de acompañarlas. Pero las meditaciones no implican que el ejercitante tenga experiencia propiamente mística, es decir, iluminativa y de unión; solamente lo disponen a ellas. Lo que de éstas se dice es una transposición del *De monte contemplationis (Monte de contemplación)* de Gerson y la mística del pseudo-Dionisio, Tomás de Kempis, Jean Mombaer y Gerard de Zutphen. De éstos toma la definición de la iluminación como conocimiento experimental de Dios, que conduce a los estados de encendido amor, dulzura, deseo, plenitud y éxtasis. Los dos últimos, más los estados de seguridad y tranquilidad (que toma de Hugues de Balma) pertenecen a la unión. El único rasgo original de Cisneros es la manera en que trata la vida y pasión de Cristo como tema de contemplación: en su Humanidad, como Dios, Hombre, y en su Divinidad, que es la forma más perfecta de contemplación. Pero se reconoce incompetente para dar cuenta de los fenómenos característicos de la unión, contentándose con «repetir» lo que han dicho «los santos», esto es, los místicos *(Exercitatorio, XXXVII)*. En conjunto, el libro de Cisneros queda como muestra admirable de ejercicios propios del período purificativo (oración vocal y meditación). La parte dedicada a la mística (toda la cuarta parte) no es otra cosa que una ordenada exposición de doctrinas ajenas. Sus relaciones con los *Ejercicios* de San Ignacio se verán en el capítulo dedicado a la mística jesuítica.

Fuentes particulares

En punto a ideas y símiles particulares de autores no españoles (o no cristianos) que matizan la concepción mística clásica española existen tres teorías principales: árabe, germánica y secular. De la primera, representada por Asín Palacios, ya tenemos alguna noticia desde el capítulo primero de la segunda parte. A lo dicho allí sobre la semejanza de conceptos e imágenes en Ibn Abbad de Ronda y San Juan de la Cruz, añadimos ahora la que ese erudito establece entre los castillos y moradas del alma en la mística islámica y en Santa Teresa. Esos símbolos tienen un antecedente en Algazel y en el hermano de éste, Ahmad, y alcanzan «completo desarrollo» en el sufí Ibn Ata Allah de Alejandría. El nexo entre el modelo árabe y la copia teresiana es de imágenes más que de concepto y se debería a «reminiscencia subconsciente de relatos orales» («El símil de los castillos y moradas del alma en la mística islámica y en Santa Teresa», *Al-Andalus*, XI, 1946, 263-274).

El «eslabón entre el misticismo musulmán y el cristiano» lo encuentra H. Hatzfeld en Lulio, cuyas obras, traducidas al español y al latín desde 1482, «es probable» que conocieran los místicos españoles. El concepto de «ciencia de amor» para designar la contemplación se encuentra en el *Art amativa* de Lulio, de donde pasa al *Tercer Abecedario* de Francisco de Osuna y de éste a Santa Teresa y San Juan de la Cruz. Igualmente el concepto de amor desinteresado del famoso anónimo, *Soneto a Cristo crucificado*, se inspira en esa obra luliana (con el precedente del *Futuhat* de Ibn Arabi), a través del *Audi filia* de Juan de Ávila. El símbolo del «nudo» (Santa Teresa) para la unión mística; el de la «fuente» en sus varias ramificaciones (San Juan de la Cruz, Santa Teresa), para la presencia de Dios y la unión; el del «cazador» (Osuna, San Juan de la Cruz, Santa Teresa), para alcanzar a Dios; el de la «noche oscura» (San Juan de la Cruz) sobre la fe, son de origen luliano con antecedentes en el sufismo. Pero el gran estudioso ᴅe Osuna, P. Fidel de Ros, califica la opinión de Hatzfeld de «pura fantasía: nada hace suponer que Osuna haya sufrido nunca ni la menor influencia de Raimundo Lulio. La *ciencia del amor* la recibe Osuna de la Sagrada Escritura, de San Agustín, de San Bernardo, de Ricardo de San Víctor, sin hablar de las fuentes franciscanas». En cuanto al tema del amor desinteresado del *Soneto* es un tópico medieval, que se encuentra en San Bernardo y San Buenaventura (R. Ricard).

La tesis germánica goza de mayor prestigio. Para mediados del XVI ya se conocían en España las obras principales de los místicos germanos y flamencos: *Theologia mystica* de Herp (Colonia, 1538); *Rosetum* de Jean de Mombaer; *Opera omnia* de Tauler y la primera traducción de sus *Instituciones* (Coimbra, 1551), que son una amalgama de ideas de Eckhart, Tauler, Suso y Ruysbroeck; *Opera omnia* de Ruysbroeck, en la traducción latina de Surio (1552); *Opera omnia* de Suso (1555), menos conocido que los anteriores. Algunos de los conceptos y símbolos atribuidos a la mística árabe y luliana se hallan también en los autores germánicos y más claramente en Ruysbroeck, por ejemplo, la «fuente» que mana escondida y la «caza». Pero el símbolo de la fuente puede proceder de Laredo (R. Ricard y Fidel de Ros). Otros, como la desnudez absoluta del alma, los adornos nupciales, los «toques sustanciales», la «advertencia sencilla y amorosa» del alma a Dios, el alma como llama ardiendo en otra mayor (la divinidad), la combinación de luz y calor en el alma, las cavernas y otros símbolos empleados por San Juan de la Cruz se encuentran en Ruysbroeck. De Tauler pudo haber adoptado el santo carmelita las señales que indican el paso de la meditación a la contemplación; de Eckhart, la relación entre las virtudes teologales y las potencias (fe-entendimiento; esperanza-memoria; caridad-voluntad). Francisco de Osuna sigue a la escuela alemana en el valor relativo que concede a las obras externas y a la oración vocal; en la opinión de que la Humanidad de Cristo representa un inconveniente para la meditación en ciertos estados; en el subir y bajar del espíritu en la contemplación. Bernardino de Laredo rechaza los consuelos espirituales, como Herp. De este autor toma Fray Juan de los Ángeles la doctrina de los tres hombres (animal, racional, deiforme) y de Balma la idea de que el amor místico puede prescindir del conocimiento. Especialmente los símbolos del «fondo del alma» (centella, ápice, etc.), el «océano» y el «desierto» de la divinidad en que el alma se pierde, tan comunes en los místicos españoles, provienen de los místicos del norte de Europa.

La teoría secular, representada principalmente por Dámaso Alonso, descubre antecedentes del simbolismo de San Juan de la Cruz (la fuente que mana y corre, la caza, la noche, el pastorcico) en las divinizaciones de temas profanos por Sebastián de Córdoba, Boscán, Garcilaso de la Vega y la poesía popular española. La huella del neoplatonismo renacentista (Marsilio Ficino, León Hebreo) es también clara en los autores de la tradición agustiniana y franciscana (Orozco, Malón de Chaide, Juan de los Ángeles, los dos Luises). Pero es aventurada cualquier afirmación que vaya más allá de una dependencia formal o de ideas y símbolos secundarios, pues los símbolos esenciales, como el de la «noche» del alma de San Juan de la Cruz, tienen un significado diferente del de las fuentes. Se trata de símbolos que obedecen a la «lógica interna» de la expresión mística personal (J. Baruzi). Esta interpretación psicológica se opone directamente al criterio positivista de G. Etchegoyen, que pretende explicar el lenguaje de los místicos españoles, en particular el de Santa Teresa, como fusión de fuentes más antiguas (H. Hatzfeld).

Ahora bien, tanto las fuentes generales como particulares de la mística española son deficientes en alguna de las notas siguientes: unión de doctrina y experiencia, doctrina ascética como preparación a la mística, sistema teológico subyacente en la doctrina mística, expresión literaria apropiada.

En efecto, los místicos medievales, desde su inspirador el seudo-Dionisio, son teológicamente irreprochables, mas apenas nos informan del *cómo*, es decir, de la psicología de la experiencia mística. Con la escuela alemana aparecen conceptos básicos de la psicología del misticismo. Sus conceptos teológicos, sin embargo, no siempre tienen la precisión exigida por la ortodoxia católica. Es un defecto atribuible, en parte, a la tosquedad del «medio alto alemán» en que escribieron, poco apto para la matización de las ideas (H. Hatzfeld). En Ruysbroeck, «el admirable», se lleva a cabo la fusión armónica de teología, psicología y lenguaje próxima al *sistema místico* por excelencia de San Juan de la Cruz. La superioridad de éste y de Santa Teresa reside en la concepción y minucioso desarrollo de la ascética como preparación a la mística y en el empleo de un lenguaje maravillosamente flexible para la conceptualización teológica exacta (característica de San Juan de la Cruz), la descripción psicológica y el simbolismo místico. A esto hay que añadir (con la excepción de algún autor, como Osuna) la importancia de la Humanidad de Cristo como tema de contemplación. La aptitud del lenguaje es resultado de la tradición literaria popular y culta sólidamente establecida en el siglo XVI español, y la voluntad de precisión teológica y psicológica y el interés por la ascética y por la Humanidad de Cristo deben mucho a la reacción antimística suscitada por el iluminismo.

Iluminismo y quietismo

La historia del iluminismo está íntimamente asociada con la historia del misticismo. Eran iluministas los gnósticos de los primeros siglos del cristianismo en tanto que se creían en posesión de una sabiduría superior al común de los fieles. En los siglos XIII-XV la secta de los *Hermanos del libre espíritu*, nacida en los beaterios de los *begardos* y *beguinas* de los Países Bajos (y los *fraticelli*, terciarios franciscanos), enseñaba la completa pasividad durante la oración, la identificación del alma perfecta con Dios y su impecabilidad, que les autorizaba a llevar una vida desarreglada. Ruysbroeck les reprocha su «malicia impura». Las referencias del obispo Álvaro Pelayo en *De planctu Ecclesiae (Llanto de la Iglesia)* y otros autores a los begardos, etc., testimonian la existencia de este tipo de seudomística en la Edad Media española. A partir del siglo XVI el iluminismo español tiene un desarrollo complejo. En el primer cuarto de ese siglo encarna el cristianismo interiorizado de la «Devotio moderna» responsable de la reforma católica sancionada por el Concilio de Trento. En cuanto tal, une la espiritualidad del tiempo de Cisneros con la de los grandes místicos posteriores (Bataillon).

Cabe distinguir en él dos tendencias: de *recogimiento* y de *abandono*. El recogimiento es la forma de misticismo característica de los franciscanos reformados y tiene su mejor exponente en el *Tercer Abecedario* de Francisco de Osuna (Toledo, 1527), la primera obra propiamente mística escrita en castellano. Se aboga en ella por la total purificación de las pasiones y deseos y el abandono del pensamiento discursivo para descubrir a Dios dentro del alma. Incluso la Humanidad de Cristo puede ser obstáculo para la unión por lo que tiene de representación sensible. El objeto del recogimiento consiste en «vaciarnos de nosotros mismos para que Dios se extienda más en el corazón» y da como resultado «no pensar nada», la quietud. Pero «este no pensar nada es pensarlo todo», es conocimiento amoroso, «teología mística». Aquí encontró Santa Teresa la guía de su propia vida espiritual (*Vida*, 4).

La otra corriente iluminista, la del abandono, se llama así porque enseña «dejarse al amor de Dios» (de ahí el nombre de «dejados»), que hace al hombre impecable. Es la seudomística de los famosos «alumbrados» de Toledo, Jaén, Sevilla y Llerena y del quietismo posterior de Molinos, moralmente reprobable. En la primera mitad del XVI se caracteriza por su rigorismo religioso, que condena la piedad exterior, incluida la oración vocal. Sus partidarios forman «conventículos», se creen inspirados por el Espíritu Santo, comentan la Biblia, tienen éxtasis y profetizan. Hay entre ellos mujeres religiosas y seglares que gozan de gran autoridad (Sor Isabel de la Cruz, Sor María de Santo Domingo, la «beata de Piedrahita», la Madre Marta, benedictina de Toledo, Sor María de Toledo, «la pobre», María de Cazalla, Francisca Hernández...); frailes, clérigos seculares y seglares (Fray Juan de Cazalla, capellán de Cisneros y luego obispo Pedro Ruiz de Alcaraz...).

Como estas características se dan también en los místicos *sadilíes*, Asín Palacios ha sugerido la posible influencia de éstos. Sin embargo, predominan los judíos conversos imbuidos de esperanzas mesiánicas, como el misterioso Fray Melchor que soñaba con el derrumbamiento del Imperio y del Papado para que la verdadera Iglesia fuera restituida a la «ciudadela de Sión». Pero las condenaciones de la Inquisición no se limitan a los «dejados», sino que se refieren a los «alumbrados» en general. Así, en 1525 publicó un edicto condenando cuarenta y ocho proposiciones de los alumbrados por su semejanza con los errores de los begardos y con la doctrina luterana. Para escapar a la persecución aquéllos invocan a Erasmo, que gozaba de enorme prestigio en España, en especial el *Enchiridion* y los *Coloquios*. Ejemplo de iluminismo erasmizado es el *Diá-*

logo de doctrina cristiana del humanista Juan de Valdés (Alcalá, 1529), donde se recomienda la lectura de la Biblia para alcanzar la iluminación interior, que es oración y contemplación, y se rechaza la contemplación imaginativa. En adelante, a medida que aumenta la propaganda protestante en España, las condenaciones inquisitoriales asocian el iluminismo con el luteranismo y el erasmismo. No se exceptúan algunos de los grandes espirituales, influidos por la doctrina del «beneficio de Cristo» (que es el nombre con que se bautizó en Italia al iluminismo de Juan de Valdés), por Savonarola y los místicos alemanes.

Siguiendo la recomendación del teólogo antimístico Melchor Cano, el Índice de Fernando de Valdés de 1559 censura el *Catecismo* del arzobispo Carranza; el *Libro de la oración* y la *Guía de pecadores* de Fray Luis de Granada; el *Audi filia* de Juan de Ávila; las *Obras del cristianismo* de Francisco de Borja; las traducciones de Tauler y Serafino de Fermo; el *Comentario* de Savonarola; el *Enchiridion*, los *Coloquios*, el *Modus orandi* de Erasmo; manuales de comunión frecuente, etc. Como consecuencia, Fray Luis de Granada y Juan de Ávila introducirán en sus obras modificaciones relativas a la oración y las prácticas externas, los autores jesuitas abandonarán la mística de Tauler y Herp para concentrarse en el terreno más seguro en ese momento de los *Ejercicios* de San Ignacio, Santa Teresa se ve privada de la lectura de libros en romance (*Vida*, 26).

En esta atmósfera hostil a la mística (acentuada con el Indice de Quiroga de 1584) nace y se desarrolla la obra de Santa Teresa y San Juan de la Cruz y a ella se debe el cuidado que los santos carmelitas ponen en la ortodoxia de su expresión. Pero no escapan a la sospecha iluminista, como lo prueba la defensa de Fray Luis de León al frente de los escritos teresianos en 1588 y la de Fray Basilio Ponce de León para los de San Juan de la Cruz en 1622. Mas no hay que pensar por esto en una incompatibilidad absoluta entre la mentalidad de la Inquisición y la de los místicos. En realidad, representan los dos aspectos de la «milicia espiritual» española frente al «peligro» protestante: uno defensivo (Melchor Cano y la Inquisición); otro ofensivo (San Ignacio en un nivel más bien ascético y Santa Teresa en el plano místico); sólo que el teólogo no supo apreciar siempre los matices del pensamiento místico.

La expresión más completa y coherente de los «alumbrados» es el *quietismo* enseñado por el clérigo español Miguel de Molinos (1627-1696), residente en Italia, en su *Guía espiritual* (1675) y todavía más en las cartas a sus dirigidas. Su antecedente literario inmediato es la *Practique facile pour élever l'âme á la contemplation* de F. Malaval (1627-1719), que defiende la ociosidad y la aniquilación del alma en la oración. En 1687 Inocencio XI condenó sesenta y ocho proposiciones, sacadas en su mayor parte del epistolario de Molinos. Según éste, la perfección consiste en la aniquilación de las potencias humanas y se alcanza absteniéndose de toda actividad, de esta forma «el alma se aniquila y vuelve a su principio y origen, que es la esencia divina en la que permanece transformada y divinizada» (Prop. 5); la resistencia a las pasiones impide la unión con Dios porque resistir es obrar (Prop. 17); aceptadas pasivamente, «el alma puede unirse a Dios y de hecho se une más» que por los actos de virtud (Prop. 52). La doctrina de Molinos se extiende en forma mitigada al *semiquietismo* francés de Madame Guyon (1648-1717), defendida por el obispo Fenelon y que dio origen a las célebres disputas de éste con Bossuet.

Frente al quietismo heterodoxo, los místicos clásicos españoles son unánimes en defender la actividad espiritual en el estado de quietud, si bien a costa de expresiones paradójicas: «este no pensar nada es pensarlo todo», dice Osuna, en el sentido de que el místico conoce sin el concurso de imágenes y ama sin intervención de las pasiones. San Juan de la Cruz se esfuerza por combinar los conceptos de pasividad y máxima actividad del espíritu: «El alma se ha de andar sólo con *advertencia* amorosa a Dios, sin especificar actos, habiéndose *pasivamente* sin hacer de suyo diligencias, con advertencia amorosa, simple y sencilla, como quien *abre* los ojos con advertencia de amor» *(Llama*, III); «Porque cuanto el alma *se pone* más en espíritu, más cesa en obras de las potencias en actos particulares, porque se pone el alma en un solo acto general y puro; y así *cesan* de obrar las potencias del modo que caminaban para aquello adonde el alma llegó» *(Subida*, II, 12); «Dícese que no obra, no porque no entienda, sino porque *entiende* lo que no le cuesta su industria» *(Subida*, II, 15).

Finalmente, el misticismo del tudelano Miguel Servet (m. 1554), expuesto en su *Christianismi restitutio (Restauración del cristianismo*, 1553), guarda una vaga relación con el iluminismo y los antiguos gnósticos. Toma de ellos ideas antitrinitarias (coincidiendo con Juan de Valdés) y panteístas, pero no se cree inspirado. Apoyándose en textos del seudo-Trimegisto, Plotino, Filón, Maimónides y la Biblia, afirma que «Dios es la forma, el alma y el espíritu de todas las cosas..., parte nuestra y parte de nuestro espíritu». En este monismo abstracto «todo es uno, porque todas las cosas son uno con Dios y consisten en Dios uno». Servet no ha dejado huella apreciable en el misticismo posterior. El de la famosa confidente de Felipe IV, María de Agreda (m. 1665), en su discutida *Mística ciudad de Dios*, puede quedar como la última muestra notable de misticismo iluminista y visionario en España. Pero no contiene errores doctrinales explícitos.

Perspectiva teológica

El canon de la mística católica lo ha establecido la teología interpretando las obras de los místicos, principalmente las de Santa Teresa y San Juan de la Cruz, a la luz de la doctrina de Santo Tomás de Aquino (secundada por las de otros Doctores, como San Agustín). Dicho canon está contenido en los temas siguientes: naturaleza de la perfección cristiana: relación entre ascética y mística, contemplación adquirida y contemplación infusa.

Naturaleza de la perfección cristiana

Ascética y mística son dos formas diferentes de perfección cristiana o sobrenatural, la cual consiste en el desarrollo de la gracia santificante (o habitual), las virtudes y los dones del Espíritu Santo. Estos elementos son infundidos por Dios en el alma y con frecuencia se designan con el término genérico de gracia. La gracia santificante es una participación (real, pero accidental) de la naturaleza divina y principio del desarrollo de la vida sobrenatural en el alma. Actúa por medio de las virtudes teologales y morales. Las primeras (fe, esperanza y caridad) tienen por objeto inmediato a Dios como fin último del hombre: la fe lo presenta como verdad absoluta, la esperanza como poder que ha de satisfacer el deseo humano de felicidad eterna, la caridad como bien infinito que se comunica al hombre beatificándolo. La perfección consiste esencialmente en el desarrollo de la caridad, la más excelente de las virtudes porque es «vínculo de perfección» (San Pablo, Col., 3, 14). Las virtudes morales (que pueden reducirse a las cardinales: prudencia, justicia, fortaleza y templanza) están subordinadas a las teologales en el sentido de que ayudan al hombre en el ejercicio de aquéllas disponiéndolo a seguir a la razón ilustrada por la fe. Pero debido a las deficiencias de la razón y a la excelencia de Dios, las virtudes no se bastan para dar a los actos humanos la perfección de la vida plenamente sobrenatural. Este defecto lo suplen los dones del Espíritu Santo, que «disponen al hombre a seguir prontamente la inspiración del Espíritu Santo» (Santo Tomás, *S. Theol.* I-II, q. 68, 1. 4).

Para bastantes teólogos franciscanos y jesuitas los dones son las virtudes mismas actuando bajo una influencia especial de Dios. La mayoría de los teólogos defiende una distinción real: las virtudes disponen al hombre para seguir a la razón ilustrada por la fe, los dones en cambio lo preparan a seguir la inspiración del Espíritu Santo. Los de sabiduría, entendimiento, ciencia y consejo se llaman *intelectuales* (se reciben en la inteligencia) y perfeccionan los actos de las virtudes teologales: el de sabiduría, el más elevado, hace gustar la presencia de Dios; el de entendimiento proporciona una intuición profunda de las verdades de fe; el de ciencia hace que el hombre conozca y ame a las criaturas participando del conocimiento y amor con que Dios las conoce y ama; el de consejo es una especie de instinto superior para discernir la voluntad de Dios acerca del hombre.

Los dones de piedad, fortaleza y temor se llaman *afectivos* (se reciben en la voluntad) y perfeccionan los actos de las virtudes morales: el de piedad da al hombre el sentimiento de ser hijo de Dios; el de fortaleza le sostiene en las dificultades; el de temor le infunde el sentimiento de la propia nada delante de Dios, horror a ofenderle y deseo de agradarle.

Pero la gracia santificante, las virtudes y los dones no actúan por sí mismos, sino por las gracias actuales, que son influjos pasajeros de Dios en el alma. Las gracias actuales disponen también al alma para recibir esas mercedes e impiden que desaparezcan. Por fin, la *inhabitación* de Dios, o presencia de la Trinidad en el alma, constituye el punto más alto de la vida sobrenatural. No es el estar de Dios en el alma como *criador* (por esencia, presencia y potencia), sino como *santificador*. La acción de la Trinidad (por las gracias, virtudes y dones) lleva la vida del hombre a su perfección sobrenatural. En líneas generales ésta es la doctrina teológica sobre la perfección cristiana que los teólogos aplican a la ascética y a la mística si-siguiendo las tendencias de sus respectivas escuelas, como explican los apartados siguientes.

Relaciones entre ascética y mística

Ha sido un tema muy controvertido en lo que va de siglo, a partir del P. Poulain, seguido de la mayor parte de los teólogos carmelitas y del abate Saudreau, a quien siguen principalmente los dominicos. Sostienen los primeros que la ascética y la mística son dos caminos diferentes para alcanzar la perfección. No se trata de actos ascéticos y místicos aislados, sino de estados, con continuidad. En este sentido, la ascética es el desarrollo *ordinario* de la gracia, las virtudes y los dones en los tres estados de purificación, iluminación y unión. El alma avanza en la vida espiritual a fuerza de trabajo con la ayuda de la gracia ordinaria, entendiendo por tal la gracia santificante, las virtudes teologales y morales y los dones. Puede alcanzar la santidad sin intervención extraordinaria de Dios, es decir, sin mística. Es, pues, un camino de perfección completo. Todo hombre está llamado a la ascética porque está obligado a cooperar en el crecimiento de la gracia para adquirir la perfección. La mística, por el contrario, consiste en el desarrollo *extraordinario* de la vida sobrenatural. La distinción de desarrollo ordinario y extraordinario de la vida espiritual se funda en la opinión de que los dones del Espíritu Santo tienen una doble operación, ordinaria y extraordinaria. En la mística el alma progresa de forma más pasiva que activa por ilustraciones y toques de amor recibidos de Dios, que son efecto de una influencia especial de los dones del Espíritu Santo. Es la percepción experimental e inmediata de Dios en el alma, entre la fe de la tierra y la visión del cielo. Pero no puede existir sin la ascética, porque, por lo común, aparece cuando la vía ascética está ya en progreso y también porque los fenómenos místicos no son continuos, sino casi siempre limitados a la oración. Fuera de ésta, cuando cesa la acción extraordinaria de Dios, el alma precisa del ejercicio ascético para mantenerse en la vida espiritual. La mística es un camino de perfección incompleto; Dios la concede a quien quiere, cuando quiere y como quiere; no hay, pues, llamamiento universal a la mística.

La opinión contraria niega la distinción entre desarrollo ordinario y extraordinario de la vida sobrenatural como extraña a la tradición teológica y a los escritos de Santa Teresa y San Juan de la Cruz. Ascética y mística son dos etapas sucesivas del camino de perfección, la segunda completa a la primera. La mística es efecto de los dones del Espíritu Santo y consiste en el conocimiento y amor, antes que en el sentimiento de la presencia de Dios, pues en el estado místico se dan pruebas y desolaciones. Es término normal de la vida espiritual y todo cristiano puede disponerse a ella siendo fiel a la gracia. El llamamiento a la mística es universal. El paso de la ascética a la mística se realiza cuando aparecen las señales que da San Juan de la Cruz en la *Subida*, II, 13.

Contemplación adquirida y contemplación infusa

El Congreso sobre San Juan de la Cruz (Madrid, 1928) ofreció la siguiente definición de contemplación *adquirida*, fundándose en la *Subida*, II, 11-13: «Una vista interior sencilla y amorosa, puesta en Dios, la cual se obtiene como resultado de repetición de actos de meditación.» Forma parte del desarrollo ordinario de la vida espiritual y está al alcance de todo hombre en gracia. Es la contemplación propia de la ascética. Respecto de la contemplación *infusa*, el Congreso teresiano (Madrid, 1923) la expresa en esta fórmula sacada de la *Noche*, II, 5, de San Juan de la Cruz: «Es la operación mística por excelencia..., es el conocimiento experimental de las cosas divinas, producido por Dios sobrenaturalmente en el alma». Procede de la actuación extraordinaria de los dones del Espíritu Santo, con independencia del esfuerzo humano (Santa Teresa, *Moradas*, IV, 1). La corriente teológica dominicana considera el concepto de contemplación adquirida una invención del teólogo carmelita del siglo XVII, Tomás de Jesús, en *De contemplatione divina (La divina contemplación*, 1620), contraria a la mente de San Juan de la Cruz y Santa Teresa, los cuales no enseñaron más contemplación que la infusa, sobrenatural o mística.

Como al lector ha de parecerle esta controversia excesivamente abstracta, será bueno que ofrezcamos sendos resúmenes de las dos opiniones en pugna.

Opinión carmelitana (principalmente): hay dos caminos de perfección, la ascética y la mística, esencialmente diferentes. La ascética depende del esfuerzo del hombre ayudado por la gracia y los auxilios ordinarios del Espíritu Santo; puede conducir a la perfección. De aquí se deducen las conclusiones siguientes: la contemplación infusa o mística no es necesaria para la perfección; no es el coronamiento de la vía ascética; no hay llamamiento universal a la mística; los santos no son necesariamente místicos, pero de ordinario Dios concede las gracias místicas al hombre que se ejercita en la ascética (P. Crisógono de Jesús Sacramentado, *La escuela mística carmelitana*).

Opinión dominicana (principalmente): la mística es el término normal de la vida espiritual. La gracia santificante es el principio de esa vida y la mística la floración de las virtudes y los dones, los cuales aumentan con la fidelidad a la gracia. Así, la mística pertenece al desenvolvimiento normal de la gracia. Por tanto, todos los cristianos están llamados a ella; remotamente al recibir los dones del Espíritu Santo en el bautismo, y de manera próxima cuando el alma reconoce las señales que San Juan de la Cruz da en la *Subida* (P. Garrigou-Lagrange, *Perfection chrétienne et contemplation*, t. II).

Otros teólogos ocupan posiciones intermedias y no faltan quienes reconocen en todo esto un exceso de virtuosismo escolástico. Por ejemplo, el P. J. de Guibert estima que el asunto de la contemplación adquirida e infusa y el llamamiento universal a la mística es accidental a la comprensión de la vida espiritual. Pues la contemplación infusa o la falta de la misma no afecta al fundamento de la vida sobrenatural, que es la gracia y la caridad, ni a su fin, que es la santidad *(Etudes de théologie mystique)*.

Escuelas místicas

El misticismo español se clasifica por escuelas atendiendo a la espiritualidad de los fundadores de diferentes órdenes religiosas y a su sistema teológico respectivo. En el período que estudiamos en este libro el elemento secular español no produjo obras de literatura mística dignas de notarse, con la excepción de Juan de Ávila. La experiencia y doctrina de los fundadores religiosos pasa a ser patrimonio común de la orden y sufre modificaciones más o menos importantes en el curso del tiempo. A la «edad heroica» del fundador y sus discípulos inmediatos sigue otra que a veces representa un debilitamiento del espíritu inicial y en todo caso una evolución necesaria de adaptación a circunstancias heterogéneas. Se observa entonces el préstamo de otros sistemas místicos, por ejemplo, la época del general Acquaviva después de San Ignacio en los jesuitas, o la de San Buenaventura después de San Francisco de Asís en los franciscanos. Comparadas entre sí las diversas formas de mística de las órdenes religiosas, se observa que todas tienen por objeto la unión con Dios, por medio de la vida de oración, la fe, la abnegación, la humildad. Pero este objetivo y los medios que a él conducen pueden realizarse de diferentes maneras. Esas diferencias distinguen a una escuela de otra. Por ejemplo, la escuela de San Juan de la Cruz y Santa Teresa tiende a la unión íntima con Dios en esta vida; la de San Ignacio busca ese fin en el apostolado en sus múltiples facetas; la de Santo Domingo en el estudio y la predicación. La forma principal de abnegación para el jesuita es la obediencia, mientras que el carmelita da gran importancia a la penitencia corporal. En todo caso, cada escuela mística es un todo orgánico formado con los elementos comunes de la mística cristiana y elementos específicos propios. Pero no constituyen sistemas cerrados a influencias externas. Así, para San Juan de la Cruz la penitencia corporal sin obediencia es «penitencia de bestias» y San Ignacio da normas de moderada penitencia corporal a San Francisco de Borja.

Por la teología característica de cada orden la mística española (y la católica en general) se divide en tres grupos principales: afectiva de los franciscanos y agustinos (y Fray Luis de Granada, dominico); intelectualista de los dominicos; y ecléctica de los carmelitas y jesuitas. Hay quien clasifica la mística jesuítica como intelectualista, con poco fundamento; la diferencia está en la importancia que se da al conocimiento y al amor en la vida mística.

La actitud intelectualista es tomista; la afectiva agustiniana y escotista, la carmelitana una síntesis de ambas. Pero, a manos de los teólogos, esta clasificación tiende a perderse en abstracciones un tanto alejadas de las experiencias descritas por los místicos, según los cuales la mística es esencialmente «sabiduría de amor». Además, cada escuela ya tiene su carácter distintivo con anterioridad a la intervención de la teología. Por ejemplo, la mística dominicana recibió su carácter intelectualista antes de Santo Tomás de Aquino en la finalidad apostólica (defensa de la verdad católica) que le dio Santo Domingo, su fundador (J. de Guibert).

Experiencia y expresión

Además de la clasificación de los escritores místicos por escuelas atendiendo a la teología de cada orden y al espíritu de su fundador, existe la clasificación con respecto a la experiencia mística individual y al modo de presentarla. Bajo este punto de vista se distinguen los siguientes grupos generales: 1. Los que describen sus experiencias con arreglo a la «vía mística» tradicional (purificación, iluminación, unión). A este grupo pertenecen San Juan de la Cruz y Santa Teresa; 2. Los que tienen una visión más o menos clara de la vida mística, pero no la presentan según la vía tradicional. Esto puede ocurrir de dos maneras: o bien describen principalmente aspectos parciales de la vida mística (por ejemplo, Osuna y Laredo) o sus escritos místicos son parte de una obra devocional no propiamente mística más extensa (por ejemplo, Fray Luis de Granada, Fray Luis de León, Diego de Estella, Malón de Chaide); 3. Los tratadistas de la mística, expositores y codificadores de doctrinas principalmente ajenas (por ejemplo, el agustino Fonseca, el carmelita Tomás de Jesús, el jesuita La Puente). Es el grupo más nutrido y casi todos sus componentes pertenecen al período poscarmelitano.

BIBLIOGRAFÍA

General para todo el capítulo:

ROUSSELOT, P., *Les mystiques espagnols*, París, 1867.
PELAYO, M., *Historia de los heterodoxos españoles*, vols. IV-V, Madrid, 1928.
— *Historia de las ideas estéticas*, vol., III, Madrid, 1928.
PFANDL, L., «Die Grossen Spanischen Mystiker», en *Die Neueren Sprachen*, XXXIII (1921), págs. 104-121.
ALLISON PEERS, E., *Studies of the Spanish Mystics*, 3 vols., Londres, 1927-1960.
SAINZ RODRÍGUEZ, P., *Introducción a la historia de la literatura mística en España*, Madrid, 1927.
— *Espiritualidad española*, Madrid, 1961.
BROWER, J., *Psychologie der Spaansche Mystick...*, Amsterdam, 1931.
BATAILLON, M., *Erasme et l'Espagne*, París, 1937, trad. española, *Erasmo y España*, 2 vols., México, 1950.
GREEN, O. H., «The Historical Problem of Castillian Mysticism», en *Hispanic Review*, VI (1938), págs. 93-103.
BAYER, R., «Les thémes du néoplatonisme et la mystique espagnole de la Renaissance», en *Hommage à Ernest Martinenche*, París, 1939, páginas 59-74.
ABAD, A. M., «Ascetas y místicos españoles del Siglo de Oro anteriores y contemporáneos al V. P. Luis de la Puente», en *Miscelánea Comillas*, X (1948), págs. 27-125.
CRUZEVILLE, J., *Les mystiques espagnols*, París, 1952.
HERRERO GARCÍA, M., «La literatura religiosa», en *Historia General de las literaturas hispánicas*, III, Barcelona, 1953.
RICARD, R., «La mística española y la tradición cristiana», en *Clavileño*, 23 (1953), págs. 9-13.
PELAYO, M., *La mística española*, ed. P. Sainz Rodríguez, Madrid, 1956.
HATZFELD, H., *Estudios literarios sobre mística española*, Madrid, 1955.
BEHN, I., *Spanische Mystik*, Düsseldorf, 1957.
OLABARRIETA, M. T., *The influence of Ramón Lull on the style of the early Spanish mystics and S. Theresa*, Washington, 1963.
RICARD, R., *Estudios de literatura religiosa española*, Madrid, 1964.

Sobre la «Devotio moderna»:

Tour, Imbart de la, *Les origines de la Réforme*, vols. II-III, París, 1909-1914.

Venturi, T., *Storia*, vol. II, Roma, 1922.

Hyma, A., *The Christian Renaissance*, Nueva York, 1927.

Wadding, *Annales Ordinis Fratrum Minorum*, X, págs. 109 y ss.

Greven, J., *Die Kölner Kartause*, Münster, 1934.

Ros, Fidéle de, *François d'Osuna*, París, 1937.

Beltrán de Heredia, V., *Historia de la reforma de la Provincia de España* (1450-1550), Roma, 1939.

— *Las corrientes de espiritualidad entre los dominicos de Castilla durante el siglo XVI*, Salamanca, 1941.

Fuentes germánicas:

Groult, P., *Les mystiques des Pays-Bas et la Littérature espagnole du seizième siècle*, Lovaina, 1927.

Crisógono de Jesús Sacramentado, *San Juan de la Cruz, su obra científica y su obra literaria*, 2 vols., Madrid, 1929.

Reypens, L., «Ruusbroec en Juan de la Cruz», en *Ons geestelijk, erf*, 5, (1931), págs. 143-185.

Huijben, J., «Ruysbroeck et Saint Jean de la Croix», en *Études Carmélitaines*, 17 (1932), págs. 227-236.

Alventosa, J. S., *La escuela mística alemana y sus relaciones con los místicos de nuestro siglo de oro*, Madrid, 1946.

Sagrado Corazón, Enrique del, «Jan van Ruusbroec como fuente de influencia posible en San Juan de la Cruz», en *Revista de Espiritualidad*, IX (1950), págs. 288-309, 422-442.

Hatzfeld, H., *Estudios sobre mística española*, Madrid, 1955, págs. 33-143.

Fuentes seculares:

Morel Fatio, «Les lectures de Ste. Thérèse», en *Bulletin Hispanique*, (1908), págs. 17-67.

Moguel, S., *El lenguaje de Santa Teresa*, Madrid, 1915.

Etchegoyen, G., *L'amour divin. Essai sur les sources de Sainte Thérèse*, París, 1923.

Hoornaert, R., *Sainte Thérèse écrivain*, París, 1925.

Baruzi, J., *Saint Jean de la Croix et le problème de l'expérience mystique*, París, 1931.

Crisógono de Jesús, *San Juan de la Cruz... su obra literaria*, vol., II, Madrid, 1929.

Carmicael, M., en *Dublin Review* (1931), págs. 40-43.

Alonso, D., *La poesía de San Juan de la Cruz*, Madrid, 1942.

Menéndez Pidal, R., «El estilo de Santa Teresa», en *Lengua de Cristóbal Colón y otros estudios*, Buenos Aires, 1942, págs. 119-142.

Setién de Jesús María, E. G., *Las raíces de la poesía sanjuanista y Dámaso Alonso*, Burgos, 1950.

Allison Peers, E., «The alleged Debts of San Juan de la Cruz to Boscán and Garcilaso de la Vega», en *Hispanic Review*, XXI (1953), páginas 1-19, 93-106.

Wardropper, B. W., *Historia de la poesía lírica a lo divino*, Madrid, 1958.

Alumbrados:

Douie, D. L., *The nature and the effect of the heresy of the fraticelli*, Manchester, 1932.

Cantimori, D., *Eretici italiani del cinquecento*, Firenze, 1939.

Ricart, D., *Juan de Valdés y el pensamiento religioso europeo en los siglos XVI y XVII*, México, 1938.

Pelayo, M., *Historia de los heterodoxos españoles*, vols. III-IV, Madrid, 1928.

Palacios, A., «Sadilíes y alumbrados», en *Al-Andalus*, XI (1946), páginas 248-255.

Beltrán de Heredia, V., «Un grupo de visionarios... Repercusión... sobre la memoria de Santa Teresa», en *Revista española de teología*, VII (1947), págs. 373-397, 483-534.

Castro, A., *España en su historia*, Buenos Aires, 1948.

Santa Teresa, Domingo de, *Juan de Valdés. Su pensamiento religioso y las corrientes espirituales de su tiempo*, Roma, 1957.

Inmaculada, Ramón de la, «El fenómeno de los alumbrados y su interpretación», en *Ephemerides Carmeliticae*, IX (1958), págs. 49-80.

Teología de la mística:

Poulain, P., *Des graces d'oraison*, 9.ª ed., París, 1914.

Saudreau, P., *L'état mystique, sa nature...*, 2.ª ed., París, 1921.

Maréchal, J., «L'intuition de Dieu dans la mystique chrétienne», en *Recherches de science religieuse*, Mars-April, 1914.

Arintero, P., *Cuestiones místicas*, Salamanca, 1916.

Seisdedos, J., *Principios fundamentales de la mística*, 5 vols., Madrid-Barcelona, 1913-17.

Garrigou-Lagange, P., *Perfection chrétienne et contemplation...* París, 1923.

— *Las tres edades de la vida interior*, trad. española, Buenos Aires, 1950.

Naval, P., *Curso de teología ascética y mística*, Madrid, 1926.

Guibert, J. de, *Études de théologie mystique*, Toulouse, 1930.

Jesús Sacramentado, Crisógono de, *La perfection et la mystique selon... Saint Thomas*, Brujas, 1932.

— *Compendio de ascética y mística*, Ávila, 1933.

Santa María Magdalena, Gabriel de, *La contemplatione acquisita*, Florencia, 1938.

Royo Marín, A., *Teología de la perfección cristiana*, Madrid, 1954.
Estado actual de los estudios de teología espiritual (Trabajos del I Congreso de Espiritualidad, Universidad Pontificia de Salamanca), Barcelona, 1957.

Para una información más completa cfr. :

Dictionnaire de spiritualité ascétique et mystique, París; *La vie spirituelle*, París; *Revue d'ascétique et mystique*, Toulouse, y *Manresa*, Madrid.

II. Mística franciscana

La exposición de la mística española en la Edad Moderna ha de comenzar con la escuela franciscana porque las primeras obras propiamente místicas escritas en castellano salieron de las plumas de frailes menores. Su predominio sobre las restantes escuelas en la primera mitad del XVI es manifiesto. Transmite a España la tradición de su orden y el legado de los místicos alemanes y flamencos, y ejerce una influencia importante en Santa Teresa y San Juan de la Cruz. El místico franciscano más destacado de la segunda mitad del siglo XVI, Juan de los Ángeles, ya cae bajo el influjo de éstos. La mística franciscana española quedará, por tanto, caracterizada considerándola en relación con la tradición franciscana extranjera, la mística del Norte y la de Santa Teresa y San Juan de la Cruz.

De San Francisco de Asís, el místico afectivo por antonomasia, recibió la orden franciscana el espíritu de pobreza (Dama Pobreza) y humildad (frailes «menores»); la devoción a la Humanidad de Cristo y a las criaturas vistas como reflejo de la divinidad; la piedad poética y la «alegría perfecta» en el amor a Dios. Con San Buenaventura y Duns Escoto (muy influidos por el neoplatonismo de San Agustín, el seudo-Dionisio y los Victorianos) la mística de San Francisco se define como escuela. Frente al intelectualismo tomista defiende la primacía de la voluntad sobre el entendimiento: la visión beatífica consiste en un acto de amor de la voluntad; la teología es ciencia de amor; el ascenso del alma se realiza por la contemplación afectiva de Dios en la naturaleza (material, racional, en gracia); la unión con Dios, obra del amor, comprende sucesivos grados de suavidad, avidez, saciedad, embriaguez, seguridad y tranquilidad.

Este *voluntarismo* lo recoge Alonso de Madrid en el *Arte de servir a Dios* (Sevilla, 1521), tratado ascético que Santa Teresa califica de «muy bueno y apropiado» para la meditación (*Vida*, 12). Sólo el capítulo primero de la tercera parte, que es una exhortación al amor de Dios, contiene algún material para la mística. En él se lee: «Manifiesta verdad es que la más noble potencia que Dios puso en nuestro cuerpo y alma para obrar es la voluntad»; «toda la ley depende del amor», que es «un fuego que quiere Dios que siempre arda en su altar, que es nuestra alma».

Francisco de Osuna

La misma idea inspira la mística de Francisco de Osuna (1492-1540), tal vez con alguna influencia del *Art amativa* de Lulio (H. Hatzfeld): «Theología mística, que quiere decir escondida, porque en el secreto escondimiento del corazón la enseña el buen Maestro Jesús»; la «sciencia e arte de amor», que «pertenece a la voluntad enamorada del Sumo Bien» y es diferente de la teología escolástica, «especulativa o escudriñadora» (*Tercer Abecedario*, Trat. VI, 2). Su desarrollo en el *Tercer Abecedario* (Toledo, 1527, y en la *Ley de amor*, compendio de los cinco *Abecedarios*, aunque se le ha atribuido un sexto apócrifo) representa el primer tratado de mística escrito en español en cuanto a la cronología y, junto con el de Laredo, el más próximo al sistema de Santa Teresa y San Juan de la Cruz por su valor doctrinal. Sabido es que este libro debe su reputación principalmente a que Santa Teresa lo tomó «por maestro» de la oración de recogimiento pasivo o infuso (*Vida*, 4), que es una de las dos especies de «recogimiento» de Osuna. El otro, activo, es un retirarse al interior del espíritu cuando el hombre quiere. En el pasivo el entrar del alma en sí misma es efecto de la acción de Dios (Trat. VI, 4). Este concepto lo saca Osuna de San Agustín, San Buenaventura, etc. (Trat. XXI) para convertirlo en centro de su teoría mística. Para Osuna expresa la vida mística en su conjunto, la cual se alcanza «por afición piadosa y ejercicios en las virtudes teologales que la alumbren y los dones del Espíritu Santo y bienaventuranzas evangélicas que la perfeccionen proporcionalmente a los tres actos jerárquicos que son purgar, alumbrar y perfeccionar» (Trat. VI, 2). Esta doctrina es de San Buenaventura, y Osuna la organiza siguiendo la psicología de este santo y la de Ricardo de San Víctor: imaginación y sentidos externos, afección, memoria, sentido espiritual, voluntad y entendimiento reciben el influjo místico para concurrir al recogimiento. Purificando la imaginación de toda representación creada y cerrando los sentidos a las impresiones externas, el alma cambia su afición de lo carnal a lo espiritual y la memoria se llena de la presencia de Dios. La memoria habitual de Dios hace posible que el «sentido espiritual» proporcione la experiencia de lo divino en las consolaciones y gustos celestiales (Trat. XII, 3). Por esto los considera Osuna medios esenciales para alcanzar el recogimiento, pero el papel director de toda la vida mística corresponde a la voluntad (Trat. XV, 6). En cuanto al entendimiento, debe ser puesto en «silencio». Con esto y con el «olvido de las imágenes» el alma «se recoge a Dios», recogerse que es transformarse en Él (Trat. XIV, 7). De forma muy general, tal es el cuerpo de doctrina mística que Osuna transmite a España de la tradición franciscana extranjera. Pasemos ahora a destacar sus principales puntos de contacto y discrepancia con Santa Teresa y San Juan de la Cruz y con los místicos germánicos y flamencos.

La idea de Osuna de que el recogimiento (la mística) «no es para todos» la expresa San Juan de la Cruz diciendo que no a todos los que se ejercitan en el camino del espíritu lleva Dios a contemplación, «ni aun a la mitad» (Noche, I, 9). La metáfora teresiana del recogimiento activo está tomada del siguiente texto: «muy bien se puede comparar el hombre recogido al erizo, que todo se reduce a sí mesmo y se retrae dentro de sí» (Trat. VI, 3). El alma como «una fuente de agua viva de devoción entrañal» (Trat. XVIII, 1) anticipa las fuentes de la oración de la Santa. El alma que «se da por vencida, como la garza cuando el halcón la prende» (Tratado XII, 2) nos remite a la glosa «Tras un amoroso lance» de San Juan de la Cruz. Los conceptos de «desnudez» y de «adormecerse» del alma en Dios también pasan a San Juan de la Cruz. La alegría espiritual, tan encarecida por Santa Teresa a sus monjas, tiene un precedente en la «alegría del corazón» del místico franciscano (Trat. XIV, 6). Su pensamiento de que en el recogimiento «hay muchas mansiones» pudo tenerlo en cuenta Santa Teresa al concebir la Moradas. El medio más eficaz para llegar a Dios en el recogimiento es la Humanidad de Cristo, porque «si todas las cosas criadas son escaleras para que los pies de los sabios suban a Dios, mucho más lo será la sacra Humanidad de Cristo, que es vía, verdad y vida» (Prólogo). Pero siguiendo la autoridad de algunos Padres y la corriente de la «Devotio moderna» norteña admite Osuna la opinión contraria: «Hallamos escrito que conviene a los que se quieren llegar a la alta y pura contemplación dejar las criaturas y la sacra Humanidad» (Prólogo y Trat. XVI, 6). Santa Teresa adoptó esta doctrina por algún tiempo y luego escribió contra ella.

Otra idea característica de los místicos alemanes que Osuna incorpora al recogimiento es la del subir y entrar del alma en sí misma: «Ninguno puede subir a Él si primero no entrare dentro de sí; e con cuanto más fuerza o más profundamente entrare tanto subirá más alto» (Trat. XX, 4). San Juan de la Cruz pudo haber tenido presente en el *Cántico* (XXVII, 5) la definición de la teología mística como ciencia «escondida» de Osuna. Cuando éste afirma que para «subir a la cumbre de la contemplación, donde el alma más papadesce que obra y más es movida que mueve» se requieren retiro y mortificación, está defendiendo la doctrina ascética y mística común; pero admite la posibilidad de la contemplación del alma en pecado, porque cree que los dones del Espíritu Santo, que la infunden, pueden actuar sin caridad (Trat. V, 4). San Juan de la Cruz rechaza esta opinión fundándose en el tomismo, que considera las gracias místicas inseparables de la caridad.

Otro punto de profunda divergencia entre Osuna y los místicos carmelitas (y germanos) es la relativa al «deseo de la divina dulcedumbre», el «gemir por la consolación» y las «lágrimas del recogimiento» (Trat. X, 1-5). No acepta Osuna su posible origen humano o diabólico, y como algún crítico ha señalado, su arrebatado entusiasmo por los gustos espirituales le acerca al quietismo: «Ponte a todo lo que te viniere en la oración interior, creyendo que no será sino de Dios...; confía, porque si esto no haces... perderás la gracia que entonces obra, no queriendo que pongas en ello tus ojos para conocerla, sino tus manos para la abrazar y tu corazón para la amar y tus oídos para la obedecer y tu boca para la gustar y tu cuerpo y tu ánima para la recibir» (Trat. V, 4); pues dulzura y amor de Dios son inseparables (Trat. XII, 3-4).

Con respecto a la actividad intelectual en el recogimiento, tema de controversia con los alumbrados, Juan de Ávila dictaminó que el *Tercer Abecedario* no era conveniente para todos porque «va por vía de quitar todo pensamiento». Pero lo que Osuna niega del recogimiento no es el pensamiento, sino el discurso: «Mira, pues, que este no pensar nada es más que suena... antes te digo que este no pensar nada es pensarlo todo, pues que entonces pensamos sin discurso en aquel que todo lo es... y el menor bien que tiene este no pensar nada de los valores recogidos es una atención muy sencilla e sotil a solo Dios» (Trat. XXI, 5). San Juan de la Cruz recoge esta importante doctrina en la *Subida* al hablar del «no obrar del entendimiento», y Santa Teresa al tratar de los primeros grados de oración mística insiste en «tener acallado el entendimiento». El décimo y último grado de recogimiento, dice Osuna, «se hace cuando la divina claridad como en vidriera o piedra cristalina se infunde en el ánimo, enviando delante, como sol, los rayos de su amor y gracia, que penetran el corazón, siendo en lo más alto del corazón primero recibidos; a lo cual sigue el perfectísimo recogimiento, que junta y recoge a Dios con el ánima y el ánima con Dios, y la participación della es en el mesmo Señor en el cual está recogida toda» (Tratado VI, 4). Es la doctrina que desarrollará San Juan de la Cruz en toda su obra, a partir del capítulo quinto del libro segundo de la *Subida*. Osuna niega la visión clara de Dios en el recogimiento, pero admite un conocimiento «que es como una media lumbre entre los comunes viadores (fe del creyente) y los comprehensores (visión de los bienaventurados) donde no dejan los varones recogidos la operación del entendimiento por no entender, sino por más alto entender, ...porque ni las cosas conocidas ni la manera del conocimiento se puede declarar» (Trat. X, 2). Este punto pasa a la *Llama* de San Juan de la Cruz.

De los rasgos estilísticos de Osuna el más patente es la «catarata de pensamientos... que pugnan por brotar de su pluma, atropellándose mutuamente» (M. Mir); es decir, cierto desorden en la concepción y desarrollo de los temas y abundancia verbal. Aun así, dista mucho de ser un escritor confuso. El recurso frecuente a metáforas comunes de la tradición espiritual y a ejemplos tomados de la experiencia, en especial los de tono afectivo, cumple muy bien con el propósito del *predi-*

cador que quiere ser comprendido (lo advierte a menudo) por todos, doctos e «diotas». Así, para ilustrar la piedad con que Dios escoge al hombre que emprende la vida espiritual usa el ejemplo de la madre que «abre sus brazos al niño, y allende de los brazos, ábrele sus pechos y mátale su hambre y junta su rostro con el de su hijo y cesa el gemir y lágrimas, perdido el miedo» (Trat. I, 1). Para el alma enamorada Dios es «todo un terrón y pedazo, o por mejor decir, fuente de amor» (Tratado VI, 3). La mística es «advenimiento del Señor al ánima, porque mediante él visita el Señor a los suyos que con suspiros le llaman» *(Ibíd.)*. A la «oración que el corazón hace a Dios callando la lengua se reducen todos los santos y devotos pensamientos» (Trat. XIII, 4). En la más subida oración «se alza lo más alto de nuestra ánima pura y afectuosamente a Dios con las alas del deseo y la piadosa afección esforzada por el amor» *(Ibíd.)*. Para buscar el amor divino hay que pronunciar «palabras amorosas a Dios, que sean como quien sopla el fuego con aire fresco de palabras deleitosas que aplacen y conviden nuestra voluntad» (Trat. XVI, 10).

El desarrollo de las imágenes estereotipadas es extenso, pero de escasa sutileza y no alcanza el nivel simbólico profundo de las descripciones de San Juan de la Cruz, sino más bien la emoción del sermón panegírico: «¿Para qué diré más? Es aqueste ejercicio (del recogimiento) un refugio do nos debemos retraer viendo las tempestades cercanas; ...es un rosal de virtudes y el reino de Dios; ...es un silencio que en el cielo de nuestra ánima se hace; ...es silla que le tenemos preparada para que se detenga en nuestra casa interior; es tienda de campo para andar por el desierto; es torre fortísima dende do hemos de atalayar las cosas celestiales y vaso de oro para guardar el maná en el arca de nuestro pecho; es valle en que abunda el trigo que tiene grosura y redaño; es viña... y sombra del que deseamos, do gustamos de su fruto; es unción... y huerto por todas partes cerrado del cual damos la llave a solo Dios» (Trat. VI, 3). En fin, el orden alfabético de metáforas comunes en alabanza del amor puede servir de muestra característica del estilo de Osuna: «agua que nos refresca», «báculo pastoral», «comunicación del Espíritu Santo», «estrella de la mañana», «fuego donde se cría la salamandria de la caridad, que fuera de él muere» (Trat. XVI, 5).

Bernardino de Laredo

Para Bernardino de Laredo (1482-1540) la «ciencia infusa, o sabiduría escondida o secreta, o mística theologia, o exercicio de aspiración significa un súbito y momentáneo levantamiento mental, en el cual el ánima por divino enseñamiento se alza súbitamente a se ayuntar por puro amor, por vía de sola afectiva a su santísimo Dios, sin que intervenga medio de algún pensamiento» (Part. III, 9). Este párrafo de la *Subida del Monte Sión* (Sevilla, 1535) contiene la aportación básica de Laredo a la mística española: la contemplación de quietud, o como él la llama, «contemplación quieta», concepto inspirado en Herp, Balma y Ricardo de San Víctor, etc. (Part. III, 12-13). La obra de Laredo, al igual que la de Osuna (a quien no cita), es conocida, sobre todo, por su influencia en Santa Teresa, la cual encontró en ella «todas las señales que yo tenía en aquel no pensar nada... cuando tenía aquella oración» *(Vida, 23)*. Por las descripciones que da la Santa de la oración de quietud *(Camino, 31; Moradas, IV, 1-2; Vida, 17)* es posible que se hubiera fijado en este texto de Laredo: «Vuestra contemplación, si ha de ser quieta y perfecta, no ha de saber ocuparse en más que en sólo el amor, el cual si es amor quieto en contemplación perfecta, no ha de saber pensar nada durante aquella quietud, porque el amor de mi Dios, en el cual está mi ánima ocupada, no es cogitable ni inteligible» (Part. III, 17). El libro de Laredo consta de tres partes, dedicadas respectivamente a la vía purificativa, iluminativa y unitiva, que representan diferentes grados de amor divino: «amor operativo» de los principiantes, a los que infunde el deseo de servir a Dios; «amor desnudo» de los aprovechados, los cuales aman a Dios por sí mismo; «amor esencial» de los que se encuentran próximos a la perfección (estado de quietud); «amor unitivo» de «los más perfectos en contemplación quieta», por el cual Dios «ayunta nuestro amor criado en su infinito amor» (Part. III, 26). Ahora bien, la distinción entre quietud y unión es ambigua. La unión no parece constituir un estado, sino momentos fugaces («alzarse súbitamente por vía de absorbente amor a se ayuntar con Dios») de la «quieta contemplación» (Part. III, 13). Además, cree Laredo «que casi cuantas veces al ánimo amaestrado plugiere, tantas se podrá alzar momentáneamente a su Dios y ayuntarse a Él por amor» (Part. III, 9).

Santa Teresa corrige esta idea. Tal vez las vacilaciones de Laredo en la vía de unión se deben a que «por exceder aqueste tercer libro las fuerzas y disposición del autor, va copiando y tomando de los sentimientos y sentencias de los doctores contemplativos» (Part. III, 1).

Otras contribuciones de Laredo a la mística española son: la Humanidad de Cristo como tema de contemplación (Part. III, 13) y el rechazo «de toda consolación, deseando sólo Dios» (Part. III, 21), ambas contra Osuna y aprendidas en Herp; el abandono de la oración discursiva para ir a Dios «por súbito y momentáneo levantamiento» (Part. III, 27), que excede la disposición natural (Part. III, 30), también ideas de Herp. Laredo explica la pasividad de la contemplación con una imagen que San Juan de la Cruz desarrollará en la *Llama* (III, 3): se trata de «pura recepción, y tal ha de estar el ánima que... quieta, sin pedir nada, espere la péñola o el pincel de su pintor, que son las visitaciones suaves con las cuales sabe Dios dibujar cuanto Él se quiere en el ánima preparada... por vía de recepción de sola la voluntad» (Part. III, 15).

Los «doctores contemplativos» que Laredo sigue son los de la escuela franciscana y, sobre todos, Balma, Herp y Suso. De éstos proceden «las maneras de amor a Dios sin manera y sin tiempo y sin lugar» (Part. I, 9); el «modo sin modo que el ánima enamorada ha de tener» (Part. II, 13); la «oración de sola el ánima en su pura sustancia esencial ajena de sus potencias inferiores» (Part. III, 1); el «amor esencial» Part. III, 26); el «abisal centro» del alma (Part. III, 40), conceptos que pasan a los reformadores del Carmelo. La copla: «¡Quién me diese navegar / y engolfado no remar!», que Fray Juan de los Ángeles atribuye a Laredo, se inspira en Ruysbroeck (H. Hatsfeld). De Osuna por su parte toma la imagen del erizo para explicar la oración de recogimiento (Part. III, 22).

Pocos críticos literarios se han asomado a la *Subida del Monte Sión*. Su estilo conversacional, a veces monótono a causa de la insistencia en las comparaciones bíblicas y la longitud de las frases, tiene momentos de gran fuerza expresiva celebrando al amor: «el amor pirva, desbarata y anihila el temor de la muerte y del juicio, y del purgatorio y del infierno» (Part. III, 21). El amor franciscano le inspira candorosos razonamientos bélicos sobre la conquista de Dios por el alma: «Como su clemencia le tenga vencido, y sobre este vencimiento venga

163

el combate del ánima enamorada y sean los golpes de amor, necesario es que quien combate sea presa y que en esta su prisión tome preso al combatidor y Él sea siempre en nuestro amparo» (Part. III, 9). Sobre todo, el lenguaje de Laredo tiene la cualidad de transmitir al lector su personalidad sinceramente humilde: «Quien no conoció al autor, poderle ha considerar con algún buen fundamento, por lo cual se ha de saber, a grande gloria de Dios, que lo ordenó y compuso un fraile lego de pequeño entendimiento, todo tosco, todo idiota e ignorante, sin fundamento de letras» (Presupuesto segundo).

Como cierre del período precarmelitano de la mística franciscana está San Pedro de Alcántara. Su huella en el espíritu de Santa Teresa fue más profunda que la de Osuna y Laredo, no tanto por su obra literaria como por su santidad y consejo. Según la Santa, «parecía hecho de raíces de árboles» (Vida, 27), la «entendía por espiriencia» y era «autor de unos libros pequeños de oración» (Vida, 30) que recomienda lean sus monjas (Constituciones, 1). El más importante de sus escritos, el Tratado de la oración y meditación (Lisboa, hacia 1560), es una adaptación del libro del mismo título de Fray Luis de Granada a las necesidades de las almas devotas y todavía imperfectas. Modelo de orden, claridad y concisión, interesa en la historia de la mística por su doctrina de la contemplación adquirida, la cual «es haber ya sacado... este afecto y sentimiento que se buscaba (en la meditación) y estar en silencio y reposo gozando de él... con una simple vista de la verdad» (Part. I, 12). La nota franciscana se deja percibir en que «el entendimiento es casi nada lo que de Dios puede conocer y puédele la voluntad mucho amar» (Ibíd.). En resumen, la significación de los autores franciscanos de la primera mitad del siglo XVI para la historia de la mística española es haber servido de puente de enlace entre Santa Teresa y San Juan de la Cruz y la tradición mística anterior.

Juan de los Ángeles

Fray Juan de los Ángeles (1536-1609) ya escribe desde la «atalaya» de los gigantes que le precedieron: «de mío escribo pocas cosas, y esas como enano que se pone en hombros de un gigante, no por sí, sino porque el gigante le puso sobre sí y le sirvió de atalaya» (Preludio a las Considereaciones sobre el Cantar *de los Cantares).* Pone su vasta erudición teológica y humanística al servicio de una síntesis mística muy completa, realizada, por lo general, con un estilo de impecable claridad y elegancia. Entre sus obras importantes se cuentan: *Triunfos del amor de Dios* (1590); *Diálogos de la conquista del espiritual* (1595); *Lucha espiritual* (1600), refundición de los *Triunfos; Consideraciones sobre el Cantar de los Cantares* (1607) y *Manual de vida perfecta* (1608). Su principal originalidad consiste en el desarrollo de la doctrina franciscana del amor y en la teoría del «íntimo del alma». En ambos aspectos se revela como psicólogo de la mística, no porque invente categorías psicológicas nuevas, sino porque aplica a la experiencia mística las ya existentes en las escuelas. Se propone hacer «una como anatomía de la voluntad» *(Triunfos,* Part. I, 3), que se extiende a los fenómenos extraordinarios, como el rapto, los estigmas, etc. En este aspecto tiene un continuador en *Las tres vidas del hombre* de su contemporáneo el carmelita P. Fuentes. «Todo el bien y tesoro del hombre y su riqueza es el amor, si es bueno, y su perdición y su miseria, si es malo... De donde saco yo (dice Fray Juan siguiendo al agustiniano Sabunde) que quien tiene ciencia de amor la tiene de todo el bien y mal del hombre» *(Triunfos,* Prólogo). Hay que purificar y ordenar el amor a Dios, porque «en nuestra alma no puede haber dos cosas principalmente amadas» *(Triunfos,* Part. I, 20), idea capital en el sistema de San Juan de la Cruz, al que parafrasea extensamente. Se apropia el pensamiento de Balma al enseñar que el alma asciende a Dios «sin que preceda obra alguna del entendimiento y sólo con el peso de su amor» *(Triunfos,* Part. I, 18). La subida consiste en un progreso de triunfos del amor divino: Dios hiere al alma para hacerla suya; la encadena con «cadenas libertadoras y gloriosas»; la enferma de amor; le infunde deseos de verle y gozarle; la regala con goces; la hace desfallecer con ausencias; la suspende con alta contemplación; la une a sí mismo por éxtasis y arrobamiento y finalmente la transforma en sí. En este estado es posible la visión de la esencia divina, aunque «no como ley ordinaria» *(Triunfos,* Part. II, 16). La unión es esencial, en la «mente» o «íntimo» del alma *(Conquista,* II, 11), que es un concepto tomado de Tauler, Ruysbroeck y Herp: «El íntimo del alma es la simplicísima esencia della, sellada con la imagen de Dios, que algunos santos llaman centro, otros íntimo... mente... Aquí hay suma tranquilidad y sumo silencio... y según

él somos deiformes o divinos... Este íntimo desnudo raso...,
excede al tiempo y al lugar, y aquí permanece el alma en una
perfecta unión» *(Conquista,* I, 3). Otros espirituales franciscanos, como Gabriel de Toro, Antonio de Guevara, Miguel de
Medina y Diego de Estella, interesan por sus escritos devocio-
nales y ascéticos, y sólo en segundo lugar por sus ideas místicas
poco originales y carentes de sistema. A pesar de todo, en las
Meditaciones devotísimas del amor de Dios, X-XIV, de Estella, late
un fervoroso espíritu místico.

BIBLIOGRAFÍA

General:

GUERNICA, J. de, *Introducción a la mística franciscana*, Buenos Aires, 1925.
TORRÓ, A., *Teoría ascético-mística franciscana*, Valladolid, 1925.
PFANDL, L., «Franziskanische Mystik des 16 Jahrhunderts in Spanien», en *Zeitschrift für romaniche Philologie*, XLVII (1927), págs. 302-315.
GRUNEWALD, S., *Franziskanische Mystik*, Munich, 1932.
BRETÓN, V. M., *La spiritualité franciscaine*, París, 1935.
BRACALONI, L., *Spiritualità franciscana*, 3 vols., Milán, 1937.
GOMIS, J. B., *Místicos franciscanos*, Madrid, 1948-49.
OSUNA, Francisco de, Obras en *Nueva Biblioteca de Autores Españoles*, XVI, Madrid, 1911.
ROS, P. F. de, *Un maître de Sainte Thérèse: Le Père François d'Osuna*, París, 1936.
ALLISON PEERS, E., *Studies of the Spanish Mystics*, I, Londres, 1936, páginas 63-106.
LAREDO, Bernardino de, Obras en *Nueva Biblioteca de Autores Españoles*, XVI, Madrid, 1911.
ALLISON PEERS, E., *Studies...*, II, Londres, 1930, págs. 31-60.
ROS, P. F. de, «La connaissance de nous-mêmes d'après Laredo», en *Bulletin Hispanique*, XLVII (1945), págs. 34-56.
— *Un inspirateur de Sainte Thérèse: Le frère Bernardin de Laredo*, París, 1948.
PEDRO DE ALCÁNTARA, San, *Tratado de la oración*, ed. M. Llaneza, Salamanca, 1926.
D'ALENCON, Ubald, «Louis de Granade ou Pierre d'Alcántara?», en *Études Franciscaines*, París, 1923.
MICHEL-ANGE, P., «Le Traité de S. Pierre d'Alcántara», en *Études Franciscaines*, París, 1924.
ALLISON Peers, A., *Studies...*, II, Londres, 1930, págs. 77-84.
STEPHENE, P., *Le maître de la mystique Saint Pierre d'Alcántara*, París, 1959.
ÁNGELES, Juan de los, Obras en *Nueva Biblioteca de Autores Españoles*, XX, XIV, Madrid, 1911.
TORRÓ, A., *Fray Juan de los Ángeles, místico-psicólogo*, 2 vols., Barcelona, 1924.

GUERNICA, J. de, «Fray Juan de los Ángeles», en *Revista católica*, 749 (1933), págs. 30-38.

JESÚS SACRAMENTADO, Crisógono de, «Los plagios de Fray Juan de los Ángeles», en *Revista católica*, 754 (1933), págs. 496-503.

ROS, P. F. de, «La vie et l'oeuvre de Jean des Anges», en *Mélanges... F. Cavallera*, Toulouse, 1948, págs. 405-423.

ALLISON PEERS, E., *Studies...*, I, Londres, 1951, págs. 281-328.

III. Mística agustiniana

La mística agustiniana española debe figurar junto a la franciscana porque ambas son místicas de la voluntad, es decir, asignan al amor la parte principal de la vida mística. Una y otra proceden del magisterio de San Agustín (vía seudo-Dionisio, San Gregorio, San Bernardo, los Victorianos, San Buenaventura, Gerson, la «Devotio moderna»). No es fácil señalar sus diferencias. El agustino P. B. Ibeas califica la mística agustiniana de «voluntarista» y la franciscana de «sentimental», y comparándola con ésta y con la mística intelectualista dominicana la llama «armónica». Pero el franciscano P. A. Torró rechaza el epíteto de sentimentalismo y denomina la mística de su escuela mística de amor, sin adherencia sentimental. De hecho, hay místicos agustinos, como Malón de Chaide, impregnados de «ternura» franciscana, a la vez que profesa el neoplatonismo de San Agustín: «Plotino dijo divinamente que las ideas están en el mismo Dios, y de él lo tomó mi padre San Agustín, y de San Agustín los teólogos»; y hay místicos franciscanos, como Diego de Estella y Fray Juan de los Ángeles, que han asimilado profundamente la doctrina de San Agustín; «Dijo galanamente San Agustín (comenta el segundo) que el amor era el peso de su alma y que allí era llevado donde él le llevaba. De manera que el propio lugar de la piedra es el centro, y el centro de nuestra alma es Dios». Es el punto de arranque de su psicología de la mística, como se vio más arriba. En la mayoría de ellos la diferencia es de grado y de matiz: los franciscanos tienden a resaltar la «santa embriaguez», la «melodía y fragancia y abrazo», esto es, la ternura de la contemplación agustiniana *(Confesiones,* X, 8); los agustinos «la Verdad inmutable que brilla como un sol en el alma» *(De Gen. contra Manicheos,* I, 43) y que «el amor conoce... Verdad eterna y Amor verdadero y Eternidad amable» *(Confesiones,* VII, 16), es decir, la síntesis de conocimiento y afecto. Francisco de Osuna y Laredo representan la primera tendencia; Fray Luis de León representa la segunda.

A esta diferencia podría añadirse otra, también relativa: el panorama místico de los franciscanos es más limitado (por ejemplo, en Osuna la oración de recogimiento, en Laredo la de quietud), pero la parcela que escogen la cultivan con más detalle; los agustinos abarcan más, pero en forma más vaga y distante, más ponderativa que descriptiva. Por fin, en contraste con los franciscanos (y los dominicos y jesuitas) los agustinos españoles no son citados por Santa Teresa; pero de las *Confesiones* de San Agustín dice: «paréceme que me vía yo allí» (*Vida*, 9).

Santo Tomás de Villanueva

La obra mística de Santo Tomás de Villanueva (1488-1555) se encuentra en el opúsculo *De la lección, meditación, oración y contemplación*, y en numerosos sermones en latín y en castellano. El primero presenta la vida espiritual en cuatro estados, como Laredo, y de Ricardo de San Víctor adopta la definición de la contemplación como asombro ante la verdad. Su interés principal está en prevenir al contemplativo en contra de los favores espirituales que vienen del demonio y que pueden pervertirlo llenándole de orgullo y llevándole a la herejía (posible referencia a los alumbrados). Hablando de las «consolaciones y favores espirituales», dice que algunos proceden del Espíritu Santo y otros del estudio y ejercicio, clasificación que los defensores modernos de la contemplación adquirida ven como ejemplo de distinción entre contemplación adquirida e infusa.

El *Comentario al Cantar de los Cantares* contiene seis grados de progreso místico (fe, devoción, embriaguez, inacción, sueño y éxtasis) y la descripción de la vida mística con las mismas imágenes de García de Cisneros (humo sin llama para la vía purificativa, etc.), equivalente al triple rapto de la contemplación medieval (fervor, iluminación, gozo). Lo más original del tratado es la insistencia en la soledad y silencio que debe rodear a la contemplación y en el espíritu de fe. En varios de los sermones (notablemente en el *Sermón del amor de Dios*) tiene gran predicamento el amor, expresado en terminología neoplatónica: la contemplación nace del deseo y el deseo es amor.

Alonso de Orozco

El Beato Alonso de Orozco (1500-1591) ha sido calificado como el místico más destacado de los agustinos españoles (P. Monasterio). Por lo pronto es el más prolífico de todos, aunque tal vez no el más original. Como sus hermanos· de hábito elude la descripción de los fenómenos de primera mano. Diríase más bien que entrevé el fenómeno místico y lo reviste con su gran erudición de la tradición agustiniana. El *Vergel de oración* y el *Monte de contemplación* (Sevilla, 1544) son tratados complementarios, de los que sólo el segundo tiene carácter místico. Escrito en forma de diálogo entre Agustino y Orosio, establece cuatro grados de contemplación: de Dios en el hombre, en las criaturas, en la Humanidad de Cristo y en sí mismo. A esta contemplación llama Orozco activa. Un quinto grado de contemplación transformante infusa resume las cuatro anteriores (VIII-XII). Lo explica por un texto del *Cantar de los Cantares* y por la «figura» del desvanecimiento de Ester en presencia de Asuero: cuando el alma contempla la grandeza de los atributos divinos desfallece como Ester en un sueño de paz, que hace decir a la esposa del *Cantar:* «Yo duermo, pero mi corazón vela.» Cinco grados contiene la contemplación infusa: unión del alma con el espíritu de Dios, inseparabilidad, herida de amor, enfermedad de amor, enajenamiento, dulce muerte y fuego en el horno de la caridad.

El *Memorial del amor santo* (hacia 1554) es, quizá, más repetitivo y difuso. Establece tres grados contemplativos: «dilatación» del alma, óbra de la acción del hombre y de Dios; elevación del alma a la consideración de las cosas de Dios y sus criaturas iluminada por los rayos de aquella soberana «luz»; éxtasis, en el que, según San Agustín, puede contemplar la esencia divina (XXIII). Compara la vida activa a las manos de los animales de la visión de Ezequiel y la contemplación a las alas de esos animales. Inspirándose en el seudo-Dionisio para explicar los tres estados de la vida espiritual, los ilustra con la imagen del sol que al nacer purifica el aire expulsando las tinieblas, luego lo ilumina y finalmente lo hincha de luz (XXIV). La contemplación es «dulzura» de Dios; otras veces «rapto» en que se gusta a Dios en el fuego de la caridad (XXVII).

La *Historia de la Reina de Saba* (1565) está dirigida a reyes y personajes de alto rango social. En ella defiende Orozco que la vida contemplativa sólo es posible para los hombres que se apartan de los cuidados temporales. La vía purgativa está representada por la venida de la reina de Saba a Jerusalén; la iluminativa por los preparativos para ser recibida por Salomón; la unitiva apenas aparece diseñada, pues «son cosas altas y soberanas que exceden todo entendimiento. Y si se pudiesen decir ya no serían tan excelentes» (XXII). Como en el *Memorial*, enseña que «el ánima subida en la contemplación, aun estando en carne mortal puede ser robada hasta ver a Dios en su esencia, no usando de los sentidos» *(Ibíd.)*. Sobre la contemplación recomienda prudencia: «miel es la contemplación y oración, tome cada uno con tiento y discreción lo que le baste. No exceda según su estado y fuerzas... que suele entender el demonio en estos negocios» *(Ibíd.)*.

Del *Libro sobre la suavidad de Dios* (1576) merecen anotarse dos puntos: la distinción entre contemplación imaginaria (de la Humanidad de Cristo) e intelectual (sobre los atributos de Dios), y la idea de que la contemplación consiste más en los afectos que en el conocimiento. Orozco es autor de varias obras espirituales más, entre las que destaca *De nueve nombres de Cristo* (publicada por primera vez en 1881), posible fuente de *Los nombres de Cristo* de Fray Luis de León.

Pedro Malón de Chaide

La *Conversión de la Magdalena* (1588) de Pedro Malón de Chaide (1530-1589) es un «tratado o sermón» destinado a encender la voluntad en el amor de Dios y disponerla a la unión. Este tema místico lo plantea el autor en el primer capítulo por medio de un silogismo irreprochable cargado con la ideología platónica del amor: puesto que el amor arrastra tras de sí a la voluntad y ésta arrastra a las demás potencias, se sigue que el Amado se convierte en señor del amante y éste se transforma en Aquél. Consecuencia: que el hombre ame a Dios con todo su corazón, con toda la energía de su alma y de su cuerpo, con todas sus facultades externas e internas, con todo su ser, para llegar a transformarse totalmente en Él.

El vehículo transmisor de este pensamiento es la historia de la Magdalena en sus tres estados de pecado, de penitencia y de gracia. Pero esta alegoría extensa no ofrece una descripción de la vida mística en etapas bien ordenadas y símbolos abarcadores, sino una vaga visión del ideal místico. Malón de

Chaide lo expresa con un lenguaje intensamente afectivo —la Magdalena «turbóse y bramó y derramó lágrimas»—; de pintoresca plasticidad —en el día del juicio a la mujer pecadora «un barbero con una navaja le raya la cabeza... y le reluce el cuero y la calva»—; y de marcados contrastes —«Para que haya un *Ecce mulier* es menester que haya un *Ecce homo.*»

La salida del alma hacia Dios es ejemplificada con una interpretación imaginativa del banquete dado a Cristo en casa del fariseo: «La voluntad de su Padre dice Él mismo que es no perder nada de lo que su Padre le envía; luego no me querrá perder... Pues si soy manjar suyo, ¿a qué tiempo puedo yo ir mejor que cuando está comiendo? Quiero llegar antes que se levante la mesa; que tarde llega el plato cuando son levantados los manteles» (XXX). El estado de unión se transparenta en este panorama fantástico (quizá inspirado en la *Guía de pecadores*, 1, 4, de Fray Luis de Granada): «Pues María, aunque perdonada, habiéndose subido el Señor a los cielos... determina de apartarse a un desierto, adonde a sus solas pudiese gozar de la contemplación de su Amado. ¡Oh qué dulces ratos tenía entre aquellos riscos y por aquellas breñas! Arrebatábase en espíritu, y como si ya fuera vecina del cielo, y como si se desnudara del cuerpo mortal de que estaba vestida, así tan libremente, dejando la tierra, se subía donde vive su Amado.» Allí veía la Jerusalén celestial «llena de luz inmensa, sus calles « sus plazas que hervían de ciudadanos bienaventurados... Aquí las flores de los prados celestiales, azules, blancas, amarillas, coloradas y de mil maneras, vencen en resplandor a las esmeraldas y rubíes y claras perlas y piedras de Oriente... Ciudad bienaventurada, donde tus leyes son de amor, tus vecinos son enamorados» (LXII).

Desde un punto de vista formal se ha llamado al lenguaje de Malón de Chaide «brillante, alegre, pintoresco» (M. Pelayo). Atendiendo al asunto se le ha considerado «poco adecuado a lo elevado del propósito (de), ligereza profana, novelesca amplitud» (L. Pfandl). Para Hatzfeld, la «intolerable» dicotomía entre forma y contenido revela a nuestro autor como escritor místico que por vivir alejado del «misterio» suple por medio de la fantasía lo que le falta de experiencia. Pero este juicio puede ser exagerado porque olvida la intención del «sermón» dirigido al «vulgo». Para esto la unidad de contenido y forma no tiene que ser, por necesidad, la misma que en el sistema clásico de San Juan de la Cruz, escrito para iniciados. La unión de fervor y fantasía puede servir tal vez mejor al propósito de Malón de Chaide.

La opinión de Hatzfeld tiene más aplicación al *Tratado del amor de Dios* (1592) de Cristóbal de Fonseca (1550-1621). De enorme erudición clásica, la parte del libro dedicada a la mística depende casi totalmente del seudo-Dionisio y de San Agustín y carece del fervor de Malón de Chaide.

Fray Luis de León

Hasta época reciente el misticismo de Fray Luis de León (1528-1591) era estimado como una faceta de su arte literario, como vago sentimiento platónico-cristiano de la naturaleza. No se habían explorado las obras latinas del maestro agustino: *In Canticum Canticorum expositio (Exposición del Cantar de los Cantares); De Incarnatione (Sobre la Encarnación); De charitate (Sobre la caridad); Commentaria in III partem D. Thomae (Comentarios a la tercera parte de la Suma teológica de Santo Tomás); In epistolam ad Galatas expositio (Declaración de la carta a los Gálatas).* De estos tratados y de los escritos en castellano se obtiene un sistema místico original y coherente. La originalidad consiste en el papel central que en la vida mística ocupa Cristo «porque recapitula todo lo no criado y lo criado, lo humano y lo divino, lo natural y lo gracioso» *(Nombres,* I, «Faces de Dios»). Originalidad relativa, pues la idea de Cristo como fin del universo procede de San Pablo y había sido comentada por Escoto y otros teólogos conocidos por Fray Luis y fue muy divulgada en España por la obra de Erasmo. Lo peculiar de Fray Luis es haber aplicado esa idea al terreno particular de la mística presentando a Cristo como tema principal y constante de la misma. La vida mística es una relación directa del alma con Cristo y consiste en la progresiva transformación de la vida del hombre en la vida de Cristo; transformación total, «como si fuese (Cristo) alma del alma... y como embebido en ella, apoderarse de sus potencias y fuerzas... de asiento y con sosiego estable» *(Nombres,* III, «Hijo de Dios»; *In Epistolam ad Galatas exp.,* 2). La unión es con Cristo, no (directamente) con la esencia de Dios, la Eterna Sabiduría, etc., de la tradición mística: «el espíritu de Cristo se ayunta con la esencia del alma... abrazándose con ella» *(Nombres,* III, «Hijo de Dios»).

La misma originalidad demuestra Fray Luis en el tratamiento de la oración, en la que distingue las tres clases de la mística medieval: contemplación de las criaturas, que despierta el conocimiento de Dios; contemplación de Dios en sus misterios; contemplación de Dios en sí mismo. Pero lo que se contempla en las criaturas es Cristo, pues «con verdad le podemos llamar parto común de todas las cosas» (*Nombres*, I, «Pimpollo»), y representa a Dios, como «Faces de Dios».

Claramente se ve que, en oposición a Osuna y los iluministas, la contemplación de Cristo es propia de todos los estados de la vida espiritual. En este punto y en la concepción cristocéntrica de la mística está Fray Luis muy cerca de Santa Teresa, cuyas obras conocía y admiraba: «Cristo es en el sistema teológico y espiritual del autor de los *Nombres* lo que es en el *Castillo interior* de Santa Teresa. Sólo que en Fray Luis ese centro no es sólo el del alma, como en la célebre alegoría teresiana: es el centro del universo. En la mística Doctora tiene un sentido exclusivamente psicológico y espiritual; en Fray Luis es un sentido cósmico trascendente, porque abarca todo el orden creado» (Crisógono de Jesús).

La contemplación es el vehículo de la vida mística, esto es, de la suplantación de la vida humana por la de Cristo, que se realiza en el llamamiento a la perfección, la respuesta del alma, el sufrimiento, el ilapso interior («ilapsu interiori») y el rapto (*In Canticum*, I). Por esto Fray Luis concibe los estados como grados de intensidad, de creciente radicación de esos fenómenos en el alma. Siguiendo a San Agustín, el llamamiento es iluminación que impulsa al alma hacia Dios (*ibíd.*). Se recibe en la parte «divina» del alma, «que de su hechura y metal mira al cielo y apetece cuanto de suyo es» (*Nombres*, III, «Hijo de Dios»). Va acompañado de dulzuras que ayudan al principiante a apartarse de las criaturas y lo inclinan a descubrir a Dios en Cristo reflejado en ellas y en el fondo del alma. La penitencia corporal, el amor, el conocimiento y aun el éxtasis tienen una finalidad purificativa. Por esto son sólo medios de perfección, no «la misma salud». De aquí la insistencia de Fray Luis (coincidiendo con San Juan de la Cruz) en la necesidad de evitar el apego a ellos (*In Canticum*, I).

El paso de principiante aprovechado se compara con la primavera porque comienzan a florecer las virtudes (*In Canticum*, II) y lleva consigo (nueva coincidencia con San Juan de la

Cruz) pruebas más dolorosas que en el período anterior, siendo la principal la ausencia de Dios: «Esta manera de frialdad y apretura que hace Dios al alma para bien de ella misma, retirando la influencia de su regalo y blandura, la causa de ella es el soplo de Dios». A esta especie de noche sigue «una copia más grande de regalos dulcísimos» *(In Canticum, III)*. El ingreso en el estado de los perfectos viene señalado por una purificación todavía más profunda (persecuciones, incluso de la jerarquía eclesiástica y abandono de Dios) comparable a la noche pasiva del espíritu de San Juan de la Cruz. El alma sale de ella con fe pura y amor desinteresado. Es la cumbre de la perfección. Ahora recibe el alma paz inmutable, en que «enciéndese como de improviso una llama compuesta de luz y amor» *(Nombres, II, «Esposo»)*.

La verdadera unión —«el ayuntarse de Cristo con nosotros»— no tiene nada de sensible, sino que es inefable: «el espíritu de Cristo se ayunta con la esencia del alma... abrazándose con ella sin que ella lo sienta ni entienda» *(Nombres, III, «Hijo de Dios»)*. Las virtudes alcanzan toda su fuerza y se manifiestan en obras. El anhelo dominante es morir para disolverse en Cristo. Pero (posible reminiscencia teresiana) existe el peligro de la caída por falta de correspondencia: no hay «momento en que estemos libres de caída» *(In Canticum, VI)*. Señalemos, por fin, que el fondo teológico de esta concepción mística se halla en los tratados *De Incarnatione* y *De charitate*, de naturaleza ecléctica, inspirados principalmente en San Agustín y Santo Tomás, de cuya doctrina dice Fray Luis que es «toda de San Agustín».

Los autores agustinos posteriores a Fray Luis escriben bajo la influencia de Santa Teresa y San Juan de la Cruz. Agustín Antolínez (1554-1626) interesa hoy por la polémica a que han dado origen sus *Amores de Dios y del alma*, que es un comentario a los tres poemas principales de San Juan de la Cruz. A juicio de J. Krynen *(Le Cantique Spirituel de Saint Jean de la Croix commenté et refondu au XVIIᵉ siècle*, Salamanca, 1948), el *Cántico Espiritual* B, que entre los carmelitas españoles pasa como auténtico de San Juan de la Cruz, pertenece a Antolínez. También Basilio Ponce de León (1570-1629) debe su reputación a su entusiasta y magistral defensa de la doctrina del místico carmelita acusado de iluminismo. La *Mística theología* de Agustín de San Ildefonso (1585-1662) es una obra didáctica a base de San Juan de la Cruz, pródiga en divisiones superfluas (bajo la influencia del jesuita Álvarez de Paz).

BIBLIOGRAFÍA

General:

CAXRÉ, F., *La contemplation augustinienne*, París, 1927.

IBEAS, B., «Los ascéticos agustinos españoles», en *España y América*, 23 (1925), págs. 99-112, 172-183.

MONASTERIO, I., *Místicos agustinos españoles*, 2 vols., Madrid, 1929.

GUTIÉRREZ, D., «Del origen y carácter de la escuela teológica hispano-agustiniana en los siglos XV-XVII, en *Ciudad de Dios*, CLIII (1941), páginas 227-255.

TOMÁS DE VILLANUEVA, Santo, *Obras completas*, 6 vols., Manila, 1881.

RODRÍGUEZ, T., «Santo Tomás de Villanueva, ascético y místico», en *Ciudad de Dios*, XXVI (1930), págs. 481-493.

MONASTERIO, I., *Místicos agustinos...*, I, págs. 77-100.

RODRÍGUEZ, T., «Santo Tomás de Villanueva y el movimiento literario del siglo XVI», en *Ciudad de Dios*, XXIV-XXV, 1891.

SANTIAGO VELA, G., «Sermones castellanos de Santo Tomás de Villanueva», en *Archivo histórico hispanoagustiniano*, X, pág. 224 y ss.

PELAYO, M., *Historia de las Ideas estéticas*, III (1928), pág. 138.

ALLISON PEERS, E., *Studies of the Spanish Mystics*, II, Londres, 1960, páginas 61-76.

OROZCO, *Obras del Beato Alonso de Orozco*, 2 vols., Salamanca, 1895-1896. El primer volumen contiene *Vergel de oración* y *Monte de contemplación*, y el segundo *Memorial de amor santo*, I.

MONASTERIO, *Místicos agustinos...*, I.

FARIÑA, J. A., «La doctrina de oración del Beato Alonso de Orozco», en *Vida sobrenatural*, XIII (1927), págs. 125-140.

CHAIDE, Malón de, *Biblioteca de Autores Españoles*, XXXV, Madrid, 1932.

ROUSSELOT, P., *Les mystiques espagnols*, París, 1867, págs. 81-113.

PIDAL, P. F., *Estudios críticos y literarios*, II, Madrid, 1890.

VINCI, J., «Pedro Malón de Chaide dentro y fuera de la tradición literaria agustiniana», en *Religión y Cultura*, V, págs. 212-241,

— «The Neoplatonic Influence of Marsilio Ficino on Pedro Malón de Chaide», en *Hispanic Review*, XXIX (1961), págs. 275-295.

H. HATZFELD, *Estudios literarios sobre mística española*, Madrid, 1955, páginas 331-349.

— «The Style of Malón de Chaide», en *Studia Philologica. Homenaje a Dámaso Alonso*, II, Madrid, 1961, págs. 195-214.

LANGENEGGER, H., *Des P. Pedro Malón de Chaide Conversión de la Magdalena*, Zurich, 1933.

PELAYO, M., *La mística española*, ed. P. Sainz Rodríguez, Madrid, 1956, página 289.

PFANDL, L., *Historia de la literatura nacional española...*, Barcelona, 1952, páginas 189-199.

— «Fray Luis de León», en *Obras completas castellanas*, 3.ª ed., B. A. C., Madrid, 1959.

— *Obras latinas*, ed. D. Gutiérrez, Madrid, 1948.

— *Mag. Luysii Legionensis augustiniani divinorum librorum primi apud salmanticenses opera nunc primum ex Mass. eiusdem omnibus PP. Augustiniensium studio edita* (Salmanticae, MDCCCXCII).

ALLISON PEERS, E., *Studies of the Spanish Mystics*, I, 2.ª ed., Londres, páginas 135-297.

— «El misticismo en las poesías originales de Fray Luis de León», en *Boletín de la Biblioteca Menéndez Pelayo*, XXII (1946), págs. 111-131.

CAPÁNAGA, V., «Fray Luis de León y la cultura religiosa, en *Religión y cultura*, II (1928), págs. 389-409.

DEL RÍO, F. M., «La doctrina mística de Fray Luis de León», en *Religión y cultura*, II (1928), págs. 531-543; III, págs. 49-65, 205-220; IV, págs. 47-67, 224-236, 417-430.

BOYER, R., «Les thèmes du néo-platonisme et la mystique espagnole de la Renaissance», en *Hommage à Martinenche*, París, 1937, páginas 59-71.

JESÚS SACRAMENTADO, Crisógono de, «El misticismo de Fray Luis de León», en *Revista de Espiritualidad*, I (1942), págs. 30-52.

IGLESIAS, S. M., *Fray Luis de León, teólogo*, Madrid, 1950.

WELSH, R., *Introduction to the spiritual doctrine of Fr. Luis de León*, Washington, 1951.

GUY, A., *El pensamiento filosófico de Fray Luis de León*, trad. española, Madrid, 1961.

LÓPEZ, A., «La vida cristocéntrica en Fr. Luis de León», en *Religión y cultura*, VII (1961), págs. 564-82.

IV. Mística dominicana

Dos notas caracterizan a la mística dominicana española: relativa escasez de obras en comparación con las demás escuelas españolas y popularismo en contraste con el intelectualismo de la mística de Santo Tomás y los dominicos alemanes. La escasez se explica por la actitud de reserva o abiertamente hostil de prestigiosos teólogos dominicos del siglo XVI hacia el iluminismo y erasmismo de las obras de algunos místicos. El gran teólogo Francisco de Vitoria dice de la contemplación que «es buena, pero encuentro poco de eso en las Escrituras y no es lo que recomiendan los santos. La verdadera contemplación consiste en la lectura de las Sagradas Escrituras, estudio de la verdadera sabiduría. Los que no pueden estudiar, que hagan oración vocal» (citado por V. Beltrán de Heredia). Su discípulo Melchor Cano tuvo parte decisiva en la prohibición inquisitorial de las obras místicas en lengua vulgar. Desde entonces la producción dominicana es de carácter técnico, siguiendo la *Summa* de Santo Tomás. En esta atmósfera el número de autores dominicanos que cultivan la mística se reduce a Fray Luis de Granada y una media docena más, éstos de valor secundario.

Su obra es efecto del fervor reformista introducido en los dominicos castellanos a comienzos del XVI por la «Devotio moderna», en particular, por el ejemplo y los escritos de Savonarola, fundador de la Congregación de San Marcos de Florencia, y por los de Santa Catalina de Siena. En 1511, bajo los auspicios de Cisneros, se publicó en Alcalá la *Exposición del salmo* «*Miserere mei Deus*» del famoso dominico florentino. También por encargo del Cardenal el dominico Fray Antonio de la Peña tradujo al español la *Vida de Santa Catalina de Siena* (Alcalá, 1511), escrita en latín por el beato Raimundo de Capua, y otro dominico publicó las *Epístolas y oraciones* de esta santa (Alcalá, 1512).

Alma de la reforma de los dominicos castellanos fue Fray Juan Hurtado de Mendoza, alentado por la beata de Piedrahita sor María de Santo Domingo, y protegido por Cisneros, el duque de Alba y la corte. Se propuso fundar una congregación independiente a imitación de la de San Marcos. Aunque sus biógrafos le atribuyen carismas místicos, no ha dejado escritos sobre la materia.

Otra figura importante de la reforma dominicana, Fray Pablo de León, escribió la *Guía del cielo* (publicada póstumamente en Alcalá, 1553), tratado popular de «vicios y virtudes», especialmente de los vicios de la Iglesia, en la línea de Erasmo. Es posible que el ataque a la corrupción eclesiástica del *Quinto Abecedario* (II, 62) de Osuna se haya inspirado en la obra de Pablo de León. Afirma éste que la oración viene de la verdadera devoción, la cual deriva de «la meditación y contemplación». Objeto de la contemplación son la bondad y grandeza de Dios, que inclinan la voluntad a amarlo y esperar en Él, y los propios defectos, que mueven a humildad. No distingue dicho autor claramente entre meditación y contemplación.

El discípulo de Hurtado de Mendoza, Fray Juan de la Cruz (no el santo carmelita del mismo nombre), es autor de un *Diálogo sobre la necesidad y obligación de la oración y divinos loores vocales* (Salamanca, 1555). En él defiende la superioridad de la vida contemplativa sobre la activa, pero cree imposible la contemplación sin imágenes. En contra de Erasmo sostiene el valor de la oración vocal, de las ceremonias y de la vida monástica y da gran importancia a la dirección espiritual (tan encarecida luego por Santa Teresa y San Juan de la Cruz) en una época de profunda crisis de espíritus.

Representantes de esa crisis son varios dominicos (Carranza, Luis de Granada, Domingo Valtanás, Cabrera, etc.) y, en especial, Melchor Cano. Adicto a la teología de Vitoria y a la reforma de Hurtado de Mendoza, Cano se opuso apasionadamente a la corriente iluminista e intentó contrarrestarla con el *Tratado de la victoria de sí mismo* (Toledo, 1551), adaptación de la obra del mismo título del dominico lombardo Battista de Crema, compendiada por Serafino de Fermo en el *Espejo interior*. Es un libro de divulgación popular acerca de los pecados capitales y el modo de vencerlos. Pero al descubrir en 1552 en Italia que la obra de Battista de Crema era iluminista, se adhirió a Savonarola (que, como es bien sabido, fue acusado de hereje y quemado) y terminó refugiándose definitivamente en la teología escolástica. Desde esta posición espiritual desplegó una actividad antimística implacable en su monumental *De locis theologicis* *(Lugares teológicos)*, en la censura del *Catecismo* de Carranza, en sus cartas y de palabra. Uno de sus admiradores, el benedictino Rodrigo de Vadillo, dice de él que «olía (a los herejes) desde lejos como can de caza». Claro es que los resultados de su conducta para la literatura espiritual española no hubieran sido tan drásticos como fueron de no haber contado con la autoridad del inquisidor Fernando de Valdés, cuyo desprecio por la mística se refleja en el juicio que le merecía la oración enseñada por Fray Luis de Granada llamándola «contemplación para mujeres de carpinteros». Al celo de Cano por la pureza de la doctrina se debe el que los autores místicos (Juan de Ávila, Luis de Granada, Santa Teresa, etc.) afinaran la ortodoxia de sus escritos, así como el enfriamiento de la exaltación mística de los alumbrados. Pero en el gran teólogo había también sentimientos de índole personal contra sus acusados, como Carranza (dice el historiador dominico Beltrán de Heredia) y los jesuitas, a los que califica de iluministas porque leen a Tauler, Herp y otros autores «alumbrados y dejados».

Hay varias anécdotas en la vida de Cano que revelan el apasionamiento con que a veces se trataban los problemas espirituales. Una de ellas se refiere a su encuentro con el jesuita Laínez durante el Concilio de Trento. La cuenta el historiador jesuita R. García Villoslada aduciendo el testimonio de varios historiadores de su orden. Dice de Cano que tenía «un carácter fácilmente irascible, apasionado, petulante» y que asumió ante los teólogos jesuitas «una postura fastidiosa y despectiva», que Rivadeneira atribuye a envidia. Laínez quiso visitarlo un día para disipar los prejuicios que abrigaba contra la Compañía, pero nada logró tras dos horas de acalorada discusión. El P. Rivadeneira cuenta: «Finalmente, como el P. Laínez le vio tan orgulloso y engreído, le dijo: Ahora, Padre, dígame por caridad una cosa, ¿es V. P. (Vuestra Paternidad) en la Iglesia de Dios más que un pobre fraile de Santo Domingo? Y como Cano respondiese que no: Pues ¿por qué, dijo, toma el oficio de los obispos y del Sumo Pastor, que es el Vicario de Cristo, y los condena reprobando lo que ellos han aprobado y aprueban? Aquí dijo el M. Cano con una falsa sonrisa: ¡Ay, señor! ¿no quiere usted, Maestro, que si los pastores duermen, los perros ladren?». Ante tal respuesta, Laínez «echó a Melchor Cano adonde suelen echar los españoles a quienes los fastidian dema-

181

siado» (R. García Villoslada, *Ignacio de Loyola*, Zaragoza, 1956, páginas 233-34).

Ya sabemos que la acción de Cano alcanzó también a Fray Luis de Granada. Pero la buena inteligencia de la obra de éste exige que mencionemos antes la de su maestro Juan de Ávila, sacerdote secular.

San Juan de Ávila

A juicio de M. Bataillon, el recientemente canonizado Juan de Ávila (1500-1569) llena «un vacío entre el sector erasmista y el sector jesuita de la vanguardia católica española». Esta opinión, fundamentalmente correcta, precisa ser explicada y matizada. Ello nos dará una idea aproximada de la posición clave que Juan de Ávila ocupa en la espiritualidad española del XVI. En el *Epistolario espiritual* (1578) recomienda para el estudio del Nuevo Testamento las *Anotaciones* de Erasmo, «que en gran manera le aprovecharán para esto»; también aconseja leer las *Paráfrasis* de este autor, pero «con condición que se lean en algunas partes con cautela» (citado por L. Sala Balust, «Hacia una edición crítica del *Epistolario* del Maestro Ávila», *Hispania*, VII, 1947, 611-34).

Se recordará la prudencia que Ávila recomienda en la lectura del *Tercer Abecedario* de Osuna, y en su carta de aprobación del *Libro de su vida* de Santa Teresa dice a ésta que algunas cosas en él descritas no serán aprovechables para todos. Quien así escribe tiene la experiencia de la cárcel inquisitorial (1531-1533) por el escándalo que sus sermones produjeron en Écija, Alcalá de Guadaira y Lebrija, y de la condenación del *Audi filia* (1556) en 1559.

El núcleo de su enseñanza es la doctrina paulina del cuerpo místico divulgada en España por el *Enchiridion* de Erasmo: la unión de Cristo (la cabeza) con los fieles (los miembros) por la gracia y la caridad, que en los autores de la época recibe también el nombre de «beneficio de Cristo» (Juan de Valdés), «Redención» y «misterio de Cristo». Era el tema de la contemplación de Juan de Ávila: «cuando quería levantar el corazón a Dios, no se ayudaba desta consideración de las criaturas, teniendo el misterio de Cristo por más excelente motivo para esto» (Fray Luis de Granada, *Vida del Venerable Maestro Juan de Ávila*, IV, 2). En torno a esta doctrina daba

182

énfasis a la oración mental sobre la vocal, a la reforma de la Iglesia y otros puntos erasmianos, de los iluministas y de Savonarola, que aparecen modificados en la segunda redacción del *Audi filia* (1574). Lo propio harán Luis de Granada y Francisco de Borja en las suyas condenadas, entrando de esta forma los tres en la categoría de los ascetas y místicos plenamente ortodoxos. Además, Fray Luis de Granada declara haber tratado «muy familiarmente» a Juan de Ávila y que debía a sus consejos más que a muchos años de estudio; San Francisco de Borja fue convertido por uno de sus sermones, ingresó en la Compañía por consejo suyo y siendo general de la misma mantuvo correspondencia con él; San Ignacio le profesa honda veneración y está dispuesto a recibirlo en la orden; por su parte, Juan de Ávila la defendió en todo momento, hubiera deseado hacerse jesuita, murió en el colegio de la Compañía en Montilla, a ella confió sus manuscritos y, sobre todo, le envió sus mejores discípulos: «a los cuales envía el bendito Padre (Ávila) a la escuela de nuestro Ignacio, como San Juan enviaba a los suyos a la escuela de Cristo», escribe el cisterciense Luis de Estrada en 1556.

La unión de las dos tendencia (una, el misticismo radical de Santa Teresa, Osuna, Granada y algunos primitivos jesuitas como Borja y Baltasar Álvarez; otra, el ascetismo de San Ignacio) da a la obra de Juan de Ávila su carácter oscilante entre la ascética y la mística, inclinándose a la primera: Fray Luis de Granada nos habla del «recogimiento y unión interior que tenía siempre con Dios», pero los libros de Ávila no tratan de la unión mística (sí de la unión sacramental y del cielo), sino sólo del deseo de unión; era maestro en el discernimiento de espíritus, pero recomienda reserva y silencio (tan ignacianos) sobre los carismas místicos *(Audi filia*, 52 y 101) y previene contra los peligros de la inspiración privada *(ibíd.*, 50); aconseja la meditación sin imágenes y de la Humanidad de Cristo, mas dando preferencia a la pasión de Cristo y siguiendo minuciosas reglas, por el estilo de las que se dan en el *Exercitatorio* de Cisneros y en los *Ejercicios* de San Ignacio *(ibíd.*, 72). En cuanto a la contemplación, es ejercicio de la voluntad más que del entendimiento y su fin es amar *(ibíd.*, 75), con amor viril, ascético: «La empresa del amor no es palabra, sino dolor, crudos tormentos, deshonra del mundo, desamparo de criaturas y ausencia del amparo del Creador» *(Carta a una doncella enferma consolán-*

dola de sus trabajos). En fin, la terminología de Juan de Valdés adquiere en su pluma el más acendrado y vibrante acento ascético y místico: «dejémonos vencer de sus armas (de Cristo), que son sus beneficios, con los cuales quiere matarnos, para que vivamos con Él» *(Carta a un religioso animándole al perfecto amor de Dios).*

Fray Luis de Granada

A Fray Luis de Granada (1504-1588) se le ha llamado el mayor discípulo de Juan de Ávila porque asimila, íntegros, su doctrina y su estilo. La compenetración espiritual de ambos se revela en el hecho de que Juan de Ávila recomienda abiertamente las obras de Fray Luis y en los elogios que éste hace de las de aquél, en especial del *Epistolario;* la semejanza estilística se manifiesta en la tendencia común al período solemne (ciceroniano) y a la inmediatez coloquial, más logrados en Fray Luis. De la alternancia de estos dos elementos resulta que «el español salió fijado de la pluma de Fray Luis de Granada: nunca tuvo el idioma la flexibilidad, la maleabilidad, la ductilidad que en Fray Luis de Granada» (Azorín). Pero, a diferencia de Juan de Ávila, Fray Luis de Granada presenta su doctrina en el molde de un humanismo ecléctico, de síntesis amplia y fluida de autores de la «devotio moderna», medievales, Padres de la Iglesia y clásicos: su designio de divulgar la oración entre los cristianos de todas las condiciones sociales y culturales es característica de Juan de Ávila, tanto como de Savonarola, de la *Imitación* (que Fray Luis tradujo al castellano) y de Erasmo; al preferir la oración mental a la vocal y cuando defiende la oración como «levantamiento del corazón a Dios», sigue los *Opúsculos* de Savonarola, las *Obras espirituales* de Serafino de Fermo y el *Modo de orar* de Erasmo; su doctrina de las ceremonias, de la reforma de la Iglesia y del cuerpo místico se encuentran en esos autores; toma del *Directorio* de Herp ideas sobre la enmienda de los pecados, del tratado de la *Pasión* de Tauler la descripción de la flagelación de Cristo; la definición de la devoción está tomada de Santo Tomás; las descripciones de los animales, como huellas de la divinidad, de Plinio y autores semejantes; la doctrina de la «contemplación y amor» de la hermosura de Dios, de Platón: «Casi todo esto que aquí habemos dicho, dice maravillosamente Platón en persona de Sócrates, en el diálogo que llaman del Convite», donde se encuentra «resumida la principal parte de la filosofía cristiana... Y ¿quién no dará gracias a Dios, considerando por otra parte que esta tan alta filosofía que Platón alcanzó (por donde mereció nombre de divino) veamos agora en grande número de personas religiosas y de muchas pobres mujercitas?» *(Adiciones,* XIV).

Las ideas místicas de Fray Luis están esparcidas en libros que el autor revisó varias veces, en resúmenes, ampliaciones y acotaciones de carácter predominantemente ascético: *Libro de la oración y meditación* (1554) y su complemento la *Guía de pecadores* (1556); *Compendio de doctrina cristiana* (1558), que es un resumen del *Libro de la oración; Memorial de la vida cristiana* (1566) y *Adiciones* (1574); *Introducción al símbolo de la fe* (1582). El propósito de sus escritos es «formar un perfecto cristiano, llevándolo por todos sus grados, desde el principio de la conversión hasta el fin de la perfección, la cual consiste en la perfección de la caridad, que es el amor de Dios»; amor que consiste en la «unión del hombre con Dios, la cual se hace por imitación y semejanza con el mesmo Dios», que es lo mismo que «llegar a hacernos un mesmo espíritu con Él» *(Adiciones,* Prólogo). La finalidad mística de este proyecto es clara, pero Fray Luis no distingue netamente etapas ni diversas formas de oración, ni describe los fenómenos místicos: «todo va a una mesma cosa, devoción, oración, contemplación, ejercicio del amor de Dios, consolaciones espirituales y estudio de aquella divina sabiduría (que es conocimiento amoroso de Dios)..., porque es tanta la semejanza que hay entre estas cosas, que fácilmente hay tránsito y pasaje de las unas a las otras» *(Libro de la oración,* II, 1).

El método de oración (número, tiempo y lugar de la meditación), los temas y la parte que desempeña la imaginación son tributarios de García de Cisneros y San Ignacio *(Libro de la oración,* I-II). Pero da más importancia que éste a la penitencia corporal: «Y pues la gracia que se pide no es para el ánima sola, sino para todo el hombre, justo es que todo el hombre juntamente la procure; el ánima con deseos y el cuerpo con aflicciones... de ayunos, de cilicios, de disciplinas, de vigilias y de otras semejantes asperezas» *(Memorial,* Trat. VII, 4). El deseo de perfección y el progreso en ella es don de Dios, el cual da «primero un nuevo gusto y conocimiento experimental de la dignidad» del amor. Señal de amor verdadero es tener «el corazón puesto en Él con una humilde y amorosa atención... Porque esto es propio de este amor que se llama unitivo» *(Memorial, VII)*. Se rechazan toda clase de gustos y consolaciones espirituales y se recomienda una perseverancia heroica, que Fray Luis explica con el ejemplo de la gallina que muere incubando sus polluelos: «Porque si tan grande continuación es menester para hacer de los huevos pollos, ¿cuánta será menester para hacer de un hombre Dios? Trabaje, pues, por perseverar debajo de las alas deste Señor» *(Adiciones, XII)*.

El grado más alto de contemplación señalado por Fray Luis es el de recogimiento y quietud; acaece cuando «cierra Dios la vena de la demasiada especulación y abre la de la afección, para que sosegado y quieto el entendimiento, repose y huelgue la voluntad en solo Dios, empleándose toda en el amor y gozo del sumo bien. Este es el estado perfectísimo de la contemplación» *(Libro de la oración, II, 5)*.

Rasgo característico de Luis de Granada es que aboga decididamente por la teoría franciscana de la contemplación mística en contra de la dominicana o intelectualista: «Y si contra esto (primacía del amor sobre el conocimiento) me alegares que según sentencia de Santo Tomás la bienaventuranza de los santos en el cielo esencialmente consiste en conocer a Dios, por do paresce ser más excelente cosa conocerle que amarle, a esto se responde que en el cielo veremos a Dios como Él es en sí mesmo, y esto basta para hacer bienaventurado al que le ve; mas en esta vida no le vemos como Él es... sino como a nosotros es posible... conformándolo con la medida de nuestro entendimiento, el cual ve las cosas espirituales como por tela de cedazo. Mas el amor de Dios no es así, porque propio es del amor transformar al que ama en la cosa amada... En lo cual paresce cuán diferente cosa sea entender a Dios y amarle, porque en esta vida entendémosle como podemos, mas amámosle como Él es... proporcionámonos y transformámonos en Dios como Él es, por medio de este amor» *(Adiciones, II)*. No es menos franciscana su cándida visión de la naturaleza como medio para alcanzar la contemplación, expresada, ante todo, en la primera parte de la *Introducción al símbolo de la fe*: «Porque vemos en España por principio del mes de mayo (cuando no hay grano de trigo, ni de cebada, ni de linaza, ni de mijo en los campos), tanta abundancia de golondrinas, así padres como hijos recién criados, que no hay iglesia ni casa, ni aldea tan apartada que no esté llena dellas. Y lo mismo podemos decir de los pajarillos llamados pardillos, pues apenas se hallará agujero de casa sin ellos... Pregunto, pues: ¿de qué se mantienen tantas bocas de padres y hijos en tiempo que aún no hay grano, como digo, en los sembrados?»

En resumen, Fray Luis de Granada no tiene un sistema completo de mística, sino tan sólo el concepto de la vida mística. Es un místico de espíritu. Por su afán de divulgar el ideal místico entre toda clase de personas pertenece al núcleo espiritual de la «Devotio moderna»; la preferencia que da al amor sobre el conocimiento y su entusiasmo por la naturaleza le sitúan en la línea mística franciscana y agustiniana. Santa Teresa escribe a Fray Luis (mayo, 1575) alabándole «por haber escrito tan santa y provechosa doctrina» y recomienda su obra junto con la de San Pedro de Alcántara a las carmelitas (*Constituciones*, 1; *Fundaciones*, 28). Las obras de Fray Luis, en particular la *Guía de pecadores*, alcanzaron rápida y extensa difusión en la Europa católica y protestante (Molière cita la *Guía* en *l'École des Femmes*, por boca de Sganarelle).

Otros dominicos contemporáneos de Granada importan para la mística como directores de Santa Teresa: Pedro Báñez (autor del *Tratado del discernimiento de espíritus*), García de Toledo, Domingo Báñez, Melchor Cano (el joven) y Barrón. En adelante, los escritores dominicanos cultivan tratados de carácter escolástico, por el estilo de la *Mystica theologia divi Thomae* de Tomás de Vallgornera (m. 1675), que es una adaptación de la *Summa theologiae mysticae* del carmelita francés Felipe de la S. Trinidad, del carmelita español José de Jesús María (Quiroga) y del jesuita Álvarez de Paz.

BIBLIOGRAFÍA

General:

PETITOT, MARTIN, GARRIGOU-LAGRANGE, BERNARDOT, «La espiritualité dominicaine», en *La Vie Spirituelle*, 1921.

THERY, P. G., «Caracteres généraux de la spiritualité dominicaine», en *La Vie Spirituelle* (1938), págs. 22-39.

POURRAT, P., «L'école dominicaine», en *La Spiritualité Chrétienne*, 2, París, 1943-1947.

BELTRÁN DE HEREDIA, V., «Las corrientes de espiritualidad entre los dominicos de Castilla durante la primera mitad del siglo XVI», en *Biblioteca de teólogos españoles*, VII, Salamanca, 1941.

— *Historia de la reforma de la provincia de España (1450-1550)*, Roma, 1939.

— *Comentarios del maestro Francisco de Vitoria a la Secunda secundae de Santo Tomás*, Salamanca, 1935.

BATAILLON, M., *Erasmo y España*, II, trad. española, México, 1950, páginas 202-207.

— «Sur la diffusion des oeuvres de Savonarole en Espagne et en Portugal (1500-1550)», en *Mélanges... a J. Vianey*, París, 1934.

JUAN DE ÁVILA, *Obras completas*, 2 vols., B. A. C., Madrid, 1952.

CARRILLO, F., «El cuerpo místico en la doctrina del Apóstol de Andalucía», en *Manresa*, 17 (1945), págs. 202-235.

ABAD, C. M., «El proceso de la Inquisición contra el Beato Juan de Ávila», en *Miscelánea Comillas*, VI (1946), págs. 88-167.

ALVENTOSA, J. S., «Doctrina del Beato Juan de Ávila sobre la oración», en *Verdad y Vida*, 5 (1947), págs. 5-64.

SALA BALUST, L., *Vicisitudes del «Audi filia» del Maestro Ávila*, Madrid, 1950.

GOMIS, J. B., «Estilos del pensar místico. El Beato Juan de Ávila», en *Revista de Espiritualidad*, XIX (1950), págs. 443-450; X (1951), páginas 315-345.

BATAILLON, M., «Jean d'Avila retrouvé», en *Bulletin Hispanique*, LVII (1955), págs. 5-44.

FRAY LUIS DE GRANADA, *Obras de Fray Luis de Granada*, 14 vols., Madrid, 1905-1908.

CUERVO, J., *Fray Luis de Granada y la Inquisición*, Salamanca, 1915.

AZORÍN, *Los dos Luises*, Madrid, 1922.

— «De Savonarole à Louis de Granade», en *Revue de littérature comparée*, XVI (1936), págs. 23-39.

— *Erasmo y España*, II, págs. 192-209, México, 1950.

BRENTANO, M. B., *Nature in the Works of Fray Luis de Granada*, Washington, 1936.

Ros, F. de, «Los místicos del norte en Fray Luis de Granada», en *Archivo Iberoamericano*, XVII (1945), págs. 202-235.

— «Algunas fuentes de Fray Luis de Granada», en *Estudios franciscanos*, LI (1950), págs. 161-178.

OECHSLIN, R. L., *Louis de Granade ou la recontre avec Dieu*, París, 1954.

ALONSO, D., «Sobre Erasmo y Fray Luis de Granada», en *De los siglos oscuros al de Oro*, Madrid, 1958, págs. 218-225.

HUERGA, A., «Los métodos espirituales de Fr. Luis de Granada», en *Vida sobrenatural*, LII (1951), págs. 81-94, 262-273; LII (1952), páginas 31-39.

— «El proceso inquisitorial de la monja de Lisboa y Fray Luis de Granada», en *Hispania Sacra*, XII (1959), págs. 333-356.

V.   Mística jesuítica

La mística jesuítica es fiel expresión del espíritu de San Ignacio (1491-1556): una mística práctica, de servicio de Dios (con precedentes en la Regla benedictina) con obediencia, abnegación y método (J. de Guibert). El método, y no la especulación, abarca todas las manifestaciones de la vida espiritual. No le interesaba a San Ignacio la ciencia o el arte de por sí, sino como medio. Sus libros «no son propiamente libros de lectura, sino recordatorios de verdades enseñadas de otra manera, síntesis de principios inoculados en largos años de formación. Si no se les considera a esta luz desilusionan» (I. Iparraguirre). Por temperamento San Ignacio no era humanista (ni aun llegó a dominar el latín y el castellano), pero estuvo en contacto con el movimiento erasmista español. Durante sus estudios en Alcalá su confesor P. Miona le recomendó la lectura del *Enchiridion*. Rivadeneira dice que el santo trató de hacerlo, pero que la abandonó porque «se le comenzaba a entibiar el fervor y a enfriársele la devoción». Fue amigo de Diego de Eguía, hermano del impresor de las obras de Erasmo, y hay semejanza entre ideas ignacianas y de los erasmistas: piedad más individual que social, que se alimenta del Evangelio y de los grandes dogmas, antes que de la teología especulativa. Quizá por esto se le prohibió predicar antes de haber cursado tres años de teología.

San Ignacio se diferencia de los humanistas por su respeto a la autoridad de la Iglesia y su profundo sentido de la tradición medieval, como se muestra, ante todo, en las reglas que da en los *Ejercicios* para pensar con la Iglesia. Esto explica su aversión a las obras de Erasmo y de Vives y su adhesión a las que, en alguna medida, se consideran fuentes de su espiritualidad, en particular de los *Ejercicios*. La *Vida de Cristo* del Cartujano pudo haber influido en la contemplación imaginativa ignaciana de la vida de Cristo (detallada representación de lugar, persona, aspecto, etc., de Cristo); de la introducción que puso al *Flos Sanctorum* el cisterciense Gauberto Vagad, pudo haber tomado San Ignacio la idea del servicio de Cristo, «el Príncipe eterno», cuya «victoriosa bandera» siguen los caballeros de Dios (pero estos símbolos de la novela caballeresca ya se encuentran en la *Vida de Cristo* del Cartujano); la *Imitación de Cristo*, el libro más leído por San Ignacio, le puso en contacto con la espiritualidad de la «Devotio moderna»: familiaridad con Dios, docilidad a la gracia, abnegación y desprecio del mundo. En cuanto al *Exercitatorio* de Cisneros, dice Rivadeneira que fue conocido por San Ignacio y que le inspiró el título de los *Ejercicios;* pero añade que aun cuando en ambas obras se tratan materias idénticas, la forma de tratarlas es diferente. Rasgos comunes a las dos son: la organización de la vida ascética y de determinados ejercicios y el método a seguir en la oración de las tres facultades del alma. Pero como todos estos puntos se encuentran en la «Devotio moderna» de la que el *Exercitatorio* es poco más que un compendio, hay que ver en el libro de Cisneros el intermediario de la «Devotio» y los *Ejercicios* ignacianos. Su diferencia principal es que el *Exercitatorio* tiene como fin la unión del alma con Dios y los *Ejercicios* el servicio de Dios. Se han señalado otras posibles fuentes, como el *Arte de servir a Dios* de Alonso de Madrid; una página del *Enchiridion* de Erasmo sobre los medios conducentes al último fin; la *Scala meditatoria* del *Rosetum* de Jean Mombaer para el método de las tres facultades del alma, etc. Mas todas estas ideas pertenecen al patrimonio común de la «Devotio moderna»; y, sobre todo, el documento ignaciano propiamente místico, el *Diario espiritual,* está libre de influencias.

Espiritualidad ignaciana

El descubrimiento y estudio del *Diario espiritual* (aproximadamente desde 1930) ha cambiado profundamente la opinión tradicional sobre la espiritualidad ignaciana: una espiritualidad ascética, militar, controlada por una férrea disciplina, en respuesta a las necesidades de la Iglesia del XVI, tal como aparece en los *Ejercicios.* Es verdad que éstos no tratan de la contemplación mística, aunque exhortan a «se acercar y llegar a su Criador y Señor» (*Acotaciones*, 20). Pero su valor con respecto a la mística están, en parte, en la intensidad y minuciosidad de la meditación que enseñan y en el análisis de las facultades y pasiones. En este sentido la ascética ignaciana constituye una eficacísima ayuda para los grados superiores de oración, como lo prueba la dirección de Baltasar Álvarez con Santa Teresa, a la que introdujo en la oración metódica y la mortificación: «Tenía yo un confesor que me mortificaba mucho y era *el que más me aprovechó*, a lo que me parece; y aunque le tenía mucho amor, tenía algunas tentaciones por dejarle y parecióme me estorbavan aquellas penas que me daba de la oración... y todo lo havía menester, según tenía *poco doblada la voluntad*» (*Vida*, 26). Este ejemplo, sin embargo, no expresa la relación principal de los *Ejercicios* con la mística. Hay otra más profunda, según veremos al hablar del *Diario*. La opinión tradicional del ascetismo ignaciano está también confirmada por la actitud de la Compañía y algunos de sus escritores de la segunda mitad del xvi y parte del xvii hacia la mística. Hasta la carta de Acquaviva en 1590 en favor de la oración contemplativa, el sentir general de la orden era que la mística representaba un peligro para el carácter apostólico, práctico, de la misma, instituido en los *Ejercicios* y las *Constituciones* (Es difícil determinar la parte que en ese sentir tenía la actitud inquisitorial contra los alumbrados).

Al confesor de Santa Teresa, Baltasar Álvarez (1533-1580), que enseñaba la oración de quietud, le amonestó su superior que no gastara tiempo en visitar o escribir a mujeres, especialmente a las monjas carmelitas. Los jesuitas de Burgos no querían tratar con las descalzas «porque no se les pegase nuestra oración» (Carta de Santa Teresa a D. Jerónimo de Reinoso, 20 de mayo de 1582). Antonio Cordeses (1518-1601) trató de propagar la oración afectiva como complemento de la meditación de los *Ejercicios*, pero el general Mercuriano la juzgó impropia de la Compañía. La carta del general Acquaviva, favorable a la mística, argumenta que los excesos de algunos contemplativos no son razón suficiente para prohibir la práctica de la contemplación a la Congregación en su conjunto. Desde entonces los jesuitas han escrito excelente literatura mística, más bien de índole expositiva, aunque no han faltado autores reacios, como Alonso Rodríguez.

Diario espiritual

Contiene las anotaciones de San Ignacio entre el 2 de febrero de 1544 y el 27 de febrero de 1545, y no se publicó íntegro hasta 1934 por el P. Codina en *Monumenta historica S. J.* Es el único escrito ignaciano de importancia que se conserva autógrafo. Está «cuajado todo él de frases elípticas, de infinitivos y gerundios encabalgados unos sobre otros, de giros vascos, de palabras más o menos arcaicas o forasteras» (C. Abad). A pesar del lenguaje deplorable, revela la experiencia mística más explícita en la historia del misticismo español, junto con las de Santa Teresa y San Juan de la Cruz, aunque diferente de la de éstos.

Otra cualidad del *Diario* es que sitúa a los *Ejercicios* en su verdadera perspectiva espiritual. Vistos en el contexto del *Diario*, los *Ejercicios* son, en primer lugar, el método de vida inspirado a San Ignacio por las altas experiencias místicas que gozó desde los primeros años de su conversión; en segundo lugar, son «el eco y la traducción práctica para el común de los fieles» de esos carismas ignacianos (J. de Guibert). Desde el punto de vista de su valor práctico, el misticismo de San Ignacio coincide profundamente con el de Santa Teresa (y el de los grandes contemplativos). El de ésta lleva consigo las «obras» *(Moradas,* V, 3) y el de San Ignacio «una iluminación y una confirmación» de problemas de orden práctico (I. Iparraguirre); pero la elección de lo más perfecto y conveniente por la iluminación mística la realiza San Ignacio según el método de los *Ejercicios* (R. García Villoslada). Santa Teresa no desarrolló un método semejante. Los especialistas señalan muchas correspondencias entre el *Diario* y los *Ejercicios:* cuidado en seguir la voluntad de Dios, deseo de que Dios confirme las decisiones tomadas, devoción a la Trinidad y reverencia a Dios, sentimiento de distancia entre Dios y el alma en medio de las efusiones de amor, importancia de los mediadores (Cristo, modelo y abogado ante el Padre, la Virgen y los santos) con grandes composiciones de lugar, importancia de la imaginación y la sensibilidad en la vida espiritual, valor de las lágrimas, y sobre todo, voluntad de servicio.

Estas características definen el misticismo ignaciano como misticismo de servicio por amor, antes que misticismo «nupcial» (J. de Guibert) característico de Santa Teresa, San Juan de la Cruz y los medievales. No se habla en el *Diario* de unión transformante, y la imaginación tiene parte importante en los fenómenos más altos: «Al *Te igitur* (de la misa) sentiendo e viendo, no en oscuro, mas en lúcido y mucho lúcido, el mesmo ser o esencia divina en figura esférica un poco mayor de lo que el sol parece; y desta esencia parecía ir o derivar el Padre, de modo que... primero se me representaba la esencia divina que el Padre» (Visión del 6 de marzo de 1544). La mayoría de sus experiencias tienen carácter visionario, en marcado contraste con las de San Juan de la Cruz (no tanto con las de Santa Teresa influida por los jesuitas) y de los mayores místicos. Abundan también las sensaciones de calor y sólo menciona una vez la sensación de tacto. Tal vez alude a las «palabras interiores» descritas más tarde por San Juan de la Cruz, cuando habla de la «loqüela».

El rasgo más característico del misticismo de San Ignacio es «el don de lágrimas», de enorme intensidad y frecuencia. El P. Larrañaga recoge todos los carismas místicos de la obra ignaciana, particularmente del *Diario*: «lágrimas, gozo y reposo espiritual, consolación interior, elevación de la mente, impresiones, iluminaciones divinas, intensión de fe, esperanza y caridad, gustos y sentidos espirituales... inteligencias y visitaciones espirituales, locuciones internas, loqüela interna y externa, acatamiento reverencial, réplicas espirituales, tocamientos y recuerdos... ilucidación del entendimiento... inflamación de amor y consolación sin causa precedente..., quietud y pacificación del alma» (*Obras completas de San Ignacio*, I, 729, nota 89). Estos carismas presentan las notas esenciales de los grandes místicos: intuición de lo divino, pasividad del conocimiento y amor e independencia del esfuerzo (J. de Guibert). Su contenido es trinitario, eucarístico y litúrgico, en el sentido de que predominan los que versan sobre la Trinidad y acaecen en la misa o son prolongación de los tenidos en ella. Su presencia de la Trinidad era tan continua, que descubría sus huellas en la naturaleza: «Elevábase en cualquier cosa, como en un jardín, sobre una hoja de naranjo; estando yo presente, le aconteció tener grandes consideraciones y elevaciones sobre la Trinidad» (P. Nadal).

Lo que no se encuentra en sus obras es una clasificación que permita distinguir diferentes etapas de su proceso místico. Con este fin se han conjeturado varias hipótesis. Por ejemplo, la del P. Abad, que distingue cinco ciclos: 1) ciclo de los mediadores: después de pensar largo rato si convenía que las casas de la Compañía tuvieran renta, «queriendo esto presentar al Padre por medio y ruegos de la Madre y del Hijo, y primero haciendo oración a ella, porque me ayudase con su Hijo y Padre, y después orando al Hijo me ayudase con el Padre en compañía de la Madre, sentí en mí un ir o llevarme delante del Padre». Es característico el movimiento ascendente-descendente de este ciclo («arriba», «abajo», «en medio»): va de «arriba» (el Padre) «abajo» (criaturas), por «medio» del Hijo y de la Madre; 2) ciclo de la Trinidad, sin mediadores: «al nombrar del Padre eterno, etc. (la Trinidad), venía una sensible dulzura interior, continuando, y no sin moción de lágrimas, más adelante con asaz devoción... sin discubrirse mediadores»; 3) de Cristo, único mediador con el Padre: «En toda la misa... todas las devociones y sentimientos se terminaban en Jesús, no pudiendo aplicar a las otras personas, sino cuasi la primera persona era Padre de tal Hijo»; 4) de reverencia y amor: «Toda esta visitación se terminaba cuándo a una persona, cuándo a otra (de la Trinidad)... cerca del acatamiento y reverencia»; 5) de «loqüela» o habla divina: «y con el tanto gusto de la loqüela interior un asimilar o recordar de la loqüela o música celeste».

Ejercicios espirituales

Los *Ejercicios*, como método de vida dictado por la experiencia mística a San Ignacio y como eco de esa experiencia para el común de los fieles, con «un manual de táctica espiritual... un libro de esta índole —como sucede con los de aprendizaje de natación, de ajedrez, etc.— no se puede comprender en su verdadero significado mientras no se practique lo encerrado en sus reglas» (Iparraguirre). Su finalidad es que el alma pueda «en todo amar y servir a su Divina Majestad» (n. 233). El primer paso consiste en «hallar la voluntad divina en la disposición del alma» (n. 1), lo cual requiere «quitar de sí todas las afecciones desordenadas» y para esto «hay que preparar y disponer el ánimo» *(ibíd.)*, es decir, hay que dirigir las acciones como se establece en el «principio y fundamento» (n. 23), que contiene el meollo de la obra: «El hombre es criado para alabar, hacer reverencia y servir a Dios nuestro Señor y mediante eso salvar su ánima; y las otras cosas sobre la haz de la tierra son criadas para el hombre y para que le ayuden a la persecución del fin para que es criado. De donde se sigue que el hombre tanto ha de usar dellas quanto le ayuden para su fin, y tanto debe quitarse dellas quanto para ello le impiden. Por lo cual es menester hacernos indiferentes a todas las cosas criadas en todo lo que es concedido a la libertad de nuestro albedrío y no le está prohibido; en tal manera que no queramos de nuestra parte más salud que que enfermedad, riqueza que pobreza, honor que deshonor, vida larga que corta, y por consiguiente en todo lo demás; solamente deseando y eligiendo lo que más no conduce para el fin que somos criados.»

A continuación se expone el método de oración, que tiene tres partes: preparación (comprende los preludios y petición de gracia para hacer bien la oración), cuerpo de la meditación (incluye el ejercicio de las tres potencias) y conclusión (contiene la recopilación, los afectos y el examen de la oración que acaba de realizarse). Se trata de la «contemplación o meditación visible, así como contemplar a Christo nuestro Señor, el cual es visible, la composición será ver con la vista de la imaginación el lugar corpóreo donde se halla la cosa que quiero contemplar» (n. 47). La técnica de la meditación en cuanto a asunto, posturas y tiempos, es de lo más característico del método ignaciano: «después de acostado, ya que me quiera dormir, por espacio de un Avemaría, pensar a la hora que me tengo de levantar, y a qué, resumiendo el exercicio que tengo de hacer» (n. 73); «cuando me despertare, ...advertir luego a lo que voy a contemplar en el primer exercicio de la media noche» (n. 74); «un paso o dos antes del lugar donde tengo de contemplar o meditar, me pondré en pie por espacio de un Pater noster..., y hacer una reverencia o humillación» (n. 75); «entrar en la contemplación quándo de rodillas, quándo postrado en tierra, quándo supino rostro arriba» (n. 76); «privarme de toda claridad... cerrando ventanas y puertas, el tiempo que estuviere en la cámara» (n. 79). Claro contraste con el método de San Juan de la Cruz, el cual, aunque enseña el ejercicio de la imaginación y del discurso, encuentra intolerable que «las oraciones sean tantas y tales, a tales tiempos y con tales y tales ceremonias o posturas y que no antes ni después; esto es insufrible» *(Subida,* III, 42). Santa Teresa está más cerca de San Ignacio: «Tornando a lo que decía de pensar en Cristo a la columna, es bueno discurrir un rato y pensar las penas que allí tuvo, y por qué las tuvo, y quién es el que las tuvo» *(Vida,* 13). La primera semana de ejercicios se ordena a producir el aborrecimiento del pecado, ayudándose con la imaginación, como representar «los grandes fuegos y las ánimas como en cuerpos ígneos» en el infierno (n. 66); la segunda a dirigir las facultades y modo de vida a imitación de Cristo (el Cristo concreto, visible); la tercera y cuarta buscan la compenetración del alma con Cristo, la cual culmina en la entrega de la libertad a Cristo en la contemplación (natural, no mística) para alcanzar amor en el servicio de Dios (n. 234). Nada más alejado del quietismo que esta actitud de servicio, de «contemplativo en la acción» (P. Nadal). Además, San Ignacio desconfiaba de las profecías, visiones y revelaciones «por el engaño que suele haber en semejantes cosas, teniendo por revelaciones (los que dicen tenerlas) los sueños y devaneos de su cabeza» (Rivadeneira).

Los discípulos

En los discípulos de San Ignacio destaca la nota práctica, la íntima compenetración de ascética y mística y el carácter expositivo de sus escritos. En Alonso Rodríguez (1538-1616), autor del *Ejercio de perfección y virtudes cristianas* (Sevilla, 1614), se lo lleva todo la ascética, aunque distingue entre oración discursiva y contemplación infusa: «es gracia liberalísima suya y comunícala Él a quien quiere». Pero no se debe enseñar ni debe hablarse o escribirse de ella, y los libros que la tratan deben ser prohibidos (I, Trat. V, 4).

La mística de San Alfonso Rodríguez (1533-1618) es plenamente ignaciana y experimental: devoción a la Humanidad de Cristo y servicio. Describe los fenómenos místicos, mas la distinción de los diferentes estados es confusa. Sus obras fueron publicadas en Barcelona en 1886 con el título de *Obras espirituales del Beato Alonso Rodríguez.* San Francisco de Borja (1510-1572), consejero de Santa Teresa, deja entrever algo de su experiencia mística, muy compenetrada con la liturgia, en su *Diario espiritual.*

Luis de la Puente (1554-1624) es un autor prolífico y de gran solidez teológica: *Meditaciones de los misterios de nuestra santa fe* (1605), cuya introducción es un tratado de oración ignaciana, *Guía espiritual* (1609), biografías del P. Baltasar Álvarez y de Mariana de Escobar, un tratado latino del *Cantar de los Cantares; Directorio espiritual* y *Sentimientos y avisos espirituales* aparecidos después de su muerte. Esta última obra muestra que el autor gozaba de experiencia mística. Por su valor teológico destaca el *Reyno de Dios y del camino por donde se alcanza* de Pedro Sánchez (1526-1609). Es una amplia exposición de las tres etapas espirituales dentro de un tratado sobre el reino de Dios.

Mayor valor tiene para la mística la obra de Álvarez de Paz (1560-1620), gran teólogo, contemplativo y autor de *De vita spirituali (De la vida espiritual*, 1608) y *De inquisitione pacis sive studio orationis (De la búsqueda de la paz o estudio de la oración*, 1617). En la tercera parte de esta obra presenta la contemplación mística como efecto del don de sabiduría, ayudado por los demás dones. Pero multiplica en exceso los grados de contemplación. Merece también citarse su doctrina de la oración afectiva (entre la meditación y la contemplación), así como la armonía que establece entre teología especulativa y teología mística, el uso de un amplio simbolismo bíblico y de la patrística y los autores místicos medievales. Por sus ideas es el autor jesuita más próximo a San Juan de la Cruz (y como éste, pensó hacerse cartujo), pero no conoció las obras de los reformadores del Carmelo. Finalmente, Francisco Suárez (1548-1617) en sus tratados *De oratione (De la oración)* y *De statu perfectionis (Del estado de perfección)* estudia la doctrina espiritual jesuítica a la luz de la filosofía y teología escolástica.

BIBLIOGRAFÍA

General moderna:

GUIBERT, J. de, *La Spiritualité de la Compagnie de Jesus. Esquisse Historique*, Roma, 1953.

SAINZ RODRÍGUEZ, P., *Espiritualidad española*, Madrid, 1961, páginas 119-153.

— *Monumenta Historica Societatis Jesu*, Roma, desde 1943.

VILLOSLADA, R. G., *Manual de historia de la Compañía de Jesús*, Madrid, 1954.

ABAD, C., «Ascetas y místicos españoles del Siglo de Oro anteriores y contemporáneos al V. P. Luis de la Puente, S. J.», en *Miscelánea Comillas*, 10 (1948), págs. 27-127.

ASTRAIN, A., *Historia de la Compañía de Jesús en la Asistencia de España*, Madrid, 1902-1925.

ALLISON PEERS, E., *Studies of the Spanish Mystics*, III, Londres, 1960, páginas 173-185.

SAN IGNACIO, *Obras completas de San Ignacio de Loyola*, B. A. C., Madrid, 1963.

VILLOSLADA, R. G., «San Ignacio de Loyola y Erasmo de Rotterdam», en *Estudios Eclesiásticos*, XVI (1942), págs. 235-264, 399-426; XVII (1943), págs. 75-103.

CODINA, A., *Los orígenes de los Ejercicios espirituales*, Barcelona, 1935.

GUIBERT, J. de, «Mystique ignatienne», en *Revue d'Ascétique et de Mystique*, 19 (1938), págs. 3-22, 133-140.

LARRAÑAGA, V., *La espiritualidad de San Ignacio comparada con la de Santa Teresa*, Madrid, 1944.

IRIARTE, M., *Figura y carácter de San Ignacio de Loyola*, Madrid, 1944.

BATAILLON, M., *Erasmo y España*, I, págs. 247-250; II, págs. 188-189, 341-342; México, 1950.

LETURIA, P., *Estudios ignacianos*, 2 vols., Roma, 1957.

IPARRAGUIRRE, I., *Espíritu de San Ignacio de Loyola*, Bilbao, 1958.

MÚJICA, P., «Reminiscencias de la lengua vasca en el *Diario* de San Ignacio», en *Revista internacional de estudios vascos*, 27 (1936), páginas 53-61.

SOLA, P., «En torno al castellano de San Ignacio», en *Razón y Fe*, 153 (1946), págs. 243 y ss.

DÍAZ-PLAJA, J., *El estilo de San Ignacio*, Barcelona, 1956.

Otros autores jesuitas:

COLL, N., «La ascensión mística en el alma de San Alfonso Rodríguez», en *Manresa*, 14 (1942), págs. 36-45, 132-144; 15 (1943), páginas 54-63, 115-133, 303-323; 16 (1944), págs. 1-31, 130-137, 241-248.

— *Dictionnaire de Spiritualité*, I (1937), págs. 395-402.

TARRAGÓ, J., «La contemplación mística del V. P. Baltasar Álvarez, S.J., y los Ejercicios», en *Manresa*, 9 (1933), págs. 348-363.

YANGUAS, A., «Álvarez de Paz et l'oraison affective», en *Revue d'Ascétique et de Mystique*, XIX (1938), págs. 376-379.

PUIGGRÓS, L., «El Padre Alonso Rodríguez y la contemplación», en *Manresa*, 9 (1933), págs. 258-268.

PUENTE, Luis de la, cfr. ABAD, C., «Ascéticos y místicos...», en *Miscelánea Comillas*, 10 (1948), págs. 27-127.

— «Doctrina mística del V. P. Luis de la Puente», en *Estudios Eclesiásticos*, III, págs. 113-137; IV, págs. 45-58, 65-72.

VI. Santa Teresa

Es lugar común en los estudios de mística el afirmar que
la obra de Santa Teresa y San Juan de la Cruz representa la
cima del misticismo occidental, el clasicismo de la mística católica. Con esto se quiere decir que los santos carmelitas logran
la unidad perfecta de experiencia, doctrina y expresión litera-
raria iniciada en la mística anterior a ellos, que «se reviste con
los resplandores de su gloria» (A. Peers). Ante personalidades
tan poderosas como las de Santa Teresa y San Juan de la
Cruz (como ante Cervantes o Shakespeare) el afán erudito
de la investigación de fuentes ha de reconocer la escasa utili-
dad de sus mejores esfuerzos. Pero éstos sirven, en cierta medida, para situar la obra de los grandes carmelitas en la tradición mística literaria y práctica.

Las fuentes literarias ya se han mencionado de forma general en los capítulos primero y segundo de esta tercera parte
y volveremos a ocuparnos de ellas. La otra fuente es la tradición de la orden carmelitana que les inspira la tarea reformadora y el estilo de vida conforme al espíritu contemplativo
de los ermitaños. La orden del Carmelo tiene origen eremítico
y carácter contemplativo, del que es compendio el libro *De
Institutione primorum monachorum (De la Institución de los primeros
monjes)*, escrito a mediados del siglo XII. En él se señalan como
características de la orden el desprendimiento y «el gustar acá
abajo la virtud de la divina presencia y la dulzura de la eterna
gloria» (II). La necesidad del desprendimiento se funda en que
el afecto a las criaturas rebaja y envilece el alma (VI), que
es el argumento empleado por San Juan de la Cruz para su
doctrina de las noches activas (del sentido y del espíritu).
La purificación dispone a la contemplación, don gratuito de
Dios (VII-VIII), como repetirá Santa Teresa *(Camino,* 17).
Desprendimiento y contemplación, los dos pilares de la mística
de Santa Teresa y San Juan de la Cruz, se encuentran, pues,

en la tradición de su orden. Cuando ésta llegó a Europa desde Palestina en la primera mitad del siglo XIII se hizo mendicante y en los siglos sucesivos fue introduciendo una serie de mitigaciones de su regla primitiva.

Santa Teresa (1515-1582) ingresó en la Encarnación de Ávila (1535) donde se practicaba la regla mitigada y se propuso restituir la orden a su forma de vida original: «Acordémonos de nuestros padres santos pasados, ermitaños, cuya vida pretendemos imitar» *(Camino, 11)*. Adoptó la regla primitiva modificada en 1247 para dar entrada a la actividad apostólica, tan cara a la Santa. Pues la restauración de la orden a su primitivo espíritu de desprendimiento y contemplación tiene una finalidad antirreformista: ayudar a los «defensores de la Iglesia» contra la «desventurada secta» de los «luteranos» *(Camino, 1; Fundaciones, 14)*. Cada convento reformado sería un «castillo» de «gente escogida» dispuesta a dar la batalla al protestantismo con la oración y la penitencia *(Camino, 3)*. En 1567 ganó para la reforma a San Juan de la Cruz, entonces de veinticinco años y que anhelaba entrar en la Cartuja para satisfacer su vocación contemplativa. Entre los dos «efectuaron el más acendrado y ferviente movimiento religioso de la Edad Moderna», el Carmelo Descalzo, la «Orden mística por excelencia» (J. L. Aranguren). Pero la unanimidad de propósito se compagina con diferencias en el estilo doctrinal y en cierto modo exige esas diferencias: Santa Teresa enseña el *cómo* de la más alta vida mística; San Juan de la Cruz el *qué* y el *porqué* de ella; nadie ha llegado tan lejos como Santa Teresa en la *descripción* del fenómeno místico, y nadie ha penetrado tanto como San Juan de la Cruz en su *esclarecimiento*. Descripción y explicación se complementan y el resultado, la mística carmelitana, es el sistema místico cristiano más completo. Comencemos a verlo examinando la contribución teresiana.

La aportación principal de Santa Teresa a la historia de la mística consiste en su descripción de los grados de oración que ya conocemos en sus líneas generales desde el capítulo primero de este libro. Fijemos ahora con más detalle la originalidad de su concepción. Tres aspectos presenta la originalidad de Santa Teresa: de propósito, de ideas y de imágenes. En cuanto al primero, declara la Santa que escribe para «dar a entender cómo son» las mercedes místicas con el fin de que la entiendan sus confesores y aprovechen sus monjas (*Vida*, 17). En los místicos anteriores conocidos por ella falta el afán, el «estrujarse» teresiano (M. Pidal), por declarar con la mayor exactitud los fenómenos íntimos. Así, Francisco de Osuna en el *Tercer Abecedario* carece de esa preocupación cuando escribe: «un don es dar Dios alguna gracia y otro don es dar el conoscimiento della; y a muchos da lo primero, que es hacer las mercedes, y no les da lo segundo, que es el conoscimiento dellas». Santa Teresa copia y añade: «porque una merced es dar el Señor la merced, y otra es entender qué merced es y qué gracia; *otra es saber decirla y dar a entender cómo es*» (*Vida*, 17). Se admite sin discusión que la Santa posee como nadie la «merced» de saber declarar las mercedes místicas y el deseo de declararlas. ¿Pero cómo lo lleva a cabo y hasta qué punto es original en la doctrina y recursos literarios?

La clave principal para entender su originalidad doctrinal y literaria es la palabra «merced» del texto citado. Santa Teresa le da el significado de don de Dios y la explica en forma autobiográfica, como un hecho de experiencia: «Cuando me quitaron muchos libros de romance que no se leyesen (Índice de Valdés de 1559), yo sentí mucho, porque algunos me daba recreación leerlos, y yo no podía ya por dejarlos en latín» (*Vida*, 26). Al comenzar su carrera literaria en 1562 con el libro de su *Vida*, contaba con los recuerdos de lecturas pasadas (libros de caballerías, muy leídos en su primera juventud, los autores de la «Devotio moderna») y con las obras de Osuna, Laredo, Granada y pocas más. Pero no las iba a necesitar: «me dijo el Señor: 'No tengas pena, que yo te daré libro vivo'. Yo no podía entender por qué se me había dicho esto, porque aún no tenía visiones; después desde a bien pocos días lo entendí muy bien, porque he tenido tanto en qué pensar y recogerme en lo que vía presente y ha tenido tanto amor el Señor conmigo para enseñarme de muchas maneras, que muy poca o casi ninguna necesidad he tenido de libros. Su Majestad ha sido el libro verdadero donde he visto las verdades» (*ibíd.*). Desde que recibió el «libro vivo» sólo lee vidas de santos: «que como todos los libros que leía que tratan de oración me parecía los entendía todos y que ya me había dado aquello el Señor, que no los había menester; y ansí no los leía, sino vidas de santos, que... esto parece me aprovecha y anima» (*Vida*, 30). En comparación con lo que le «había dado el Señor» los libros espirituales «decláranse muy poco». Su experiencia no cabía bien en la terminología de la tradición mística (M. Pidal). Pero el Señor no sólo le concede las mercedes místicas nunca descritas, sino también el modo de declararlas: «Veo claro que no soy yo quien lo dice, que ni lo ordeno con el entendimiento ni sé después cómo lo acerté a decir» (*Vida*, 14).

Muchos lectores coinciden con la Santa en que sus fenómenos místicos, el conocimiento que tiene de ellos y el hacerse entender son don de Dios; otros lo atribuyen a inspiración, al subconsciente místico, donde operan las reminiscencias de lecturas pasadas, por ejemplo, el citado texto de Osuna, o ambas cosas. Las reminiscencias de forma y de pensamiento son numerosas en la descripción de los estados inferiores de oración y más escasas y difíciles de identificar cuando la Santa entra a declarar los estados de la contemplación e irrecognoscibles cuando cuenta fenómenos interiores que no ha visto descritos, por ejemplo, la oración de unión: «el entendimiento, si entiende, no entiende cómo entiende; al menos no puede comprender nada de lo que entiende; a mí no me parece que entiende, porque —como digo— no se entiende; yo no acabo de entender esto» (*Vida*, 18). Este texto es la última palabra de Santa Teresa sobre la experiencia de unión, tras haber ensayado en vano con las imágenes del fuego y la llama, el hierro y el ascua, el agua, el ave y el nido corrientes en la tradición mística. Las reminiscencias existen, pero no sirven. La declaración está en el «no entender entendiendo» que le dijo el Señor *(ibíd.)* y que lejos de ser un contrasentido místico es por el contrario la expresión clásica de la oración de unión consagrada más tarde por San Juan de la Cruz en su poema «Sobre un éxtasis de alta contemplación». Es una paradoja que obedece a la necesidad psicológica de su no entender (racional) entendiendo (en sentido místico), que ella no ha tomado de otros místicos.

La originalidad del lenguaje paradójico es una constante en sus intentos de describir los últimos grados de oración. Las ideas e imágenes de la tradición mística operan en la zona que rodea lo inefable preparando la paradoja que sobrepasa el significado tradicional para convertirse en sugerencia y «balbuceo» del misterio. Esto puede verse en el siguiente ejemplo en que la Santa trata de insinuar el fenómeno de la unión en la reacción que produce en el alma: «el alma alguna vez sale de sí mesma a manera de un fuego que está ardiendo y hecho llama, y algunas veces crece este fuego con ímpetu; esta llama sube más arriba del fuego, mas no por eso es cosa diferente, sino la mesma llama que está en el fuego». Pero, «cómo es esta que llaman unión, y lo que es, yo no lo sé dar a entender» *(ibíd.)*. El término «balbuceo», que es de San Juan de la Cruz, no sólo da una idea de la originalidad principal del lenguaje místico de Santa Teresa, sino también de su condición *desamparada*. En ambos autores significa el «no sé qué» de las palabras heridas por el tormento místico, pero en San Juan está protegido con el salvavidas del concepto, esto es, con el *qué* y el *porqué* teológico preciso. En la Santa no es así. La humildad (y tal vez un poco la conveniencia de hacerse «la tonta» para que los teólogos suspicaces no tomaran en serio sus posibles errores doctrinales) le aconseja prescindir de coordenadas y cauces teóricos, que apenas se atreve a mencionar, retrocediendo en seguida al refugio de su ignorancia: «En la mística teulogía se declara, que yo los vocablos no sabré nombrarlos» *(Vida*, 18). Le acucia la ansiedad de saber si todo será «Dios u demonio»; necesita el dictamen del teólogo al que cuenta su vida con sinceridad y exactitud plenas. De ahí el enorme valor psicológico de sus escritos y su originalidad de estilo, que no se limita únicamente a las expresiones paradójicas: el *cómo* detallado de las mercedes místicas exige movilidad de ideas e imágenes (variedad de perspectivas y luces) mejor que símbolos estables como en San Juan de la Cruz. Si la intuición mística de éste avanza segura por los sólidos rieles de la verdad teológica, la de la Santa necesita a cada paso el apoyo de ideas e imágenes cambiantes que reflejen los diferentes momentos de los estados místicos; y como en su autobiografía espiritual hay un progreso de los estados místicos, precisa también planos descriptivos o puntos de vista correspondientes a esos estados. En resumen: el afán de revelar con máxima exactitud el cómo de su experiencia interior impone a la Santa ensayar diferentes planos descriptivos para diferentes estados de progreso místico y, dentro de cada uno de esos planos, movilidad de ideas e imágenes que capten los matices: «este lenguaje de espíritu es tan malo de declarar a los que no saben letras, como yo, que havré de buscar algún modo» *(Vida*, 11).

Se trata de modos de contar los grados de oración, pues para ella (y para San Juan de la Cruz) los estados místicos son grados de oración dentro del esquema tradicional de los períodos purificativo, iluminativo y unitivo. Pero las divisiones de la oración que da en la *Vida*, el *Camino* y las *Moradas* son un tanto diferentes. En el capítulo once de la *Vida* expone cuatro: meditación, oración de quietud, de unión ordinaria y de unión extraordinaria. Al hacer esta clasificación (entre 1562 y 1565) la Santa no había alcanzado aún el matrimonio espiritual. Cuando escribe las *Moradas* en 1577, después de haber conseguido esa merced, prescinde de la oración de unión ordinaria —«el sueño de las potencias»—, que es una forma de oración de quietud, resultando la división siguiente: meditación, recogimiento (que es la primera fase de la oración de quietud), quietud y unión (en tres grados).

La unión transformante tiene una importancia tan grande en la doctrina teresiana, que determina otra diferencia entre la *Vida* y las *Moradas*: en la *Vida* los granos de oración están descritos como formando cada uno una unidad relativamente autónoma alrededor de su imagen correspondiente (agua de un pozo, de noria, de río, de lluvia); la Santa, como si dijéramos, se recrea en mostrar cómo se manifiesta Dios en cada uno de ellos, sin relación explícita con la unión transformante; pero en las *Moradas* los grados están descritos con relación a la unión transformante final del símbolo abarcador del castillo. Además, por su carácter abarcador del proceso místico entero, el castillo nos da una visión de conjunto de la psicología teresiana inscrita en su mística: «entendió (dice Yepes, el biógrafo de Santa Teresa) por aquellas siete moradas del castillo siete grados de oración por los cuales entramos en nosotros mismos... De manera que cuando llegamos al hondo de nuestra alma y perfecto conocimiento de nosotros mismos, entonces llegamos al centro de aquel castillo y séptima morada, donde está Dios y nos unimos a Él por unión perfecta». El perfecto conocimiento de nosotros mismos es «el pan con que todos los manjares se han de comer» en el camino de la oración *(Vida*, 13). La Santa insiste en esta idea en todas sus obras. Se la viene llamando «socratismo cristiano» por semejanza con el «conócete a ti mismo» de Sócrates y fue enseñada por San Agustín, y en España por Sabunde. Es el fundamento de la vida mística porque produce humildad delante de Dios y respeto por la propia alma, que es imagen de Dios. Conociéndose a sí mismo, el hombre descubre a Dios en el fondo de su alma *(Moradas, VII, 4)*. Santa Teresa lo explica: «Dios es suma Verdad, y la humildad es andar en verdad; que lo es muy grande no tener cosa buena de nosotros, sino la miseria y ser nada»; descubrir la propia verdad es descubrir la suma Verdad *(Moradas, VI, 10)*. Así, pues, tomando las *Moradas* como expresión de la madurez mística teresiana, podremos ver en los grados de oración descritos en esa obra la concepción mística definitiva de Santa Teresa. En esta concepción definitiva se advierte la influencia de San Juan de la Cruz en los siguientes puntos: se da más importancia al desarrollo de la vida de fe como medio para llegar a la unión con Dios que en la *Vida*, donde se nota la «afectividad» franciscana y la «composición de lugar» jesuítica; la negación de sí mismo está más acentuada que en otras obras teresianas; la doctrina sobre los afectos desordenados es semejante a la de la *Subida*, I, de San Juan de la Cruz; la doctrina de las moradas VI-VII, en especial, delatan la mano del Santo, pues la Santa comienza a usar los términos «desposorio» y «matrimonio» en las quintas moradas correspondientes a la «cuarta agua» de la *Vida*, donde no se usan esos términos.

Meditación

Santa Teresa pudo haberla aprendido en autores como Alonso de Madrid, en el *Arte de servir a Dios*, que declara «muy bueno y apropiado para los que están en este estado» de principiantes *(Vida, 12)*. Consta de los dos elementos que la Santa asigna a la oración en general, pensamiento y afecto, con predominio del afecto: «tratar de amistad, estando muchas veces tratando a solas con quien sabemos nos ama» *(Vida, 8)*. Igualmente para Osuna la oración consiste en estar «familiarmente hablando con Él, formando palabras convenientes a la propia afección» *(Tercer Abecedario, Tract. XIII, 1)*. El carácter afectivo de la oración resalta más en las *Moradas* IV, 1: «no está la cosa en pensar mucho, sino en amar mucho», frase que de nuevo recuerda a Osuna: «Mandónos el Señor que cuando orásemos no hablásemos mucho, sino que multiplicásemos más la afección y amor que no las palabras» (*Ibíd.*).

Consecuente con este concepto de oración, Santa Teresa enseña que la meditación no debe consistir sólo en el discurso, sino que, en un momento dado, cuando se ha reflexionado sobre el tema escogido, se dé lugar a los afectos y a la resolución de servir a Dios (*Vida*, 12). Esta doctrina conviene, sobre todo, a «los que discurren mucho con el entendimiento... digo que no se les vaya todo el tiempo en esto..., sino que, como he dicho, se representen delante de Cristo y, sin cansancio del entendimiento, se estén hablando y regalando con Él» (*Vida*, 13). Para quienes tienen dificultad en pensar e imaginar recomienda la oración vocal, como el paternóster, con tal de que presten atención al significado de las palabras y de él obtengan pensamientos que les muevan la voluntad (*Camino*, 24-26). Para unos y otros el asunto más provechoso de meditación es la vida de Cristo, en especial su pasión (*Vida*, 11). Esta idea se halla también en Osuna: «Para esta manera de oración que consiste en santos pensamientos, es menester que el hombre encomiende a la memoria las historias devotas y misterios del Señor... Es empero de saber que los más fructuosos pensamientos que el hombre puede tener son los de la sagrada pasión» (*Ibíd.*). Lo que no se encuentra en el autor franciscano es la nota experimental y detallada que tiene en Santa Teresa: «Tenía este modo de oración... me hallaba muy bien en la oración del Huerto; allí era mi acompañarle; pensaba en aquel sudor y afleción que allí havía tenido; si podía, deseava limpiarle aquel tan penoso sudor (mas acuérdome que jamás osava determinarme a hacerlo como se me representaban mis pecados tan graves); estávame allí lo más que me dejaban mis pensamientos con Él» (*Vida*, 9). Podría verse aquí un ejemplo de «composición de lugar» de la meditación ignaciana (hay quien afirma que practicó los *Ejercicios*), pero Santa Teresa la enseña también para los «postreros» grados de oración, que no se mencionan en los *Ejercicios*; y a la vez se opone al prejuicio de Osuna contra la Humanidad de Cristo como tema de contemplación: «Este modo de traer a Cristo con nosotros aprovecha en todos los estados y es un medio segurísimo para ir aprovechando en el primero y llegar en breve al segundo grado de oración, y para los postreros andar seguros de los peligros que el demonio puede poner» (*Vida*, 12).

«Las Moradas»

Esta doctrina de la meditación toma un giro más intelectual en las tres primeras moradas, donde habla la maestra apoyándose en el simbolismo del castillo que ejemplifica toda su enseñanza: «la puerta para entrar en este castillo es la oración y consideración» mental o vocal *(Moradas,* I, 1). Se desarrolla con los ojos constantemente puestos «en el centro» del castillo: «No habéis de entender estas moradas una en pos de otra como cosa en hilada, sino poned los ojos en el centro, que es la pieza u palacio adonde está el rey, y considerad como un palmito, que para llegar a lo que es de comer tiene muchas coberturas» *(Moradas,* I, 2). El centro «es donde pasan las cosas de mucho secreto entre Dios y el alma» *(Moradas,* I, 1), la unión y los fenómenos concomitantes. Por esto todo el empeño de la meditación es «llegar a la morada principal» *(Moradas,* I, 2). En la primera morada «no llega casi nada de luz que sale del palacio donde está el Rey»; el alma es como el que «lleva tierra en los ojos» que le impide ver el «sol» que inunda el castillo. En la segunda «está el entendimiento más vivo y las potencias más hábiles» para ver y escuchar al rey y puede «caminar más apriesa para ver a este Señor». En la tercera hay que tomar muy a pechos el desprendimiento para no volver atrás y entrar hasta la «postrera morada». La preocupación por la unión transformante da a las imágenes de esta obra un carácter más homogéneo e intelectual que las de otras obras.

En efecto, siendo el castillo del alma «todo de un diamante u muy claro cristal» *(Moradas,* I, 1), sus moradas reflejan estados espirituales a la luz que emite el centro, donde está el Rey. Y como la variedad de disposición espiritual de los que practican la meditación es muy grande, «digo que no consideren pocas piezas, sino un millón» *(Moradas,* I, 2). Las moradas son, pues, conceptos de estados espirituales revestidos con la vaga imagen de «piezas» o «aposentos», que se clasifican por su mayor o menor proximidad al estado de unión del centro del castillo. Éste es el símbolo, la intuición total que reúne los conceptos de estados espirituales expresados por las moradas. El castillo teresiano se asemeja al símbolo de la noche de San Juan de la Cruz en la visión unitaria que contiene. La Santa lo concibió en el período que tuvo a aquél como director espiritual en la Encarnación (1572-1577). Es esta intuición abarcadora la que eleva la concepción teresiana a una altura incomparable sobre las posibles reminiscencias de sus lecturas de libros de caballerías.

La Vida

En contraste con estas imágenes de las *Moradas*, las de la *Vida* tienen un carácter más concreto e independiente. El alma es un «huerto», las virtudes son «flores» y las imperfecciones «malas hiervas». Esta alegoría tradicional, de suyo abstracta y trivial, se llena de contenido tangible apenas se aplica a la meditación. La primera manera de regar el huerto es «sacar el agua de un pozo, que es a nuestro gran trabajo» *(Vida,* 11). La plasticidad de la imagen se acentúa con el «echar muchas veces el caldero en el pozo y sacarle sin agua», o «cavar en el huerto». La Santa se demora en llenar estas imágenes de contenido autobiográfico, sin prisa por llegar al término del «camino», entretenida en representarse al pormenor la vida y pasión de Cristo y en servirle con fortaleza: «Si Él quiere que crezcan estas plantas y flores, a unos con dar agua que saquen deste pozo, a otros sin ella, ¿qué se me da a mí?» Lo importante es que el Señor del huerto «esté con nosotros», unas veces en el «padecer» que envía, o tratándose de «mujercitas como yo, flacas y con poca fortaleza» en los «regalos» *(Ibíd.).* El agua de la meditación encierra un significado autónomo; no se mezcla con la segunda agua (oración de quietud); dispone a recibirla, pero no la exige, pues el alma en ésta «toca ya aquí cosa sobrenatural, porque en ninguna manera ella puede ganar aquello por diligencias que haga» *(Vida,* 14).

Quietud

En el *Camino de perfección*, 28-29, la Santa introduce un tipo de oración intermedio entre la meditación y la quietud, que la mayoría de los intérpretes consideran superior a la meditación. Es la oración de recogimiento, con precedente en Osuna. Consiste en que «recoge el alma todas las potencias dentro de sí con su Dios, y viene con más brevedad a enseñarla su divino Maestro y darla oración de quietud que de ninguna otra manera». Es oración activa, no pasiva: «entended que esto no es cosa sobrenatural, sino que está en nuestro querer». Para vencer la resistencia que al principio ofrecen los sentidos —«porque el cuerpo torna de su derecho, sin entender que él mesmo se corta la cabeza en no darse por vencido»— ayuda imaginar que Dios reside en el alma como un rey en su palacio y luego desentenderse de todo lo externo para hacer compañía al rey. La práctica constante del recogimiento engendra un hábito de intimidad con Dios: «se vienen las abejas (sentidos y potencias) a la colmena y se entran en ella para labrar la miel, y esto sin cuidado nuestro»; el amor se enciende «con un poquito que soplen con el entendimiento»; quien se encierra «en este cielo pequeño de nuestra alma» alcanza pronto la quietud.

Ésta se inicia con el recogimiento pasivo o infuso. La Santa distingue tres fases en la oración de quietud: recogimiento pasivo, quietud en sentido propio, y sueño de las potencias. El paso del recogimiento activo que acabamos de describir al recogimiento pasivo es efecto del «silvo» del «pastor» del alma, que produce «un encogimiento suave a lo interior». La atracción la siente la voluntad, y los sentidos y potencias se recogen «como un erizo o tortuga, cuando se retiran hacia sí; y debíalo de entender bien quien lo dijo» (se refiere a Osuna, *Tercer Abecedario*, Tract. VI, 4). Pero no le sirve bien la imagen porque «éstos (erizo y tortuga), ellos se entran cuando quieren; acá no está en nuestro querer, sino cuando Dios nos quiere hacer esta merced». También: «Dicen que el alma se entra dentro de sí, y otras veces que sube sobre sí» (referencia a la misma obra de Osuna, Tract. IX, 7). Mas «por este lenguaje no sabré yo declarar nada», dice la Santa. La imagen apropiada es la del castillo: el silbido del pastor, del «gran Rey... tan suave que aun casi ellos mesmos (sentidos y potencias que andan rodeando el castillo) no lo entienden..., hace que se tornen a su morada». Añade: «Paréceme que nunca le he dado a entender como ahora» *(Moradas*, IV, 3). Así es en comparación con las rápidas caracterizaciones que de esta oración trae en *Vida*, 14, y en *Relaciones*, V. Es el dintel de la contemplación.

La quietud en sentido propio ya es «un estado sobrenatural» en que Dios comienza a dar «su reino» al alma *(Camino*, 31).

Es una invasión de amor que se apodera de la voluntad y la reduce a pacífico silencio (redundante en las otras potencias y en el cuerpo) y el alma se da cuenta de «que está ya junto cabe su Dios, que, con un poquito más, llegará a estar hecha una mesma cosa con Él por unión» *(Ibíd.)*. A este conocimiento llama la Santa comienzo de «pura contemplación» *(Camino,* 30), sin conceptos, fundado en el amor de la voluntad, sabiduría de amor. Siguiendo a la voluntad, que es «la cautiva», el entendimiento desarrolla una atención general y confusa a Dios, y él y la memoria «no querrían bullirse», pero están libres y a veces turban la quietud de la voluntad, como «palomas que no se contentan con el cebo que les da el dueño del palomar sin trabajarlo ellas» *(Vida,* 14). Cuando esto ocurre, conviene a la voluntad desentenderse del entendimiento y continuar recogida como «sabia abeja» *(Vida,* 15), o «ríase de él y déjele para necio». La conducta que se ha de seguir es «dejarse el alma en las manos de Dios, haga lo que quisiera de ella», procurar la «honra y gloria de Dios», con olvido de «nuestro provecho, regalo y gusto» *(Moradas,* IV, 3). La quietud puede durar por mucho tiempo, incluso en las ocupaciones ordinarias, en cuyo caso los que la tienen «ven que no están enteros en lo que hacen, sino que les falta lo mejor, que es la voluntad, que... está unida con Dios». Como las potencias siguen a la voluntad resulta que «para tratar cosas del mundo están torpes y como embovados». Es la unión de la vida activa (actividad del entendimiento y la memoria) y contemplativa (la voluntad), de Marta y María *(Camino,* 31).

Aunque la doctrina de la oración de quietud es homogénea en las obras que acabamos de citar, puede notarse una diferencia de acento y de imágenes. La *Vida* y el *Camino* subrayan la manifestación de Dios, los «grandes bienes y mercedes que el Señor da aquí» y el recrearse del alma entre las virtudes que comienzan a florecer; las *Moradas* destacan la «gloria de Dios», el olvido del propio «gusto» y el temor de que el alma; que es todavía «como un niño que comienza a mamar» vaya de mal en peor si se aparta de la oración. El contraste indica la influencia primeriza de la afectividad franciscana y la tardía del desprendimiento sanjuanista. A esto se añade el tono magistral con que la Santa habla en las *Moradas:* «nunca me han dado razón (ni siquiera «cierto libro del santo fray Pedro de Alcántara») para que yo me rinda a lo que dicen» sobre el papel del entendimiento en la quietud. En cuanto a las imágenes, el «agua» de la *Vida*, que se saca con «torno y arcaduces», es una imagen de espacio exterior: «aquí está el agua más alta, y así se trabaja muy menos que en sacarla del pozo»; pero el agua de las *Moradas* es una imagen de espacio interior: mana «de otra parte aún más interior» que el corazón, «como una cosa profunda. Pienso que deve ser el centro del alma»; es una imagen que refleja la intuición del castillo interior: «vase revertiendo este agua por todas las moradas y potencias hasta llegar al cuerpo, que por eso dije que comienza de Dios (en el centro del castillo) y acaba en nosotros».

El «sueño de las potencias» ocupa un lugar fronterizo entre la oración de quietud y de unión. Algunos especialistas teresianos (por ejemplo, Poulaïn y Gardeil) la identifican con la oración de unión de las quintas moradas; la mayoría ven en ella la última fase de la oración de quietud. Santa Teresa la trata en la *Vida*, 16-17, y en las *Relaciones*, V. Es una especie de somnolencia de las facultades, efecto de las profunda absorción del alma en Dios: la unión íntima de la voluntad produce una iluminación tan fuerte en el entendimiento que éste entra en contemplación, «porque no discurre, si no está ocupado gozando de Dios, como quien está mirando y ve tanto que no sabe hacia dónde mirar». Memoria e imaginación quedan libres y procuran «desasosegarlo todo»; pero la libertad de ambas se inclina hacia Dios, el cual les consiente algunas veces quemarse «en el fuego de aquella vela divina donde las otras (voluntad y entendimiento) están ya hechas polvo, perdido su ser natural, casi». Este «casi» quiere decir que el alma se siente muy cerca de Dios, pero no totalmente en Dios como en la oración de unión.

Unión

Lo característico de la oración de unión es que Dios toma posesión del alma reduciéndola a un estado de completa pasividad en tres fases: unión (que los especialistas llaman simple), desposorio (unión plena) y matrimonio (unión transformante). La primera se distingue de la oración de quietud por su breve duración —«nunca llega a media hora» *(Moradas* V, 2; *Vida*, 18)— y sobre todo porque Dios está «junto y unido con la esencia del alma» *(Moradas* V, 1). Es unión de la voluntad, el entendimiento y la memoria, y la imaginación permanece en suspenso (*Vida*, 18). Tanto en la *Vida* como en las *Moradas* la Santa pondera el gozo indecible de la voluntad y de los sentidos; el no entender entendiendo de la comunicación divina —Dios hace al alma «bova del todo para imprimir mejor en ella la verdadera sabiduría» (*Moradas* V, 1)—; la «muerte sabrosa» al mundo y el «arrancamiento del alma» de todas las operaciones corporales. Pero las *Moradas* presentan las siguientes diferencias: se dice que la memoria y la imaginación pueden permanecer libres haciendo guerra a la voluntad y al entendimiento; destaca la preparación ascética —«podemos hacer mucho disponiéndonos» a la unión, «quitando nuestro amor propio y nuestra voluntad»—; a causa de la disposición del alma, la unión es metamorfosis «de un gusano feo a una mariposica blanca», más valiosa que «esotra unión regalada» y se manifiesta en obras, en particular en «el amor al prójimo» (*Moradas* V, 3). La diferencia más importante es que la unión se orienta al centro del castillo: es el encuentro preliminar con el futuro esposo, un salir «a vistas», que «aún no llega a desposorio espiritual» y que enamora profundamente al alma para que pueda soportar las terribles pruebas que la aguardan antes del matrimonio (*Moradas* V, 4).

En la unión plena «coge el Señor al alma... a manera que las nubes cogen los vapores de la tierra... y levántala toda de ella y llévala consigo, y comiénzala a mostrar cosas del reino que le tiene preparado» (*Vida*, 20). Lo propio de esta unión es la mezcla de padecimiento y gozo, cada vez más profundos, como efecto de la absorción de las potencias y sentidos en Dios. Es transitoria, pero tan íntima que unas y otros se pueden describir como muertos (*Vida*, 20; *Moradas* VI, 2). De aquí el éxtasis en sus varias formas.

El desposorio, cuya mejor descripción se halla en las sextas moradas, acaece en un rapto súbito, «cuando da arrobamientos, que la saca de los sentidos»: movido Dios «a piedad de haverla visto padecer tanto tiempo por su deseo..., abrasada toda ella como un ave Fénix..., la junta consigo, sin entender aún aquí naide, sino ellos dos». El alma no entiende «aunque no está sin sentido interior», sino más «despierta» que nunca para las cosas de Dios. Para eso «manda el Esposo cerrar las puertas de las moradas, y aun las del castillo y cerca». Se comunica al alma en un grado de conocimiento y amor que implica el futuro matrimonio: «de la una a la otra (de la morada sexta a la séptima) no hay puerta cerrada» *(Moradas* VI, 4). Este rapto (éxtasis o arrobamiento) puede durar varios días. Entre sus variedades se cuentan las visiones, diálogos interiores y vuelos de espíritu, que son otras tantas joyas que el Esposo comienza a regalar a su prometida. Por su originalidad de contenido y de forma destaca el «vuelo de espíritu»: es un arrebatamiento del espíritu «con una velocidad que pone harto temor», obra del «gran gigante y poderoso», el «gran Rey y Emperador». La parte superior del alma (el espíritu) «sale de sí mesma... hace movimiento tan claro que no puede ser antojo» y la Santa no sabe si esto pasa estando el alma en el cuerpo o fuera de él *(Moradas* VI, 5). Pero hace notar el carácter dudoso de estos fenómenos extraordinarios (la posible intromisión del demonio) y aconseja desearlos sólo por el efecto positivo que pueden tener en la práctica de las virtudes *(Moradas* VI, 6 y 9). Es notable su enérgica defensa —«aunque me han contradicho en ella»— de la Humanidad y pasión de Cristo como tema de la más alta contemplación, presentando a Cristo como la única «puerta» de entrada a los secretos de Dios *(Moradas* VI, 7; cfr. *Vida,* 22).

A la unión extática del desposorio sigue la última prueba preparatoria del matrimonio (noche pasiva del espíritu de San Juan de la Cruz): el penetrante dardo de fuego (transverberación de la *Vida,* 29); una pena comparable a la que padecen las almas del purgatorio; sufrimiento interior con independencia del cuerpo; extraña soledad, estando el alma suspendida entre el cielo y la tierra (cfr. San Juan de la Cruz, *Noche,* II, 5 y ss.). Tiene el efecto de que el alma sólo pueda ser satisfecha por Dios; por esto los «grandes ímpetus» de amor en la proximidad del matrimonio *(Moradas* VI, 11).

El matrimonio espiritual es unión *permanente* de toda el alma con la Trinidad, con diferentes grados de intensidad y claridad. La Santa recalca que tiene lugar «en lo muy muy interior del alma», donde se percibe la diferencia entre alma y espíritu (por su diferente manera de obrar) y entre alma y potencias. Éstas no son perturbadas por la unión transformante porque ya han cesado los éxtasis. Es una experiencia del todo introspectiva: si en las sextas moradas el espíritu era la parte superior del alma, en las séptimas es el «centro» del alma. Como la comunicación divina es por visión intelectual, «no sé a qué lo comparar» *(Moradas* VII, 2). De ahí la relativa escasez y sobriedad de imágenes, que sirven para introducir una descripción teológica: «primero que se consuma el matrimonio espiritual métela en su morada, que es esta séptima», donde «por visión intelectual se le muestra la Santísima Trinidad, todas tres Personas, con una inflamación... a manera de una nube de grandísima claridad... y entiende con grandísima verdad ser todas tres Personas una sustancia y un poder y un saber y un solo Dios; de manera que lo que tenemos por fe allí lo entiende... por vista... se le comunican las tres Personas y la hablan» *(Moradas* VII, 1). La intimidad de la unión se compara a la de dos velas juntas, «que el pabilo y la luz y la cera es todo uno» *(Moradas* VII, 2). Tiene como efecto la profunda paz del alma, la cual se olvida de sí para entregarse al servicio de Dios, a las «obras». El acuerdo entre contemplación y acción es ahora perfecto: «Marta y María han de andar juntas», aunque a veces y por corto espacio deja Dios el alma «en su natural y no parece sino que entonces se juntan todas las cosas ponzoñosas del arrabal y moradas deste castillo». Mas en su fondo el alma permanece inalterable «beviendo del vino de esta bodega adonde la ha traído su Esposo y no la deja salir» *(Moradas* VII, 4).

BIBLIOGRAFÍA

Sobre la mística carmelitana en general:

CRISÓGONO DE JESÚS, *La escuela mística carmelitana*, Ávila, 1930.
GABRIEL DE SANTA MARÍA MAGDALENA, «La espiritualidad carmelitana», en *Revista de Espiritualidad*, VII (1948), págs. 30-58.
SANTA TERESA, *Obras Completas de Santa Teresa de Jesús*, B. A. C., Madrid, 1962.
CANDILLE, M. R., «Problèmes de chronologie thérèsienne», en *Bulletin Hispanique*, XXXVIII (1936), págs. 153-165.

Doctrina:

MOREL-FATIO, A., «Les lectures de Sainte Thérèse», en *Bulletin Hispanique*, 10 (1908), págs. 17-67.
— *Nouvelles études sur Sainte Thérèse*, París, 1911.
ARINTERO, J., «Influencia de Santa Teresa en el progreso de la teología mística», en *Ciencia Tomista*, XXVIII (1923), págs. 48-70.
ETCHEGOYEN, G., *L'amour divin. Essai sur les sources de Sainte Thérèse*, Burdeos-París, 1923.
CASTRO, A., *La mística y humana feminidad de Teresa la Santa*, Madrid, 1929.
GABRIEL DE SANTA MARÍA MAGDALENA, *Santa T. di Gesù maestra di vita spirituale*, Milán, 1935.
RICARD, R., «Sainte Thérèse et le socratisme chrétien», en *Bulletin de Littérature Ecclesiastique*, XLVI (1945), págs. 139-58.
ROS, F. de, *Un inspirateur de Sainte Thérèse. Le frère Bernardin de Laredo*, París, 1948.
ASÍN PALACIOS, M., «El símil de los castillos y moradas del alma en la mística islámica y en Santa Teresa», en *Al-Andalus*, XI (1946), páginas 263-274.
OECHILIN, L., *L'intuition mystique de Sainte Thérèse*, París, 1946.
COMAS, A., «Espirituales, letrados y confesores en Santa Teresa de Jesús», en *Homenaje a V. Vives*, II (1966), págs. 85-99.

Estilo literario:

MOGUEL, S., *El lenguaje de Santa Teresa de Jesús*, Madrid, 1915.
HOONAERT, R., *Sainte Thérèse écrivain*, París, 1922.

URBANO, L. D., «Las analogías predilectas de Santa Teresa», en *Ciencia Tomista*, XXVIII (1923), págs. 364-383; XXIX (1924), páginas 350-370.

PIDAL, M., «El estilo de Santa Teresa», en *La lengua de Cristóbal Colón*, Madrid, 1942, págs. 145-174.

HATZFELD, H., *Estudios literarios sobre mística española*, Madrid, 1955.

RICARD, R., «Le symbolisme du Château intérieur chez Sainte Thérèse», en *Bulletin Hispanique*, LXVII (1965), págs. 25-41.

VII. San Juan de la Cruz

Si la nota distintiva de la obra de Santa Teresa es la descripción de la vida mística, la de la obra de San Juan de la Cruz (1542-1591) es el intento de explicarla. Esto se debe a la concepción mística del Santo y a su formación intelectual. San Juan de la Cruz concibe la mística desde el punto de vista de la unión: llegar «en breve a la divina unión» (Epígrafe a la *Subida*), sin lugar para recrearse en las mercedes del camino, como Santa Teresa. Por esto, todo lo que es inferior a la unión se explica por relación a ella. De aquí la decisiva importancia de la purificación ascética (activa) y mística (pasiva) como disposición principal para la unión, y que en Santa Teresa aparece entremezclada con las mercedes y como suavizada por ellas. Si a esto se añade que la concepción de San Juan está expuesta en orden riguroso de principios y consecuencias, en un sistema, se comprenderá que muchos de sus lectores se inclinen a pensar que se hallan en un mundo muy remoto del teresiano. Sin embargo, la diferencia doctrinal entre ambos es más bien de énfasis.

A modo de prueba citemos dos ejemplos, uno sobre la purificación y otro sobre el conocimiento de sí mismo. La voluminosa y terminante doctrina de San Juan sobre la purificación, de las «nadas», queda resumida en frases teresianas como ésta: «en vaciando nosotros todo lo que es criatura y desasiéndonos de ella por amor de Dios el mesmo Señor la ha de henchir de sí» *(Camino*, 8). Sobre el conocimiento de sí, San Juan expone la misma doctrina que Santa Teresa *(Vida*, 13; *Moradas* VI, 10, y VII, 4), pero dándole un tono filosófico que no tiene en aquélla: «de esta noche seca sale conocimiento de sí primeramente, de donde, como de fundamento, sale estotro conocimiento de Dios. Qué por esto decía San Agustín: Conózcame yo, Señor, a mí y conocerte he a ti. Porque, como dicen los filósofos, un extremo se conoce por otro» *(Noche*, I, 12). Hay dos puntos (la Humanidad de Cristo y los carismas) en que, a primera vista, divergen profundamente. Ya conocemos la importancia que da Santa Teresa a la Humanidad de Cristo. San Juan no la rechaza; lo que ocurre es que para él el objeto de la unión es el Dios trino y uno, que es Espíritu y Verbo, antes que Humanidad. En cuanto a los carismas extraordinarios, aunque Santa Teresa los alaba a veces *(Vida,* 21; *Camino,* 7), también es cierto que recela de ellos y los somete al juicio del director. San Juan los rechaza porque no pueden servir de medio para la unión *(Subida,* II, 16), pero recomienda consultar las obras de Santa Teresa que, en su opinión, ha escrito «admirablemente» sobre esta materia *(Cántico,* XII). Lo que diferencia a San Juan de la Cruz de Santa Teresa son, ante todo, sus dotes de poeta y pensador.

Poema-comentario

El núcleo de la obra de San Juan de la Cruz lo constituyen tres poemas: *Noche oscura, Llama de amor viva* y *Cántico espiritual,* acompañados de sus respectivos comentarios en prosa. El poema de la *Noche oscura* consta de ocho estrofas (liras) y tiene dos comentarios incompletos: la *Subida del Monte Carmelo* (libro I sobre la purgación activa del sentido; libro II-III sobre la purgación activa del espíritu) comenta las dos primeras estrofas, y la *Noche oscura del alma* (libro I sobre la purgación pasiva del sentido; libro II sobre la purgación pasiva del espíritu) vuelve a comentar las mismas estrofas y el comienzo de la tercera. La *Llama de amor viva,* de cuatro estrofas (adaptación original de la lira de Garcilaso), trata de la unión y lleva corto comentario. El *Cántico espiritual* se conoce en dos redacciones: la llamada A (Bruselas, 1627, que reproduce el códice de Sanlúcar) y la B (Sevilla, 1703, que reproduce el códice de Jaén). La primera consta de 39 estrofas (liras) y la segunda de 40 (intercala la estrofa 11). El orden de varias estrofas es también diferente. El comentario de la redacción B es más amplio que el de la A, e introduce modificaciones de sentido. Los críticos literarios prefieren la A, mientras que los carmelitas españoles defienden la B invocando la tradición de su Orden. Su asunto abarca las tres etapas de la vida espiritual.

La relación poema-comentario plantea arduos problemas: ¿Puede explicarse el uno sin el otro? ¿Sigue el comentario al poema o el poema al comentario? Por lo general, la lectura poética, prescindiendo del comentario, hace pleno sentido como romance de amor humano: en la *Noche* la imagen de la «noche» procede de la *Égloga primera* de Garcilaso (en la refundición de Sebastián de Córdoba) y representa la salida de la esposa del *Cantar de los Cantares* en busca del amado; el tema pastoril del *Cántico espiritual* se inspira igualmente en el *Cantar* bíblico y en las églogas de Garcilaso; las «lámparas de fuego» de la *Llama de amor viva* se encuentran en el *Cantar de los Cantares*.

Aunque esta identidad de «materia prima» (imágenes, situaciones, formas estróficas) no priva a la poesía sanjuanista de su sello de originalidad inconfundible, la sitúa en el ambiente bucólico del *Cantar de los Cantares* y de la poesía renacentista representada en España por Garcilaso. Por ejemplo:

> Gocémonos, Amado,
> y vámonos a ver en tu hermosura
> al monte u al collado,
> do mana el agua pura;
> entremos más adentro en la espesura.
>
> *(Cántico, 35.)*

En esta estrofa «no hay más que imágenes», representaciones concretas que forman el relato de amor (J. Guillén). Pero, ¿qué decir de la siguiente?:

> Que nadie lo miraba...
> Aminadab tampoco parecía;
> y el cerco sosegaba,
> y la caballería
> a vista de las aguas descendía.
>
> *(Cántico, 39.)*

Sin la interpretación alegórica la estrofa resulta enigmática: el «cerco sosegaba» significa que «las pasiones de el ánima estén compuestas y los apetitos y aficiones mortificados». Las «aguas» son «los bienes y deleites espirituales de Dios», y la «caballería» las potencias sensitivas. Puesto que ejemplos similares se repiten varias veces no parece que el poema pueda prescindir siempre del comentario.

El problema de precedencia de poema o comentario en la mente del Santo tiene una solución doble. Por un lado es grande la distancia que separa al significado directo de las imágenes del

221

comentario: en el verso «al monte u al collado» de la estrofa treinta y cinco del *Cántico* copiada más arriba, el «monte» es el «Verbo divino», o sabiduría esencial de Dios; y el «collado» es la sabiduría de Dios en las criaturas. A esto se añade la variedad de significados místicos de una misma imagen. Así, monte puede significar también acto vicioso: «Montes, valles, riberas», significan «los actos viciosos y desordenados de las tres potencias del alma» *(Cántico*, XX). No cabe duda de que la relación poema-comentario obedece a la libre decisión del Santo y no a la afinidad entre las imágenes y los conceptos que emplea para explicarlas. Muchos críticos opinan que el comentario es un razonamiento a posteriori de la intuición mística y literaria de San Juan de la Cruz expresada en la imagen. Mas, por otro lado, hay bastantes casos en que el concepto parece dictar el verso: «Y pacerá el Amado entre las flores» lleva este comento: «no dice el alma aquí que pacerá el Amado las flores, sino entre las flores», pues «lo que pace es la misma alma transformada en sí» *(Cántico*, XVII). Lo a posteriori sería aquí la imagen.

Simbolismo

En la poesía de San Juan de la Cruz todo es símbolo, «todo es lo que es y mucho más» (J. Guillén): la «noche» es, entre otras cosas, «tinieblas sustanciales» del alma *(Noche*, II, 9); la «llama» es «el Espíritu Santo» *(Llama*, I); las «fronteras» son las rebeliones de la carne contra el espíritu *(Cántico*, III). Los poemas de la *Noche* y la *Llama* son ejemplos maravillosos del tipo más profundo de símbolo: el símbolo interpretativo, por contraposición al meramente descriptivo; el *Cántico* combina ambos.

El símbolo interpretativo es una intuición de una realidad espiritual inmutable, que carece de representación literal. Se sirve de las imágenes como vehículo para interpretar diferentes manifestaciones de la misma realidad espiritual sin agotar nunca su contenido: por ejemplo, la cruz, que simboliza la redención, se reproduce en el «árbol» de la vida que triunfa de la muerte, en la «balanza» para pesar los pecados y méritos, etc., imágenes todas que expresan diversos aspectos de la redención. Estas imágenes no traducen en forma directa el contenido de la intuición; la correspondencia resulta de identificar una realidad de fe (la redención) con la cruz. Aunque hay cierta analogía entre la redención de Cristo, que fue un acto doloroso y la cruz, instrumento de tortura, el símbolo es una elaboración voluntaria, pues la redención abarca mucho más que el concepto de dolor. Mas en el simbolismo de San Juan de la Cruz la unión de imagen e intuición es natural; los símbolos surgen de la experiencia del Santo sin elaboración conceptual; éste vive su «noche oscura» y su «llama de amor viva»; su experiencia de la «noche» y de la «llama» es simbólica (J. Baruzi). En efecto, siente la influencia de Dios en el alma como «tiniebla» *(Noche*, II, 5), y el Espíritu Santo, «llama de amor», como fuego que «arde en ella y echa llama» *(Llama*, I). Estos dos símbolos constituyen las intuiciones originales y constantes de los poemas de la *Noche* y de la *Llama* y en torno a ellos se organizan las restantes imágenes. Pero el símbolo de la noche es más extenso y comprensivo que el de la llama, que prolonga a aquél.

El poema de la *Noche* consta de tres partes correspondientes a las tres etapas de la vida espiritual: purificativa (estrofas 1-2); iluminativa (estrofas 3-5); unitiva (estrofas 6-8). Al comienzo del poema, la «noche» (la fe) es el medio de la fuga del alma en busca de la aventura mística impulsada por el amor:

> En una noche oscura,
> con ansias en amores inflamada,
> ¡oh dichosa ventura!
> salí sin ser notada,
> estando ya mi casa sosegada.

Este significado de la noche se prolonga en la segunda estrofa en los términos subrayados:

> *A oscuras*, y segura
> por la secreta escala, disfrazada,
> . . . .
> *a oscuras* y en celada,
> estando ya mi casa sosegada.

Pero en la tercera estrofa se anuncia negativamente —«sin otra luz y guía»— que en la noche brilla una luz:

> En la noche dichosa,
> en secreto que nadie me veía,
> ni yo miraba cosa,
> sin otra luz y guía
> sino la que en el corazón ardía.

luz que, en la cuarta estrofa, guía al alma «más cierto que la luz del mediodía». En la quinta, la acción de guía del alma pasa de la luz del corazón a la noche, ahora noche radiante, la cual es también mediadora en la unión de los amantes:

> ¡Oh noche que guiaste!
> ¡Oh noche amable más que la alborada!
> ¡Oh noche que juntaste
> Amado con amada,
> amada en el Amado transformada!

Implícitamente la noche acaba siendo amor, pues lo que junta a los amantes es el amor. Las restantes estrofas del poema se desarrollan en la atmósfera de la unión transformante creada por la noche por medio de imágenes bíblicas (cedros) y medievales (almena) subordinadas. La concepción del simbolismo de la noche en su triple significado de purificación, iluminación y unión es original de San Juan de la Cruz, aunque algunas de sus imágenes y significados parciales se hallan en la literatura (bíblica, medieval, Ruysbroeck, Garcilaso). Por ejemplo, la noche iluminadora tiene el precedente en la nube que alumbraba a los israelitas en el desierto (*Éxodo*, XIV, 20) y que San Juan comenta: «Admirable cosa es que siendo tenebrosa alumbrase de noche» (*Subida*, II, 1). El verso: «¡Oh noche amable más que la alborada!» conserva reminiscencias del tema trovadoresco del alba, la cual pone fin a la noche de amor (L. Spitzer); pero la correspondencia es sólo genérica porque en la unión de los amantes humanos hay igualdad y en la cantada por el Santo la amada se transforma en el Amado, pero no Éste en aquélla.

La *Llama* desarrolla el tema de la última parte de la *Noche*, la unión:

> En mi pecho florido,
> . . . .
> allí quedó dormido. (*Noche*, VI.)

> ¡Cuán manso y amoroso
> recuerdas en mi seno,
> donde secretamente solo moras! (*Llama*, IV.)

con el comentario: «le parece al alma que recuerda él (el Amado) en su seno, donde antes estaba como dormido, aunque le sentía y gustaba, era como el Amado dormido en el sueño».

Pero no se puede determinar de forma precisa la identidad temática de las últimas estrofas de la *Noche* y la *Llama*, pues esas estrofas de la *Noche* no llevan comentario. San Juan de la Cruz advierte que la *Llama* trata «del amor ya más calificado y perfeccionado en ese mismo estado de transformación», estando el alma «ya tan transformada y calificada interiormente en fuego de amor..., que hace ya viva llama en ella». Esta llama está anticipada en la luz «que en el corazón ardía» y en la «noche que guiaste» y «noche amable» de la *Noche*, es decir, en la llama de la iluminación; y lo está también en la «noche oscura» de las dos primeras estrofas de ese poema, como llama «esquiva» de la purgación: «Porque en esta disposición de purgación no le es esta llama clara, sino oscura» *(Llama*, I). Por su parte, la «noche» se prolonga en la *Llama* como «obumbración», que quiere decir «tanto como hacimiento de sombra», y que expresa las «lámparas de fuego» de los atributos de Dios: «pasando todo esto en claras y encendidas sombras de aquellas claras y encendidas lámparas» *(Llama*, III). Ya dentro de la organización del poema, el simbolismo básico se encuentra en las estrofas primera y tercera. El de la primera, el símbolo de la «llama», alude a la presencia sosegada de Dios en lo profundo del alma transformada en fuego de amor:

> ¡Oh llama de amor viva,
> que tiernamente hieres
> de mi alma en el más profundo centro!;
> pues ya no eres esquiva,
> acaba ya, si quieres;
> rompe la tela de este dulce encuentro.

Por tratarse de la unión inefable el lenguaje del poema es más ponderativo que descriptivo. De este carácter arrebatado participa también el comentario, que ha de tomarse como la interpretación más autorizada del simbolismo, si bien advierte el Santo que «con dificultad se dice algo de sustancia» (Prólogo). Según el comentario, la llama de amor viva es el fuego (de amor) con que el Espíritu Santo prende al alma purificada, dándole «inteligencia divina según toda la capacidad... de mi entendimiento», comunicándole amor «según la mayor fuerza de mi voluntad» y deleitándola «en tu divino contacto y junta sustancial según la mayor fuerza de mi sustancia y capacidad y anchura de mi memoria». El romper de la «tela» en el dulce «encuentro» (ambas imágenes de Garcilaso) significa la muerte natural para que «posea perfectamente el alma a Dios». La segunda estrofa es un comentario alegórico del tema de la llama:

> ¡Oh cauterio suave!
> ¡Oh regalada llaga!
> ¡Oh mano blanda! ¡Oh toque delicado,
> que a vida eterna sabe
> y toda deuda paga!
> Matando, muerte en vida la has trocado.

La llama (el Espíritu Santo) es cauterio: «porque así como en el cauterio está el fuego más intenso y vehemente y hace mayor efecto que en los demás ignitos, así el acto de esta unión, por ser de inflamado fuego de amor más que todos los otros»; aunque este fuego «con mayor facilidad consumiría mil mundos que el fuego de acá una raspa de lino», con todo, es «suave» porque el alma ya está purificada. La «llaga» que el cauterio causa es «tanto más subidamente regalada, cuanto más en el infinito centro de la sustancia del alma tocó el cauterio», y el alma «se ve hecha como un inmenso fuego de amor que nace de aquel punto encendido del corazón del espíritu». La «mano blanda» que da el cauterio es el Padre; es blanda porque «tocas asentando blandamente»; el «toque delicado» es el Hijo «con que me tocaste en la fuerza de tu cauterio y me llegaste»; toque «que a eterna vida sabe» porque es «de sustancia de Dios en sustancia del alma», y paga los trabajos de la purgación transformando la vida del alma de «vida animal en vida espiritual».

La tercera estrofa se corresponde simétricamente con la primera: las «lámparas de fuego» (III.) con la «llama de amor viva» (I.), y las «profundas cavernas del sentido» (III.) con «el más profundo centro» (I.); el símbolo de las «lámparas» es una especificación de la «llama», y el de las «cavernas» lo es del «profundo centro» del alma:

> ¡Oh lámparas de fuego,
> en cuyos resplandores
> las profundas cavernas del sentido,
> que estaba oscuro y ciego,
> con extraños primores
> calor y luz dan junto a su querido!

Las lámparas (con precedente en el *Cantar de los Cantares*, VIII, 6) especifican la llama en los atributos de Dios: «siendo Dios infinita luz e infinito fuego... cada uno de estos atributos es una lámpara que luce al alma». Y como los atributos de Dios «son un ser» se sigue que «todas estas lámparas son una lámpara que, según sus virtudes y atributos, luce y arde como muchas lámparas». El alma está «transformada y hecha resplandores» en «las noticias amorosas que las lámparas de los atributos de Dios dan de sí». El símbolo de las «cavernas del sentido» (cuya fuente de inspiración pudo ser el. *Adorno de las bodas espirituales*, I, 6, de Ruysbroeck) interpreta el «profundo centro» del alma a la luz de los «resplandores» que ésta emite: las cavernas son las potencias ya purificadas, «que tienen tanta capacidad y senos cuantas cosas distintas reciben de inteligencias, de sabores, de gozos, de deleites, etc., de Dios», tienen la doble misión de administrarlas al «sentido común del alma», que es «la virtud y capacidad que tiene el alma para sentirlo, poseerlo y gustarlo todo», y de dar «al Amado la misma luz y calor de amor que reciben».

La cuarta estrofa comenta los efectos de la unión con la alegoría de la unión nupcial:

> ¡Cuán manso y amoroso
> recuerdas en mi seno,
> donde secretamente solo moras;
> y en mi aspirar sabroso,
> de bien y gloria lleno,
> cuán delicadamente me enamoras!

El «Verbo Esposo» hace un movimiento inefable «en la sustancia del alma», en la cual «moras, no sólo como en tu casa, no sólo como en tu mismo lecho, sino también como en mi propio seno, íntima y estrechamente unido». En ese movimiento de Dios el alma es absorbida (aspirada) «profundísimamente en el Espíritu Santo... en los profundos de Dios». Mas de esta aspiración San Juan de la Cruz «no querría hablar... porque veo claro que no lo tengo de saber decir».

Visto en su conjunto, el simbolismo de la *Llama* se desenvuelve de las imágenes del fuego (cauterio, toque) y de la luz (lámparas, resplandores). El tema de las cavernas está implícito en el desarrollo del simbolismo de la llama como el motivo que verifica la síntesis profunda de los elementos de la llama (calor, luz): «calor y luz dan junto a su querido».

El *Cántico espiritual* es el poema de San Juan de la Cruz que más debe al *Cantar* bíblico y al «Garcilaso a lo divino» de Sebastián de Córdoba (J. Baruzi, P. Crisógono, M. R. Lida, D. Alonso), y presenta también notable afinidad de imágenes con la traducción del *Cantar* atribuida a Fray Luis de León (J. M. Valverde). Pero de esas fuentes lo separan (aparte de una luminosidad hechizada imposible de analizar) la estructura y el simbolismo. La estructura del *Cántico* se ajusta al progreso de la vida espiritual: las cuatro primeras estrofas, que describen la salida de la Esposa en busca del Amado, pertenecen a la vía purgativa, en que «se exercitó en los trabajos y amarguras de la mortificación y en la meditación»; las siete siguientes, sobre la respuesta de las criaturas y las ansias del alma antes del desposorio, pertenecen a la iluminativa; de aquí a la veintisiete se canta el desposorio, y de la veintisiete hasta el final la unión transformante. Hay que señalar la coincidencia fundamental con la *Noche*: en ambos una amada sale a buscar a su amado, que la ha abandonado para poner a prueba su fidelidad; lo persigue y lo encuentra siguiendo su propia luz o pidiendo orientación a las criaturas, que lo han visto al recibir de él su existencia (Hatzfeld). Pero en el *Cántico* no hay un símbolo dominante como en la *Noche*. Ahora bien, el orden del *Cántico* que aquí damos es el que establece el Santo en la declaración del primer verso de la canción veintisiete de la redacción A, y difiere notablemente del de la redacción B. En ésta la purificación es más prolongada y completa y la unión pacífica, mientras que en la A la unión está perturbada por ciertos temores (J. Baruzi). Pero en ambas San Juan de la Cruz traza el itinerario del alma recreando la alegoría erótica del *Cantar*. La recreación responde a la esencia misma de su poesía: puesto que el *asunto* místico no tiene representación, la manera de *actualizarlo* ha de consistir en apelar a los sentimientos que suscita y sus modulaciones. Pero como «sin imaginación no hay sentimiento» *(Subida*, III, 2), resulta que el poeta tiene que transigir con «el gitano del sentido» *(Llama*, III) que el místico rechaza. Del compromiso sale una imaginación resuelta a contrarrestar en lo posible lo sensual y sensible de las imágenes bíblicas por el empleo de imágenes más espirituales (contraimágenes). Para ello se sirve, en primer lugar, del desplaza-

miento y la fusión de los símbolos bíblicos ya desde la primera
estrofa:

> ¿Adónde te escondiste
> Amado, y me dexaste con gemido?
> Como el ciervo huiste,
> habiéndome herido;
> salí tras ti clamando y eras ido. (I.)

El símbolo: «Semejante es mi Amado a la cabra y al hijo de los
ciervos», que acecha a su amada por entre las celosías y la
invita a irse con Él *(Cantar,* II, 9), es desplazado a la paradoja
del ciervo que hiere a su cazadora para evitar que el simbolismo descienda al nivel del·amor humano, pues se trata, dice
el comentario, de que Dios hace «unos encendidos toques
de amor, que a manera de saeta de fuego hieren y traspasan
el alma». El «despertar» de la Esposa: «Debajo de un manzano
te desperté» *(Cantar,* VIII, 5), se convierte en «desposar»:

> Debaxo del manzano
> allí conmigo fuiste desposada. (XXVIII.)

o bien, el

> Detente, cierzo muerto,
> ven, austro, que recuerdas los amores,
> aspira por mi huerto
> y corran tus olores,
> y pacerá el Amado entre las flores. (XXVI.)

combina las imágenes de dos textos de los *Cantares:* «Levántate,
cierzo y ven, austro, sopla por mi huerto y corran sus aromas» (IV, 16) y «Yo para mi Amado... que se apacienta entre
los lirios» (VI, 1-2); fusión posible gracias al cambio de sentido
(«Detente» por «Levántate» y «cierzo muerto» por «cierzo»),
que atenúa lo sensorial de las imágenes obedeciendo al pensamiento místico del comentario: la detención del cierzo muerto,
que significa «sequedad espiritual», hará que el Esposo venga
«a unirse con el alma entre la fragancia de estas flores» (las
virtudes). Pero el grado de mayor trascendencia de lo sensible
se logra cuando el Santo introduce en la atmósfera del *Cantar*

229

de los Cantares imágenes elaboradas con textos de otros libros
bíblicos:

> Mi Amado las montañas,
> los valles solitarios nemorosos,
> las ínsulas extrañas,
> los ríos sonorosos,
> el silbo de los aires amorosos. (XIII.)

La estrofa entera es una síntesis del Amado del *Cantar* (que hace
de sujeto) y de una adjetivación de alcance cósmico lograda
por medio de la interpretación del evangelio de San Juan y otros
textos de la Escritura: el autor declara que «Estas montañas
son mi Amado para mí», que «Estos valles es mi Amado para
mí» y que el Amado es «las ínsulas extrañas», porque en la
unión de desposorio que aquí se celebra el alma «siente ser
todas las cosas Dios», según el Protoevangelio: «Lo que fue
hecho, en Él era vida» (I, 4); para identificar al Amado con
«los ríos sonorosos» acude al *Apocalipsis* (XIV, 2): «como voz
de muchas aguas... como de muchos tañedores que cithariza-
ban en sus cítharas», y al «silbo de aire delgado» *(Reyes*, III,
19, 12) para atribuir al Amado «el silbo de los aires amorosos».
No cabe duda de que esta poesía busca aquellas imágenes
bíblicas que mejor se prestan a la comprobación de la experiencia mística para mantener el simbolismo de un amor superior
al amor terrenal: «las montañas, las ínsulas, los ríos, los aires
amorosos no se reúnen sólo para entretejer la guirnalda que se
dedica al Eros de cada primavera» (J. Guillén). Lo que transfigura las imágenes (consideradas en su autonomía de elementos poemáticos con independencia del comentario) en materia
para el simbolismo del amor místico es el ritmo del éxtasis, la
enumeración contemplativa del Amado en el mundo y sus
criaturas (tal vez más actualizado en la estrofa siguiente):

> La noche sosegada
> en par de los levantes de la aurora,
> la música callada,
> la soledad sonora,
> la cena que recrea y enamora. (XIV.)

Verdad es que a pesar de su afán de altura espiritual el *Cántico*
no escapa a la ambigüedad inherente a todo simbolismo; pero
también es cierto (y ello tiene aplicación a la producción

poética entera de San Juan de la Cruz) que aplicándole fórmulas de análisis rigurosamente ceñidas al criterio de que la autonomía de las imágenes no admite ni la evocación de la experiencia mística ni el pensamiento aclaratorio del comentario, se obstruye el mensaje trascendente que proviene de «un nivel existencial ineluctable» (J. Seyppel). Para conservar abierta la vía de ese mensaje, a tanto (y tan admirable) análisis literario «desde esta ladera» (Dámaso Alonso) le iría bien alternar su rigor con la lectura religiosa del comentario, según la cual «los dichos de amor ("sabiduría mística") es mejor dexarlos en su anchura para que cada uno de ellos se aproveche según su modo y caudal de espíritu» (Prólogo). El comentario ayuda a crear la disposición de espíritu propicia a percibir el aura de misterio que emana de «la otra ladera» de la poesía de San Juan de la Cruz.

Doctrina

Los poemas nos remiten al comentario, que contiene la doctrina mística. Las fuentes de esa doctrina (de la que se dio una idea general en el capítulo primero, junto con la de Santa Teresa) han sido tan estudiadas casi como las de la poesía: Plotino (con poco éxito), el seudo-Dionisio, los Padres y medievales (Agustín, Gregorio de Nisa, Buenaventura, Tomás de Aquino), Tauler, Ruysbroeck, Osuna, Laredo, ambiente erasmista e iluminista, educación jesuítica en Medina del Campo, estudios universitarios en Salamanca, tradición carmelitana, relación con Santa Teresa, la Biblia. Del examen resulta que la originalidad principal del Santo está en el sistema claro y sintético que forma con ideas de la tradición escolástica, la Biblia y la experiencia mística. El aspecto bíblico de sus sistema se resume diciendo que San Juan de la Cruz ve en los textos de la Escritura la comprobación de la experiencia mística propia y ajena y por esto se sirve de ellos para interpretar esa experiencia (J. Vilnet). Con frecuencia, la acomodación es no sólo de pensamiento, sino también de forma: «porque (el alma) ama por el Espíritu Santo como el Padre y el Hijo se aman, como el mismo Hijo lo dice por San Juan, diciendo: La dilección con que me amaste está en ellos y yo en ellos» *(Llama*, III). Pero la mejor vía de acceso al sistema del místico es el examen del uso magistral que hace de los principios filosóficos y teológicos. Por esto se le ha llamado «el místico más escolástico de todos los tiempos» (J. L. Aranguren).

Base de toda su doctrina de la purgación es el principio de que «Dos contrarios no pueden caber en un sujeto.» Como afición de criatura y afición de Dios son contrarios, se sigue que no pueden caber en el alma *(Subida,* I, 6). Este principio trae a la literatura ascética la necesidad de la purgación con valor universal: negar todo apetito, toda forma de concupiscencia, hasta lo más mínimo, «porque eso me da que esté un ave asida a un hilo delgado que a uno grueso» *(Subida,* I, 11); y trae también la novedad del análisis psicológico: los apetitos «cansan y atormentan y oscurecen· y ensucian y enflaquecen» el alma, a la vez que la privan «del Espíritu de Dios» *(Subida,* I, 6). Hasta San Juan de la Cruz la purificación era tema de casuística más o menos formalista. Vaciándose de los apetitos el alma queda desembarazada para recibir a Dios. Aquí interviene el principio que prueba la naturaleza de la purgación: «Cualquier cosa que se recibe está en el recipiente al modo del que la recibe» *(Subida,* III, 2). Como Dios no cabe en el modo de sentir y conocer de las potencias (incluidos los carismas), que es «humano y bajo» *(Noche,* II, 16), es necesario «aniquilar las potencias acerca de sus operaciones», primero por el esfuerzo propio (noches activas del sentido y del espíritu) y luego por la actuación divina (noches pasivas del sentido y del espíritu). La purgación ascética (activa) aparece como preparación de la purgación mística (pasiva). Pero además, este principio funda la necesidad de perfeccionar las potencias con las virtudes de la fe, la esperanza y la caridad, como «medios próximos» de la comunicación divina y la unión. Consideremos brevemente lo más esencial de estos temas.

La purgación comienza por el sentido porque «como dicen los filósofos, el alma luego que Dios la infunde en el cuerpo está como una tabla rasa... y si no es lo que por los sentidos va conociendo... naturalmente no se le comunica nada..., está como el que está en una cárcel oscura». Es el principio aristotélico: «Nada hay en el entendimiento que primero no se halle en el sentido» combinado con la alegoría de la caverna de Platón. Negando el apetito de ver, etc. (propiamente el *gusto* de las cosas) el alma queda «a oscuras y vacía» de criaturas *(Subida,* I, 3). La purgación del sentido se completa con la del espíritu considerado en la clasificación agustiniana (entendimiento, memoria, voluntad). Ha de purificarse el entendimiento «pues todo lo que... puede... el entendimiento recibir y entender en esta vida no es ni puede ser medio próximo para la unión con Dios» *(Subida*, II, 7). El medio de la unión es la fe (teologal), que «por su grande exceso oprime y vence la del entendimiento» *(Subida*, II, 3). A la base de esta doctrina se encuentra la idea peripatética (que el seudo-Dionisio traduce como «rayo de tiniebla») de que cuanto más claras son en sí las cosas divinas, tanto más oscuras son para el alma *(Subida*, II, 8 y 14; *Noche*, II, 5 y 8).

San Juan considera la fe en un plano psicológico, como vivencia, en dos momentos: primero se trata de «entrar en el abismo de la fe» mediante «un ciego y oscuro salto» en el vacío de la razón; segundo, «estribando en pura fe», en completa tiniebla *(Subida*, III, 7), en la que un «Dios sin modo» *(Cántico*, I) se revela a un alma sin «modos ni maneras de entender» tal cual Él es, «porque es tanta la semejanza que hay entre ella (la fe) y Dios, que no hay otra diferencia sino ser visto Dios o creído» *(Subida*, II, 9). La purgación de la memoria consiste en convertirla a pura esperanza en Dios (esperanza teologal): «Para que el alma se venga a unir con Dios en esperanza ha de renunciar a toda la posesión de la memoria, pues para que la esperanza sea entera en Dios nada ha de haber en la memoria que no sea Dios» *(Subida*, III, 2). La memoria purificada e informada por la esperanza es la «memoria espiritual» de San Agustín *(Subida*, III, 14), olvidada del pasado y del porvenir y atenta sólo a la presencia actual de Dios *(Noche*, II, 21). La purgación de la voluntad se funda en que «ninguna cosa distinta de cuantas puede gozar la voluntad es Dios» porque Dios es «incomprehensible e inaccesible». La voluntad se une a Dios por la «operación de la voluntad», es decir, por la caridad. Ésta la infunde Dios cuando la voluntad ordena sus apetitos y los actos de los apetitos o pasiones (gozo, esperanza, dolor y temor) según la razón. Así se logra la conversión de la voluntad a la caridad, la cual, como se recibe pasivamente es «pasión de amor», no acto libre de la voluntad (Carta a un religioso, Segovia, 14 de abril, sin año).

En resumen, las virtudes teologales son el nervio de la doctrina de San Juan. Partiendo del principio de que lo que se recibe (Dios) está en el recipiente (el alma) al modo del que lo recibe, las virtudes actúan como la causa y el medio de las purgaciones o noches (activas y pasivas) que disponen al alma para la unión y como causa y medio de la unión: exigen la purgación del sentido porque la impureza de éste impide que el entendimiento, la memoria y la voluntad sean informados por las virtudes, pero además, purgan el sentido al purgar las potencias espirituales, pues los desórdenes del sentido tienen su raíz en el espíritu *(Noche, II, 3)*; a la vez que purifican el espíritu, las virtudes lo introducen en la contemplación que ellas causan, «ciencia de amor», «rayo de tiniebla», «mística teología» *(Cántico, XVIII)* y en la unión: «mediante esta noticia amorosa y oscura se junta Dios con el alma» *(Subida, II, 24)*. Por la función profunda y abarcadora que desempeñan, las virtudes teologales coronan la unidad de doctrina y experiencia característica del sistema de San Juan de la Cruz.

BIBLIOGRAFÍA

General:

Vida y Obras de San Juan de la Cruz, B. A. C., Madrid, 1950.
ARANGUREN, J. L., *San Juan de la Cruz. Obras*. Contiene la edición del *Cántico* A. Barcelona, 1965.
CRISÓGONO DE JESÚS SACRAMENTADO, *La escuela mística carmelitana*, Ávila, 1930.
RUIZ SALVADOR, F., *Introducción a San Juan de la Cruz*, Madrid, 1968.

Doctrina:

CRISÓGONO DE JESÚS SACRAMENTADO, *San Juan de la Cruz, su obra científica y su obra literaria*, Madrid-Ávila, 1929.
BARUZI, J., *Saint Jean de la Croix et le problème de l'expérience mystique*, París, 1931.
MARITAIN, J., «Saint Jean de la Croix practician de la contemplation», en *Études Carmélitaines*, XVI (1931), págs. 62-109.
MESNARD, P., «La place de Saint Jean de la Croix dans la tradition mystique», en *Bulletin de l'Enseignement public du Maroc* (1942), páginas 191-233.
ORTEGA, A. A., *Razón teológica y experiencia mística*, Madrid, 1944.
GIMÉNEZ DUQUE, B., «El sistema de San Juan de la Cruz», en *Cuadernos «Alea»*, 8, 1944.
VILNET, J., *Bible et mystique chez St. Jean de la Croix*, París, 1949.
SANSON, H., *El espíritu humano según San Juan de la Cruz*, trad. española, Madrid, 1962.

Estilo:

SPITZER, L., «Three Poems of Ecstasy», en *A Method of interpreting Literature*, págs. 21-45, Northampton, 1949.
ALONSO, D., *La poesía de San Juan de la Cruz*, 3.ª ed., Madrid, 1958.
MOREL, G., «La estructure du symbole chez St. Jean de la Croix», en *Le Symbole*, París, 1959, págs. 67-183.
OROZCO, E., *Poesía y mística*, Madrid, 1959.
GUILLÉN, J., *Lenguaje y poesía*, Madrid, 1962.

SEYPPEL, J., «Mystik als Grenzphänomen», en *Deutsche Vierteljahrsschrift für Lit.* (1961), págs. 153-183.

HATZFELD, H., «Los elementos constitutivos de la poesía mística (San Juan de la Cruz)», en *Nueva Revista de Filología Hispánica*, XVI (1963-64), págs. 40-59.

VALVERDE, J. M., *Breve historia de la literatura española*, Madrid, 1969.

Conclusión

La primera manifestación de mística española es el sufismo originario del Oriente musulmán. Mezcla ideas religiosas y filosóficas diversas, señaladamente gnósticas y neoplatónicas, como emanación, iluminación y éxtasis. De su primer representante, Ibn Masarrra de Córdoba (siglo X), pasa a la escuela de Almería con Ibn al-Arif (siglo XI) y a Ibn Arabi de Murcia (siglos XII-XIII), el más grande de los místicos árabes españoles y el más filosófico del Islam. Su sistema es una interpretación del Corán a la luz de la filosofía de Plotino, que culmina en la toma de conciencia de la esencial identidad del hombre con Dios. En el siglo XIV destaca Ibn Abbad de Ronda, cuya doctrina de la renuncia a los carismas tiene ciertas semejanzas con la de San Juan de la Cruz. El sufismo influye en Abulafia y en Raimundo Lulio.

La cábala española procede del sur de Francia y se desarrolla en torno a la escuela de Gerona (siglo XIII) y a la de Castilla (siglos XIII-XV). Es una mística que combina la creencia en el Dios bíblico con doctrinas gnósticas y neoplatónicas, muy parca en confidencias y, por lo general, opuesta a la unión del hombre con Dios. Por influjo del neoplatonismo de los filósofos y sufíes árabes adquiere un carácter más intelectualista que la cábala de otros países. De sus dos manifestaciones —profética y gnóstica— Abulafia representa la primera. Enseña un método cuasi mágico para alcanzar el éxtasis profético, de significado ambiguo entre la unión del espíritu humano con el *Nombre* de Dios (la Tora) o con Dios mismo, como los sufíes. La cábala gnóstica está expuesta en el *Zohar* de Moisés de León, la obra cumbre de la mística judía. Es una descripción de la vida del «Dios escondido» en sus relaciones con el hombre y el universo por medio del simbolismo de los *Sephiroth* o atributos divinos y tiene por objeto introducir al hombre en la contemplación de esa relación misteriosa. Con la expulsión de 1492 el núcleo de la cábala española se traslada al norte de Galilea y evoluciona hacia el mesianismo.

La mística cristiana medieval española tiene su exponente en Raimundo Lulio. Es una mística en fase de asimilación de conceptos y formas expresivas del neoplatonismo árabe y franciscano, de la poesía sufí y trovadoresca, de los Padres y de la Biblia. *El libro del Amigo y del Amado* y el *Arte de contemplación* reflejan de forma incipiente las etapas de la vida mística; el primero en el marco de los diálogos de amor de la poesía trovadoresca medieval y las fábulas del sufismo musulmán; el segundo con los conceptos del neoplatonismo cristianizado.

La mística de la Edad Moderna española arranca de la «Devotio moderna», que da origen al iluminismo heterodoxo del XVI, al quietismo del XVII y a la mística ortodoxa que culmina en Santa Teresa y San Juan de la Cruz. El iluminismo asociado con el erasmismo y el protestantismo provoca una violenta reacción antimística a mediados del XVI que incita a los místicos católicos a depurar la ortodoxia de sus escritos. Éstos asimilan de la «Devotio moderna» las líneas generales y el simbolismo fundamental de sus sistemas, y de la poesía renacentista y popular ideas y símiles particulares. En los autores de fines del XV y comienzos del XVI la asimilación es copiosa, por ejemplo, en el *Exercitatorio* de García de Cisneros; más limitada a medida que los místicos nacionales van elaborando sus propios sistemas. Así en Osuna y en la mística franciscana en general, que desarrolla aspectos parciales de la teoría mística aprovechados luego por los grandes autores carmelitas. La mística agustiniana, de inspiración voluntarista, semejante a la franciscana, produce obras de gran erudición y belleza literaria, pero un tanto alejadas de la experiencia mística de primera mano. La orden dominicana por su intervención en el movimiento antimístico contribuye decisivamente a la pureza doctrinal del misticismo español. Y la mística jesuítica, por la atención que presta a la meditación y al análisis de las pasiones, constituye un sólido fundamento para la mística contemplativa de Santa Teresa.

En ésta y en San Juan de la Cruz la mística española y cristiana alcanza su madurez clásica: desarrollo de la doctrina ascética como preparación a la mística, lenguaje apto para la conceptualización teológica exacta, la descripción psicológica y el simbolismo místico. Santa Teresa destaca por su penetración psicológica: descripción, discernimiento y clasificación de los fenómenos y estados místicos; San Juan de la Cruz, por sus excelsas dotes de poeta y pensador, que plasma en unidad perfecta doctrina, experiencia y simbolismo.

DATE DUE